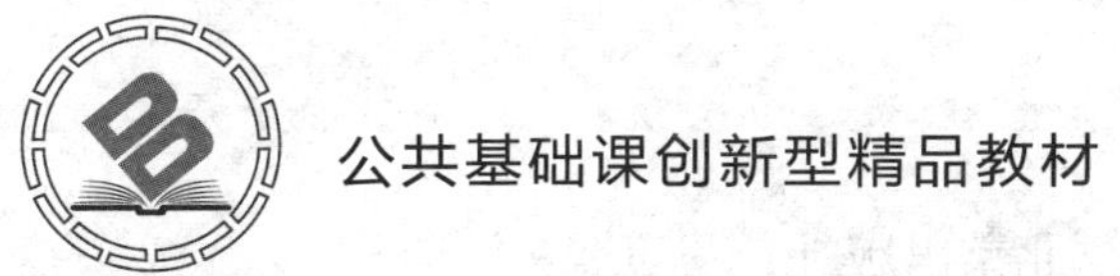

新编大学语文

XINBIAN DAXUE YUWEN

主　审　叶润平
主　编　王　颖
副主编　叶惠美　佟晓彤
编　者　贺　虎　齐晓琪　郭孔生

北京出版集团公司
北　京　出　版　社

图书在版编目（CIP）数据

新编大学语文 / 王颖主编 . —北京：北京出版社，2019.8

ISBN 978-7-200-14798-8

Ⅰ. ①新… Ⅱ. ①王… Ⅲ. ①大学语文课—高等学校—教材 Ⅳ. ① H193.9

中国版本图书馆 CIP 数据核字（2019）第 153272 号

新编大学语文
XINBIAN DAXUE YUWEN

主　编：王　颖
出　版：北京出版集团公司
　　　　北　京　出　版　社
地　址：北京北三环中路 6 号
邮　编：100120
网　址：www.bph.com.cn
总发行：北京出版集团公司
经　销：新华书店
印　刷：定州市新华印刷有限公司
版印次：2019 年 8 月第 1 版　2020 年 8 月第 2 次印刷
开　本：787 毫米 ×1092 毫米　1/16
印　张：16
字　数：307 千字
书　号：ISBN 978-7-200-14798-8
定　价：45.00 元

教材意见建议接收方式：010-58572162　邮箱：jiaocai@bphg.com.cn
如有印装质量问题，由本社负责调换
质量监督电话：010-82685218　010-58572750　010-58572393

前言

由广州南洋理工职业学院通识教育学院中文教研室全体老师撰写的《新编大学语文》教材将付梓印行，这是我校全面启动课程改革以来出版的第一部文科教材，也是集团首次组织所属高校编写出版的第一部大学语文教材，它的出版富有开创性意义。

“大学语文”是高等院校为非中文专业学生开设的一门公共必修课。自叶圣陶先生在20世纪30年代提出把“大学国文”改为“大学语文”以来，“大学语文”在将近100年时间里为中国高等教育人才培养做出了自己独特的贡献，彰显了课程教育教学目的。正如近百年中国高等教育发展历程一样，“大学语文”历经了几番崛起、几度辉煌和几多尴尬。尤其是在现今高等职业教育中，普遍存在重理工轻人文、重技能轻素质的现象。面对这一状况，“大学语文”必须寻找“出路”，进行深入改革，而与之配套的教材改革也迫在眉睫。目前，大学语文教材编写从内容上看主要有两种，一种是以文学鉴赏为主的，一种是以语言文字运用为主的，还有一部分教材虽然涉及面较广，兼具了文学性和工具性的特点，但内容较老套，事例较陈旧。而本教材在编写过程中积极研究国家政策，了解高等职业教育的人才培养目标，立足于高职院校的校情、教情、学情实际，契合企业用人发展的需要，力争使教材内容兼具人文性、工具性和实用性。

一、本教材的特色

1. 紧扣高职人才培养目标，与第二课堂深度融合

本教材在编写上紧扣高职类人才培养的目标和定位，把全面提高学生的语文基础能力、大力培养学生的人文素养和家国情怀、有效加强学生职场所需的书面表达和口头沟通能力作为教材编写的重点，以符合《国家职业教育改革实施方案》中提到的“高等职业学校要培养服务区域发展的高素质技术技能人才”的要求。

本教材在编写上还充分考虑了学生第二课堂的需要，打破教材只是教学用书的思维，让教材还能成为学生参加课外活动时的指导书，成为睡前阅读的枕边书。因此，我们在教材编写时尽量考虑学生的需求，扩充教材内容，把教材与学生的第二课堂深度融合。例如，“演讲的艺术”和“辩论的艺术”就是结合学生参加校园演讲比赛和辩论比赛的实际需求编写的，而“中国传统文化”和“中外文学作品欣赏”部分就可以成为学生学习之余的阅读内容。

2. 凸显应用型，强化德育功能

本教材在编写上把“应用”放在首位，不苛求理论的深化，而是更关注如何使理论与

实践高度结合，如何帮助学生把知识转化为能力，如何有效地提高学生的综合素质和能力。

“寓思想教育于语文教学之中”一直以来都是“大学语文”的己任，本教材也不例外。目前，全国高职院校广泛开展了“思政课程”和“课程思政”的教学改革与教研活动。本教材将发挥课程特点，通过赏析名家名篇潜移默化地对学生进行个人修养、责任担当、家国情怀等方面的思想“灌溉”。

3. 体例合理，讲练结合

本教材在编写上以“目标考核”为导向，用鲜活、生动的案例导入课程，内容难易适度，内容安排上遵循循序渐进的原则，兼具时代性和地域性的特色，如在第二个模块中加入了“微信软文”，在第三个模块中加入了“传统节日”以及“广府文化”。

本教材在课后配备了大量练习题。第一模块中的“普通话语音训练”和“普通话朗诵训练”以及第二模块所学内容都配备了大量相关知识的练习题。其他章节则是从“听”“说”“读”“写”四个方面选取了相关的练习题。

4. 事例丰富，内容新颖

本教材在编写上借助各种媒介，广泛收集了大量学生喜闻乐见的事例，或是传统故事，或是影视作品，或是新闻事件，大大满足了学生对教学案例的兴趣和关注，调动学生学习该课程的积极性。

二、本教材的结构

本教材分为“语言表达与沟通”“日常应用文”“中国传统文化”和“中外文学作品欣赏”四个模块。“语言表达与沟通”模块包括普通话语音训练、普通话朗诵训练、日常交往的语言艺术、演讲的艺术、辩论的艺术共五章的内容。“日常应用文”模块包括公文写作格式、几种常见公文种类的写作以及微信软文等共六章的内容。“中国传统文化”模块包括儒家精神、道家精神、诸子百家精神、传统节日、广府文化、书法鉴赏共六章的内容。“中外文学作品欣赏”模块包括诗歌、散文、小说、戏剧共四章的内容。本教材由叶润平教授担任主审，王颖副教授担任主编，叶惠美和佟晓彤老师担任副主编。贺虎撰写第一模块的第一章、第二章，王颖撰写第一模块的第三章、第四章、第五章，叶惠美撰写第二模块的第一章、第二章、第三章、第四章以及第四模块，齐晓琪撰写第二模块的第五章、第六章，佟晓彤撰写第三模块的第一章、第二章、第三章、第四章，郭孔生撰写第三模块的第五章、第六章。

本书在编写过程中，参考了相关的书籍、杂志和网站，在此向各位原作者的辛勤付出表示衷心的感谢。由于编写水平和时间所限，书中疏漏之处在所难免，诚望大家批评、指正。

编　者

2019 年 5 月 6 日

目录

模块一　语言表达与沟通

第一章 普通话语音训练

目标考核

1. 了解汉民族共同语普通话的概念以及国家推广普通话的重要意义；
2. 掌握普通话语音基本知识——声母、韵母、声调、语流音变等；
3. 通过普通话语音训练，能够说出一口较为标准、流利并且自然的普通话。

导语

语言是人类最重要的思维与交际工具。人类通过语言形成社会，社会的分化、统一也会引起语言的分化与统一。在统一的社会里，人们的交际活动需要有一种跨方言的、可以消除方言隔阂的共同语，于是民族共同语诞生了。现代汉民族的共同语就是普通话。为了便于沟通，消除隔阂，克服误会，我们要熟练地使用普通话。

案例阅读

误会

一天深夜，某班战士们正在睡梦中。

突然，外面响起了急促的哨声。一战士飞身跃起，大喊："起火了，起火了！"然后冲了出去。大家连忙起身穿衣，拿脸盆的拿脸盆，拎水桶的拎水桶，急急忙忙冲到屋外。"什么地方起火了？""怎么看不见？"大家纷纷嚷着。火没看见，却见连长生气地盯着他们。

原来那个战士是四川人，他喊的是"集合了"，可大家听到的却是"起火了"。结果弄得一场误会，连紧急集合都给影响了……

四川话是西南官话，属于北方话，有时都能引起误会，而属于南方话的其他方言就可想而知了。

一、普通话概述

普通话是以北京语音为标准音，以北方话为基础方言，以典范的现代白话文著作为语法规范的现代汉民族共同语。

普通话以"北京语音"为标准音。首先，从元代以来北京一直是中国政治、经济、文化的中心，其语音在全国各地传播速度快、范围广，容易被大众接受；其次，北京语音本身音素、音节和声调都比其他方言简单而且容易掌握，发音清晰，具有韵律美。“北京语音”是指北京语音系统，不包含那些特殊的北京土音。

普通话以“北方话”为基础方言，是指在词汇方面以北方话词汇为标准词汇。因为北方话分布在华北、东北、西北、西南等地区，使用人口最多，具有广泛性和普遍性。当然，它舍弃了北方话中过于土俗的词语，同时吸收了其他方言中有特殊表现力的方言词，继承了古汉语中有生命力的古词语，引进了外国语中一些我们需要的外来词。因此，普通话词汇比单纯的北方话词汇更加丰富多彩。

普通话以“典范的现代白话文著作”作为语法规范。“白话文”是北方话的书面形式，是在口语的基础上经过提炼加工而形成的文学语言；“现代”是相对于古代文言文和早期的白话文著作而言的；“典范”是强调作为参照标准的著作应具有权威性、典型性，在语法运用上有广泛的代表性。“典范的现代白话文”把普通话的语法规则相对固定下来，白话文的语法规则成了普通话的语法标准。

普通话是我国最规范、最标准的各族人民普遍通用的共同语，是我国对外进行国际交流的标准话，也是联合国六种工作语言之一。

二、汉语方言

方言是民族语言的地域变体，是局部地区人们使用的语言。我国地域辽阔、人口众多，因此方言情况也比较复杂，通常把我国的方言分为七大方言，如表 1-1 所示。

表 1-1　现代汉语方言表

方言名称	代表方言	人口占比[1]	主要分布地区
北方方言（北方话、官话）	北京话	70%	东北、华北、西北、西南和江淮一带
吴方言（江南话、江浙话）	上海话	8.4%	上海及江苏长江以南镇江以东地区（不包括镇江）、南通小部分、浙江大部分、江西东北部、安徽南部
湘方言（湖南话）	长沙话	5%	湖南大部分地区（西北角除外）、广西北部
赣方言（江西话）	南昌话	2.4%	江西大部分地区（东北沿长江地区和南部除外）、湖北东南、福建西北、安徽西南、湖南东部部分地区
客家方言（客话）	梅州话	4%	广东、广西、福建、江西、台湾等部分地区和湖南、四川等少数地区
闽方言（福佬话）	福州话 厦门话	4.2%	福建和海南的大部分地区、广东东部潮汕地区、雷州半岛地区、浙江南部、台湾，主要分为闽北方言和闽南方言
粤方言（白话）	广州话	5%	广东中部和西南部、广西东部和南部以及香港和澳门特别行政区

[1] 数据引自邵敬敏《现代汉语通论》（第二版）。

三、语音基本知识

（一）音节

音节是语音的自然单位。就现代汉语来说，一个汉字就是一个音节。音节从结构上分为声母、韵母和声调三个组成部分。

（二）音素

音素是从音色的角度划分出来的最小的语音单位。音素是音节的构成单位，一个音节可以由一个音素构成，也可以由几个音素构成。按发音情况的不同，音素可以分为元音音素和辅音音素两大类。

1. 元音

元音是元音音素的简称，亦称母音，是指发音时，发音器官各部位均衡紧张，气流通过咽喉、口腔不受阻碍而形成的音。普通话有 10 个元音音素，它们是构成韵母的主要成分。

2. 辅音

辅音是辅音音素的简称，亦称子音，是指发音时气流在口腔或咽头受到阻碍而形成的音。普通话有 22 个辅音音素，除 ng 作韵尾外，其余辅音音素构成了 21 个声母。

四、普通话声母训练

声母是指普通话音节开头的辅音部分。普通话共有 22 个辅音，其中 21 个做声母。此外，有的音节没有辅音做声母，声母可以看成“零”，即零声母。

（一）声母的分类

普通话声母由辅音充当。辅音的发音是由两种因素决定的，即发音部位和发音方法。发音部位是指发音时发音器官对气流形成阻碍的位置；发音方法一般包括三个方面，即发音阻碍气流的方式、气流的强弱、声带是否颤动。

1. 根据发音部位

根据发音部位的不同，声母可分为七类，如表 1–2 所示。

表 1–2 声母分类表

发音种类		声母	例词
唇 音	双唇音	b、p、m	标兵、偏旁、美妙
	唇齿音	f	丰富
舌尖音	舌尖前音	z、c、s	自尊、层次、思索
	舌尖中音	d、t、n、l	道德、探讨、恼怒、理论
	舌尖后音	zh、ch、sh、r	主张、长城、山水、容忍
舌面音	舌面前音	j、q、x	坚决、亲切、形象
	舌根音（舌面后音）	g、k、h	改革、刻苦、欢呼

2. 根据发音方法

（1）阻碍方式

根据阻碍气流的方式，声母可分为五类。

①塞音　b、p、d、t、g、k　　②擦音　f、h、x、s、sh、r

③塞擦音　z、c、zh、ch、j、q　　④鼻音　m、n

⑤边音　l

（2）气流强弱

根据发塞音和塞擦音时气流的强弱，声母可分为气流较强的送气音和气流较弱的不送气音。

①送气音　p、t、k、q、c、ch　　②不送气音　b、d、g、j、z、zh

（3）声带颤动

根据发音时声带是否颤动，普通话声母有“清”“浊”之分。发音时声带不颤动的是“清音”，声带颤动的是“浊音”。

①清音　除后面所列的浊音外都是　　②浊音　m、n、l、r

结合发音部位和发音方法两个方面，普通话 21 个辅音声母的分类如表 1–3 所示。

表 1–3　辅音声母分类表

		塞音		塞擦音		擦音		鼻音	边音
		清音		清音		清音	浊音	浊音	浊音
		不送气	送气	不送气	送气				
唇音	双唇音	b	p					m	
	唇齿音					f			
舌尖音	舌尖前音			z	c	s			
	舌尖中音	d	t					n	l
	舌尖后音			zh	ch	sh	r		
舌面音	舌面前音			j	q	x			
	舌根音	g	k			h			

（二）声母辨正

1. n 和 l

（1）发音要领

n 和 l 发音的共同点都是把舌尖抵在上齿龈，口腔展开。区别是，发 n 时，软腭下垂，让气流完全从鼻腔出来，形成鼻音；发 l 时，软腭上升，封住鼻腔通道，让气流从舌头两边出来，绝不带一点鼻音，形成纯粹的边音。

（2）辨正训练

①对比训练

n-l

耐—赖 南—兰 脑—老 内—类

无奈—无赖 恼怒—老路 门内—门类 泥巴—篱笆

l-n

连—年 良—娘 列—聂 零—宁

蓝天—南天 了却—鸟雀 水流—水牛 隆重—浓重

②绕口令训练

有座面铺面向南，门口挂个蓝布棉门帘。摘了蓝布棉门帘，看了看面铺面向南。挂上蓝布棉门帘，看了看面铺还是面向南。

2. f 和 h

（1）发音要领

f 是唇齿音，上齿靠近下唇形成阻碍，并留有缝隙，气流从中挤出，磨擦成音；h 是舌根音，舌面后部与软腭形成阻碍，气流从缝隙中挤出成音。

（2）辨正训练

①对比训练

f-h

发—哈 夫—呼 非—黑 否—吼

开发—开花 公费—工会 扉页—黑夜

h-f

酣—翻 痕—焚 夯—方 横—逢

大亨—大风 华丽—乏力 欢腾—翻腾

②绕口令训练

惠发花房贩花卉，红花，红花，粉红花，还有护花花药复合花肥。

3. r 和 l

（1）发音要领

发翘舌音 r 时，舌尖翘起接近硬腭前部，形成一道缝隙，颤动声带，气流从缝隙中摩擦而出；发舌尖中音 l 时，舌尖在上齿龈上轻弹一下，颤动声带，呼出气流。二者的区别是，舌尖所接近或轻触的部位不同，还有 r 是摩擦成声，l 是弹发成声。

（2）辨正训练

①对比训练

r-l

热—乐 荣—龙 肉—漏 让—浪

热量 燃料 扰乱 缭绕 猎人 了然

②绕口令训练

莲漏难留恋，南楼辇路凉，年年来念汝，两泪落牛郎。

4. zh、ch、sh 和 z、c、s

（1）发音要领

声母 zh、ch、sh 的发音可采取拖长腔的办法，得到的尾音就是 zh、ch、sh 的韵母，将它们拼合在一起就是翘舌音 zhi、chi、shi；声母 z、c、s 的发音方法是，舌尖轻轻抵住上齿背，逐渐放开，形成一道窄缝，气流从中挤出。

（2）辨正训练

①对比训练

zh-z

债—载　枕—怎　争—增　至—自

征兵—增兵　竹子—卒子　志愿—自愿　终止—宗旨

ch-c

叉—擦　成—层　尺—此　昌—仓

插手—擦手　一成——层　最初—最粗　重来—从来

sh-s

上—丧　哨—臊　深—森　声—僧

事实—四十　树立—肃立　近视—近似　申述—申诉

②绕口令训练

四是四，十是十。十四是十四，四十是四十。四十加上四，就是四十四。要是说错了，就要误大事。

5. z、c、s 和 j、q、x

（1）发音要领

z、c、s 与 j、q、x 的根本区别在于它们的发音部位不同。z、c、s 是舌尖前音，发音时舌尖与上齿龈形成阻碍，而 j、q、x 的发音部位要比 z、c、s 靠后，为舌面音，发音时舌面前部与硬腭前部形成阻碍。

在发 j、q、x 音时，不要让舌尖抬起，而是要把舌面抬起，否则便会出现尖音。发音时，舌尖应抵在下齿背后，而不要抵在上下齿之间。气流要从舌面与上腭之间擦过，而不应从上下齿之间擦过，否则便会出现过重的擦音。

另外，需要特别记住的是，j、q、x 只和齐齿呼、撮口呼韵母相拼，而 z、c、s 只和开口呼、合口呼韵母相拼。也就是说，如果韵母是开口呼或合口呼的，声母绝不会是 j、q、x；如果韵母是齐齿呼或撮口呼的，声母绝不会是 z、c、s 或 zh、ch、sh，这样可以避免声母的混淆。

（2）辨正训练

①对比训练

z-j

资—机　祖—举　造—叫

资本—基本　脏话—僵化　祖国—举国　字画—计划

c-q

残—钱　窜—劝　存—群

词汇—棋会　藏下—墙下　仓库—枪库　伺候—气候

s-x

松—凶　扫—小　森—心

四十—细席　扫雪—小雪　四包—细胞　三天—先天

②绕口令训练

田见贤前天从前线回到家乡田家店，只见家乡变化万千，繁荣景象呈现在眼前。连绵不断的青山，一望无际的棉田，新房连成一片片，高压电线通向天边。

6. zh、ch、sh 和 j、q、x

（1）发音要领

zh、ch、sh 是舌尖后音，发音时，舌尖一定要平着翘起来，也就是要抬起来，而不是舌尖向后卷起来，卷起来发音会有大舌头的感觉，并且要与硬腭前端接触形成阻碍。而发 j、q、x 音时，是舌面前部挺起与硬腭前部接触，舌尖应抵在下齿背后不动。

（2）辨正训练

①对比训练

zh-j

扎—佳　朱—居　招—交

专款—捐款　制度—忌妒　争鸣—精明　竹子—橘子

ch-q

船—全　串—劝　陈—秦

超然—悄然　潮头—桥头　搀好—牵好　插花—掐花

sh-x

赏—想　生—星　深—心

大使—大喜　玉石—预习　生火—星火　上面—相面

②绕口令训练

七巷一个漆匠，西巷一个锡匠，七巷漆匠偷了西巷锡匠的锡，西巷锡匠偷了七巷漆匠的漆。

五、普通话韵母训练

普通话韵母指的是声母后面的部分。普通话韵母共有 39 个。

（一）韵母的分类

1. 按韵母结构分类

（1）单韵母（单元音韵母）

单韵母是由单元音构成的韵母，共有十个，即 ɑ、o、e、ê、i、u、ü、er、-i（前）、-i（后）。其中舌面元音七个，卷舌元音一个，舌尖元音两个。

舌面元音是 ɑ、o、e、ê、i、u、ü，共七个，发音时，主要是舌面起作用，由舌位的高低、前后和嘴唇的圆展来决定。

（2）复韵母（复元音韵母）

复韵母是由复元音构成的韵母，共有 13 个，即 ɑi、ei、ɑo、ou、iɑ、ie、iɑo、iou、uɑ、uo、uɑi、uei、üe。

（3）鼻韵母（鼻音尾韵母）

鼻韵母是由元音带上鼻辅音韵尾构成的韵母，共有 16 个，即 ɑn、en、in、ün、iɑn、uɑn、üɑn、uen、ɑng、eng、ing、ong、iɑng、uɑng、ueng、iong。根据鼻韵母的韵尾辅音可分为前鼻韵母和后鼻韵母。

①前鼻韵母　ɑn、en、in、ün、iɑn、uɑn、üɑn、uen

②后鼻韵母　ɑng、eng、ing、ong、iɑng、uɑng、ueng、iong

2. 按韵母发音口型分类

按发音口型分，韵母可以分为开口呼、齐齿呼、合口呼、撮口呼 4 类。

（1）开口呼韵母　没有韵头，韵腹又不是 i、u、ü 的或不以 i、u、ü 开头的韵母，共 16 个，即 ɑ、o、e、ê、-i（前）、-i（后）、er、ɑi、ei、ɑo、ou、ɑn、en、ɑng、eng、ong。

（2）齐齿呼韵母　韵腹是 i 的或以 i 开头的韵母，共十个，即 i、iɑ、ie、iɑo、iou、iɑn、in、ing、iɑng、iong。

（3）合口呼韵母　韵腹是 u 的或以 u 开头的韵母，共九个，即 u、uɑ、uo、uɑi、uei、uɑn、uen、uɑng、ueng。

（4）撮口呼韵母　韵腹是 ü 的或以 ü 开头的韵母，共四个，即 ü、üe、üɑn、ün。

普通话韵母的综合分类如表 1–4 所示。

表 1–4　普通话韵母综合分类表

	开口呼	齐齿呼	合口呼	撮口呼
单韵母	-i（前、后）	i	u	ü
	ɑ	iɑ	uɑ	
	o		uo	
	e			
	ê	ie		üe
	er			

续表

	开口呼	齐齿呼	合口呼	撮口呼
复韵母	ai		uai	
	ei		uei	
	ao	iao		
	ou	iou		
鼻韵母	an	ian	uan	üan
	en	in	uen	ün
	ang	iang	uang	
	eng	ing	ueng	
	ong	iong		

（二）韵母辨正

各地汉语方言的韵母与普通话的韵母存在不少差异，情况十分复杂。偏误不只是读音上的缺陷，最突出的还有误读严重。这里只列举几类最常见的问题加以辨正。

1. 前鼻韵母和后鼻韵母

发前鼻音（-n）和后鼻音（-ng）的方法有同有异，相同的是，发音时先发元音，发完元音后，软腭下降，逐渐增强鼻音色彩，不同的是，此时发前鼻音的动作是舌尖迅速移到上齿龈，抵住上齿龈做出发 n 的状态；而此时发后鼻音的动作是舌面后部后缩，抵住软腭，最后做出发 ng 的状态。

因为发音方法一致，下面各组辨正训练不再重复发音要领。

（1）en-eng

①对比训练

en-eng

奔—崩　陈—程　分—风　根—庚

抻开—撑开　沉积—乘机　粉刺—讽刺　瓜分—刮风

②绕口令训练

真冷，真冷，真正冷，人人都说冷，猛地一阵冷风更冷。

（2）in-ing

①对比训练

in-ing

宾—兵　金—精　琳—零　民—明

今天—惊天　民心—明星　人民—人名　引子—影子

②绕口令训练

天上有银星，星旁有阴云，阴云要遮银星，银星躲过阴云，不让阴云遮银星。

(3) an-ang

①对比训练

an-ang

班—帮　丹—当　翻—芳　甘—钢　刊—康

板子—膀子　出产—出厂　担心—当心　反复—仿佛　寒天—航天

②绕口令训练

扁担长，板凳宽，扁担没有板凳宽，板凳没有扁担长。扁担绑在板凳上，板凳不让扁担绑在板凳上，扁担偏要绑在板凳上。

(4) ün-iong

①对比训练

ün-iong

群—穷　熏—凶　寻—雄

群像—穷相　人群—人穷　寻衅—雄性　勋章—胸章

②绕口令训练

于群吕韵去军训，于群穿绿军装去陆军，吕韵穿蓝军装去海军。穿上军装立功勋，于群吕韵决定毕业去参军。

2. 单韵母和复韵母

单韵母的发音要点是发音过程中舌位和唇形始终不变，发音时要保持固定的口型。复韵母的发音有两个特点：一是发音过程中舌位、唇形一直在变化，由一个元音的发音快速地向另一个元音的发音过渡；二是元音之间的发音有主次之分，主要元音清晰响亮，其他元音轻短或含混模糊。

(1) o-e

①发音要领

o 与 e 的发音大致相同，根本区别在于一个圆唇，一个不圆唇。

②对比训练

o-e

播—歌　博—格　佛—和

大佛—大河　磨破—磕破

③绕口令训练

河边住着老伯，船上住着老何。老伯上船找老何，老何上岸找老伯。老伯爱唱歌，荒腔走板也乐和。老何不爱唱歌，看着老伯乐和也乐和。

(2) ü-i

①发音要领

i 和 ü 发音时舌位相同，都是前高元音，只是唇形不同。i 为不圆唇元音，而 ü 为圆唇元音。有的人发 ü 时嘴懒或不习惯做圆唇动作，往往把 ü 发成了 i。纠正的方法是发韵母 ü 时，一定要有一个撮唇动作。

②对比训练

i-ü

积—居　梨—驴　你—女

比翼—比喻　大姨—大鱼　防疫—防御　基柱—居住　联系—连续

③绕口令训练

春雨密密，田野迷迷，山上飞下一条渠，渠中条条金鲤鱼。雨密密，跳进渠，惊动鱼。雨戏渠，鱼戏渠，雨渠鱼，渠鱼雨，鱼雨渠，合唱一支闹春曲！

（3）o-uo

①发音要领

单韵母 o 的发音要点是发音过程中舌位和唇形始终不变，发音时要保持固定的口型；后响复韵母 uo 发音时，前面的元音轻短，后面的元音清晰响亮，前后元音发音过渡自然。

②对比训练

o-uo

波—缩　跛—左　破—座

剥夺—剥落　薄弱—破落

③绕口令训练

打南坡走来了一个老婆婆，俩手托着两笸箩。左手托着的笸箩装的是菠萝，右手托着的笸箩装的是萝卜。你说说，是老婆婆左手托着的笸箩装的菠萝多，还是老婆婆右手托着的笸箩装的萝卜多？说得对送给你一笸箩菠萝，说得不对既不给菠萝也不给萝卜，罚你替老婆婆把装菠萝的笸箩和装萝卜的笸箩，送到大北坡。

六、普通话声调训练

（一）声调的性质和作用

声调是具有区别意义作用的音节的高低曲直的变化。一般来说，一个汉字就是一个音节，所以声调也叫字调。

在普通话里，声调的不同会导致意义的差别，如“买”“卖”，“夫”“妇”，“差异”“诧异”，“繁星”“反省”等，它们的差别就是由于声调的不同造成的。

（二）调值、调类、调型、调号

1. 调值　是声调实际的高低升降变化，是声调的实际读法。调值一般采用五度标记法来给予较为准确、细致的描绘。最低是 1 度，最高是 5 度。普通话中的一声读值为 55，二声读值为 35，三声读值为 214，四声读值为 51。

2. 调类　是声调的类别，它是按声调的实际读法归纳出来的。把调值相同的归在一起，便为一个调类。普通话有 4 种基本调值，因此也就归纳出 4 个调类，用传统的名称来称呼这 4 个调类就是：阴平、阳平、上声、去声，用现代汉语教学的说法也可以叫作一声、二声、三声、四声。

3. 调型　是声调的类型，指声调高低、升降的变化模式。55 为高平调型，35 为中升调型，214 为曲折调型，51 为全降调型。

4. 调号　是调类的标记符号。《汉语拼音方案》所规定的调号是ˉ、ˊ、ˇ、ˋ四个。

声调属于整个音节，声调的高低变化主要集中体现在韵腹，即主要元音上。所以调号一般标在主要元音上。例如：

白菜（báicài）　历届（lìjiè）　威吓（wēihè）

调值、调类、调型、调号如表 1–5 所示。

表 1–5

调值	调类	调型	调号	例子
55	阴平	高平	ˉ	安心　搬家　参观　高低
35	阳平	中升	ˊ	别人　才能　儿童　繁荣
214	上声	曲折（降升）	ˇ	粉笔　古典　海岛　演讲
51	去声	全降	ˋ	案件　报告　测定　大会

（三）声调辨正训练

1. 字词声调训练

妈—麻—马—骂　七—齐—起—汽　申—神—沈—慎　温—文—吻—问

2. 成语或短语声调训练

（1）同调类

①阴平

卑躬屈膝　江山多娇　居安思危　息息相关

②阳平

急于求成　梅兰竹菊　名存实亡　蓬蓬勃勃

③上声

保我领土　处理稳妥　打井引水　请你指导

④去声

背信弃义　变幻莫测　意气用事　浴血奋战

（2）异调类

①阴阳上去

兵强马壮　风调雨顺　光明磊落　山明水秀

②去上阳阴

刻骨铭心　墨守成规　弄巧成拙　破釜沉舟

七、普通话语流音变训练

语流音变指的是在说话或朗读过程中音素或音节之间相互影响，从而产生的语音变化。语流音变在书面上没有任何变化，即书写标原调，但在说话或朗读时要变调。语流音变最常见的是变调、轻声和儿化。

（一）变调

1. 上声变调

主要有以下几种情况：

（1）上声 + 上声

两个上声音节相连，前一个音节的调值由原来的 214 变成近乎阳平的 35。例如：本领　采访　导演　赶紧

（2）上声 + 上声 + 上声

三个上声音节相连，由于三音节词语内部组合结构层次不同，上声变调也不同，主要有以下情况：

①（上声 + 上声）+ 上声，变化为 35+35+214，例如：选举法　展览馆　手写体

②上声 +（上声 + 上声），变化为 214+35+214，例如：好领导　老厂长　很勇敢

③上声 + 上声 + 上声，变化为 35+35+214，例如：软懒散　减免缓

（3）上声 + 非上

上声音节处在非上声音节前，即分别在阴平、阳平、去声和轻声之前，上声音节由原来的调值 214 变成只降不升的 211，变成了半上。例如：北方　等级　反对　饺子

2. 上声变调词语训练

（1）上阴

北京　耳朵　纺织　海军　简单　老师　启发　体操　武装　演出

（2）上阳

表白　否则　几何　可怜　脸盆　漂白　启迪　体型　主持　祖国

（3）上去

宝贵　典范　反映　紧凑　旅客　马路　努力　启动　忍耐　晚报

（4）上轻

本钱　比方　打量　点心　喜欢　耳朵　骨头　姥姥　马虎　买卖

（5）上声 + 上声

场所　抖擞　感想　给予　勉强　请柬　舞蹈　小组　野草　展览

（6）三音节上声

百米跑　很勇敢　老保守　买水果　手写体　影响好　展览馆　主考场

（7）四音节上声

产品展览　举手选举　岂有此理　稳妥处理　永远友好　远景美好

（8）多音节上声

彼此很了解　采访李厂长　请给我买碗水　请你给老李演讲稿

3. 上声变调绕口令训练

辛厂长，申场长，同乡不同行。辛厂长声声讲生产，申场长常常闹思想。辛厂长一心只想革新厂，申场长满口只讲加薪饷。

4. “一”“不”的变调

“一”“不”变调有些相同，如果单念和出现在词末或句尾时都不变调，而在去声前均念阳平，在非去声前念去声等。“一”“不”的变调规律如表 1–6 所示。

表 1–6

	出现情况	变调	举例
一	单念	原调（55）	一
	序数	原调（55）	第一　一楼　一级
	在词末或句尾	原调（55）	统一　唯一 这个数不过总数的千分之一
	在去声前	阳平（35）	一块　一句　一对
	在非去声前	去声（51）	一只　一生　一般
			一盘　一同　一时
			一体　一起　一早
	在重叠动词中间	次轻声	笑一笑　读一读
不	单念	原调（51）	不
	在词末或句尾	原调（51）	我不　要不，这事你去办
	在去声前	阳平（35）	不是　不用　不论　不懈
	在非去声前	去声（51）	不安　不甘　不屈　不堪
			不能　不来　不良　不如
			不好　不敢　不走　不仅
	在重叠动词或形容词中间	次轻声	来不来　做不做 高不高　好不好
	在动词或形容词后做补语	次轻声	用不着　吃不好

5. “一”“不”变调训练

（1）“一”的变调训练

①非去声前

一般　一包　一边　一层　一词　一端　一发　一国　一经　一局　一口

②去声前

一半　一并　一寸　一定　一度　一概　一贯　一刻　一块　一例　一路

（2）“不”的变调训练

①去声前

不败　不必　不便　不测　不顾　不讳　不愧　不利　不料　不论　不散　不屑

②非去声前

不安　不才　不曾　不齿　不公　不光　不轨　不和　不羁　不禁　不堪　不忍

（3）“一”“不”音变绕口令训练

一个盘子一张饼，一张饼上一颗葱，大葱蘸酱家乡饭，一蘸一卷蕴乡情。

不怕不会，就怕不学。一回学不会再来一回，一直到学会，我就不信学不会。

（二）轻声

一个音节进入词或句子时，有时会失去原有的声调，变成一个较轻、较短的调子，这就是轻声。例如“璃”，原来应读阳平，但在“玻璃”这个词中它就失去了原调，读得比“玻”轻短，成为一个轻声音节。

1. 轻声作用

（1）区分词义。例如：

苍鹰（名词，猛禽）——苍蝇（名词，小昆虫）

（2）区分词性。例如：

地道（名词，地下挖的通道）——地道（形容词，品质好、实在、可信、可靠）

2. 轻声规律

（1）语气词　“吧、吗、呢、啊、哪、啦、呀、哇”等读轻声。例如：

走吧！　去吗？　怎么啦？　说呀！　好哇！

（2）助词　“的、地、得、着、了、过、们”等读轻声。例如：

我的　慢慢地　好得很　跑着　走了　读过　朋友们

（3）名词或代词的后缀　“子、儿、头、么”等读轻声。例如：

桌子　那儿　木头　什么

（4）方位词或词素　“里、上、下、边、面”等读轻声。例如：

家里　桌上　地下　那边　里面

（5）趋向动词　“来、去”等读轻声。例如：

过来　出去　走出去　跑进来

（6）叠音名词或叠音动词，以及夹在重叠动词中间的“一”或“不”等读轻声。例如：

妈妈　姥姥　看看　写写　走走　说说　跑一跑　试一试　去不去　看不看

（7）口语中，许多双音节词中的第二个音节，常读轻声。例如：

姑娘　粮食　行李　商量　窗户　玻璃　扫帚　阔气　多么　朋友

3. 轻声训练

（1）常用轻声词语训练

①阴轻

巴结　聪明　灯笼　吩咐　高粱　家伙　宽敞　亲戚　书记　窝囊

②阳轻

裁缝　合同　咳嗽　萝卜　麻烦　难为　便宜　拾掇　抬举　学问

③上轻

摆布　打扮　伙计　考究　喇叭　马虎　脑袋　笸箩　数落　体面

④去轻

报酬　凑合　豆腐　告诉　厚道　客人　木匠　热和　上司　味道

（2）轻声非轻声对比训练

大意（yi）疏忽　　大意（yì）主要的意思

地下（xia）地面上　　地下（xià）地面之下

东西（xi）指物品　　东西（xī）指方向

对头（tou）冤家　　对头（tóu）正确

利害（hai）程度深或可怕　　利害（hài）利和弊

是非（fei）纠纷　　是非（fēi）正确和错误

照应（ying）照料　　照应（yìng）配合、呼应

（3）轻声绕口令训练

打南边来了个瘸子，手里托着个碟子，碟子里装着个茄子。地下钉着个橛子，绊倒了拿碟子的瘸子，撒了碟子里的茄子。气得瘸子撇了碟子，拔了橛子，踩了茄子。

（三）儿化

出于某种思想感情表达的需要，把某个音节通过一个卷舌动作，改变它原来韵母的音色，使其成为儿化韵。儿化韵里的“儿”不是一个单独的音节，而是在一个音节的末尾音上加一个卷舌动作，使原来那个音节因儿化而发生音变。《汉语拼音方案》规定在原韵母之后加上一个“r”来表示儿化。例如：

大伙儿（dàhuǒr）　坎肩儿（kǎnjiānr）　香味儿（xiāngwèir）　去哪儿（qùnǎr）

1. 儿化作用

（1）区别词义。例如：

天（天空）—天儿（天气）　　信（信件）—信儿（消息）

（2）区别词性。例如：

画（动词）—画儿（名词）　　盖（动词）—盖儿（名词）

（3）表示“小”“喜爱”“亲切”的感情色彩。例如：

脸盆儿　土堆儿　药片儿　冰棍儿　纽扣儿（表示“小”的意思）

小孩儿　小嘴儿　花儿　小脸蛋儿（含有“喜爱”的感情）

小刘儿　小王儿（含有“亲切”的感情色彩）

（4）表现鄙夷、厌恶的感情态度。例如：

小丑儿、小流氓儿、小三儿、小偷儿

在普通话中该儿化时不儿化，不该儿化时乱儿化，都容易使人产生误会。

2. 儿化训练

（1）儿化读音训练

抽空儿　蛋黄儿　粉末儿　拐弯儿　花瓶儿　夹缝儿　口哨儿　老伴儿　麻花儿

（2）儿化与非儿化对比训练

份—份儿　盖—盖儿　画—画儿　尖—尖儿　面—面儿　那—那儿　圈—圈儿

（3）儿化绕口令训练

进了门儿，倒杯水儿，喝了两口儿运运气儿，顺手儿拿起小唱本儿，唱一曲儿，又一曲儿，练完了嗓子我练嘴皮儿，绕口令儿，练字音儿，还有单弦牌子曲儿，小快板儿，大鼓词儿，越说越唱我越带劲儿。

（四）“啊”的音变

1. 概念

“啊”的音变指的是语气词“啊”的读音变化。“啊”一般出现在句尾或句中停顿处，由于受它前面音节最末音素的影响，常常产生各种语音上的变化，这种变化反映在书面上，有写成“呀”“哇”“哪”的，也有仍写成“啊”的。语气词“啊”的音变规律如表 1–7 所示。

表 1–7

序号	“啊”前音节末尾音素	“啊”的音变	“啊”的书面写法	举例
1	ɑ o e ê i ü	ɑ-yɑ	呀	他应该受到惩罚（fá）啊！ 你应该当面对他说（shuō）啊！ 以后，下坡（pō）啊，可得小心！ 你这么怕蛇（shé）啊？ 你说邪不邪（xié）啊？ 早晨坐公共汽车真挤（jǐ）啊！ 没想到今天会下雨（yǔ）啊！
2	u（ɑo、iɑo）	ɑ-wɑ	哇	你好糊涂（tú）啊！ 真可笑（xiào）啊！ 他的个子好高（gāo）啊！ 这种事也不少（shǎo）啊。
3	n	ɑ-nɑ	哪	瞧，他看起书来多入神（shén）啊！ 好大的烟（yān）啊！ 这事真冤（yuān）啊！
4	ng	ɑ-ngɑ	啊	你再不要抽烟了，行不行（xíng）啊？ 今天食堂的馒头真硬（yìng）啊！

续表

序号	"啊"前音节末尾音素	"啊"的音变	"啊"的书面写法	举例
5	-i（后）er	ɑ-rɑ	啊	他是我小学的老师（shī）啊！ 你快点吃（chī）啊！
6	-i（前）	ɑ-[z]ɑ	啊	他来了一次又一次（cì）啊…… 多漂亮的字（zì）啊！

2."啊"的音变训练

（1）语气词"啊"的音变训练

多么迷人的春色啊！　还不快写啊！　注意啊！
你去不去啊？　你在哪儿住啊？　写得多好啊！
天多么蓝啊！　这是一场激烈的竞争啊！　这样做恐怕不行啊！
多么好的同志啊！　这是怎么回事啊！　要努力练好"三笔字"啊！

（2）"啊"的音变绕口令训练

这些孩子啊，真可爱啊，你看啊！他们多高兴啊。又是作诗啊，又是吟诵啊，又是画图画啊，又是剪纸啊。又是唱啊，又是跳啊，啊！他们多幸福啊！

能力培养与训练

一、声母难点音训练

（一）送气音与不送气音

b-p　被服—佩服　饱了—跑了　步子—铺子　鼻子—皮子
d-t　队伍—退伍　调动—跳动　河道—河套　肚子—兔子
g-k　挂上—跨上　关心—宽心　天公—天空　干完—看完
j-q　剪子—签子　吉利—奇丽　长江—长枪　精华—清华

（二）平舌音与翘舌音

z-zh　自立—智力　栽花—摘花　造字—造纸　小邹—小周
c-ch　仓皇—猖狂　三层—山城　藏身—长生　有刺—有吃
s-sh　四十—事实　散光—闪光　三哥—山歌　塞子—筛子

（三）翘舌音与舌面音

zh-j　标志—标记　朝气—娇气　涨价—讲价　杂志—杂技
ch-q　长生—强身　池子—旗子　船身—全身　痴人—七人

sh-x 诗人—昔人 湿气—吸气

（四）唇齿音与舌根音

f-h 开发—开花 开方—开荒 头发—头花

（五）鼻音与边音

n-l 女客—旅客 男子—篮子 河南—荷兰 留念—留恋

二、声母绕口令训练

（一）唇齿音

粉红女发奋缝飞凤，女粉红反缝方法繁。飞凤仿佛发放芬芳，方法非凡反复防范。反缝方法仿佛飞凤，反复翻缝飞凤奋飞。（f）

（二）舌尖前音

四十四个字和词，组成一首子词丝的绕口令。桃子李子梨子栗子橘子柿子槟子榛子，栽满院子村子和寨子。刀子斧子锯子凿子锤子刨子尺子，做出桌子椅子箱子和柜子。名词动词数词量词代词副词助词连词，造成语词诗词和唱词。蚕丝生丝熟丝缫丝染丝晒丝纺丝织丝，自制粗丝细丝人造丝。（z、c、s）

（三）舌尖中音

吕良气吕娘，吕娘怨李良。李良气吕良，吕良怨李良。李良怨吕娘，吕娘气吕良。（n、l）

（四）舌尖后音

史老师讲时事，常学时事长知识。时事学习看报纸，报纸登的是时事，常看报纸要多思，心里装着天下事。（zh、ch、sh）

软弱柔软，软柔弱，柔弱软柔，弱软柔。（r）

（五）舌面音

稀奇稀奇真稀奇，麻雀踩死老母鸡，蚂蚁身长三尺六，八十岁的老头躺在摇篮里。（j、q、x）

（六）舌根音

哥挎瓜筐过宽沟，赶快过沟看怪狗。光看怪狗瓜筐扣，瓜滚筐空哥怪狗。（g、k）

小花和小华，一同种庄稼。小华种棉花，小花种西瓜。小华的棉花开了花，小花的西瓜结了瓜。小花找小华，商量瓜换花。小花用瓜换了花，小华用花换了瓜。（h）

三、韵母难点音训练

（一）i–ü

比翼—比喻　防疫—防御　忌讳—聚会　联系—连续

（二）en–eng

抻开—撑开　分田—丰田　瓜分—刮风　人身—人生

（三）in–ing

风紧—风景　今天—惊天　临时—零食　人民—人名

（四）an–ang

包含—包航　出产—出厂　反问—访问　开饭—开放

四、韵母绕口令训练

（一）单韵母

村里新开一条渠，弯弯曲曲上山去。河水雨水渠里流，满山庄稼一片绿。（ü）

要说“尔”专说“尔”，马尔代夫，喀布尔，阿尔巴尼亚，扎伊尔，卡塔尔，尼泊尔，贝尔格莱德，安道尔，萨尔瓦多，伯尔尼，利伯维尔，班珠尔，厄瓜多尔，塞舌尔，哈密尔顿，尼日尔，圣彼埃尔，巴斯特尔，塞内加尔的达喀尔，阿尔及利亚的阿尔及尔。（er）

一个大嫂子，一个大小子，大嫂子和大小子比赛包饺子。看是大嫂子包的饺子好还是大小子包的饺子好，再看大嫂子包的饺子少还是大小子包的饺子少。大嫂子包的饺子又小又好又不少，大小子包的饺子又小又少又不好。[-i（前）]

知之为知之，不知为不知，不以不知为知之，不以知之为不知，唯此才能求真知。[-i（后）]

（二）鼻韵母

小陈去卖针，小沈去卖盆。俩人挑着担，一起出了门。小陈喊卖针，小沈喊卖盆。也不知是谁卖针，也不知是谁卖盆。（en）

你也勤来我也勤，生产同心土变金。工人农民亲兄弟，心心相印团结紧。（in）

军车运来一车裙，一色绿色军用裙。军训女生一大群，换下花裙换绿裙。（ün）

你说船比床长，他说床比船长，我说船不比床长，床也不比船长，船床一样长。（uan）

浮云长，长长长，长长长消。（ang）

真冷，真冷，真正冷，猛的一阵风更冷。人人都说冷，说冷也不冷，人能战胜风，更能战胜冷。(eng)

河里漂着一块冰，冰上插着一根钉。钉钉冰，冰冻钉。水流冰冻钉也动，水停冰静钉也停。钉钉住了冰，冰冻住了钉。(ing)

杨家养了一只羊，蒋家修了一道墙。杨家的羊撞倒了蒋家的墙，蒋家的墙压死了杨家的羊。杨家要蒋家赔杨家的羊，蒋家要杨家赔蒋家的墙。(iang)

王庄卖筐，匡庄卖网，王庄卖筐不卖网，匡庄卖网不卖筐。你要买筐别去匡庄去王庄，你要买网别去王庄去匡庄。(uang)

五、声调训练

（一）声调词语训练

1. 阴阳

安排　包含　差别　单纯　发达　刚才　欢迎　积极　科学　批评

2. 阴上

开口　批准　缺点　商品　推广　危险　西北　因此　增产　真理

3. 阴去

担任　发动　干净　黑暗　机构　开放　批判　区域　沙漠　天地

4. 阳阴

白天　曾经　长期　读书　房间　革新　核心　集中　离开　棉花

5. 阳上

男女　培养　情感　人口　食品　提起　完整　行使　言语　足以

6. 阳去

凡是　革命　含量　节目　来信　盲目　难道　排斥　奇怪　然后

7. 上阴

北方　产生　打击　法规　广播　海军　假说　可惜　老师　母亲

8. 上阳

女儿　偶然　企图　属于　死亡　委员　显明　眼前　早晨　主持

9. 上去

海面　假设　考虑　里面　马路　努力　品质　企业　少量　损害

10. 去阴

半天　创新　措施　大家　父亲　更加　后期　间接　客观　面积

11. 去阳

内容　配合　热情　善于　太阳　未来　下来　意识　在于　正常

12. 去上

个体　幻想　技巧　看法　历史　那里　气体　色彩　设想　探索

（二）声调绕口令训练

老姥姥喝酪，酪落老姥姥捞酪，九舅舅架鸠，鸠飞九舅舅揪鸠。麻妈妈骑马，马慢麻妈妈骂马，宁妞妞轰牛，牛拗宁妞妞拧牛。（阴平、阳平、上声、去声）

六、语流音变训练

（一）变调训练

1. 上声变调

彼此　采访　导体　感染　古老　减少　可以　理解　蚂蚁　哪里

2. 去声变调

变化　大厦　创办　但是　放弃　个性　破例　限制　宴会　最近

3. “一、不”变调

（1）“一”变调

一般大小　一板一眼　一唱一和　一多一少　一起一落　一前一后　一山一水

（2）“不”变调

不卑不亢　不干不净　不即不离　不见不散　不紧不慢　不伦不类　不偏不倚

（二）轻声

1. 阴轻

包袱　出息　灯笼　提防　吩咐　高粱　甘蔗　家伙　宽绰　清楚

2. 阳轻

裁缝　合同　糊涂　咳嗽　萝卜　明白　便宜　时候　徒弟　油水

3. 上轻

扁担　打发　考究　喇叭　马虎　暖和　数落　喜欢　眼睛　早晨

4. 去轻

报酬　厚道　护士　客气　木匠　算盘　味道　下吧　月亮　做作

（三）儿化

板凳儿　被窝儿　冰棍儿　打盹儿　刀把儿　电影儿　瓜子儿　花盆儿

（四）“啊”的音变

1. “霸座男”应该受到惩罚啊！

2. 你应该当面对他说啊！

3. 你说邪不邪啊！

4. 这辆公共汽车好拥挤啊！

5. 台风经过一般会带来暴雨啊！
6. 真可笑啊！
7. 哇，他的个子好高啊！
8. 这种事我们那儿也不少啊！
9. 他看起书来多么入神啊！
10. 多漂亮的字啊！

（五）语流音变绕口令训练

1. “一”“不”

一个老僧一本经，一句一行念得清，不是老僧爱念经，不会念经当不了僧。

2. 轻声

买卖人做买卖，买卖不公没买卖，没买卖没钱做买卖，买卖人做买卖得实在，买卖不成仁义在。

3. 儿化

圆桌儿、方桌儿没有腿儿，墨水瓶儿里没墨水儿，花瓶儿里有花儿没有叶儿，年轻人儿写字儿没有准儿，甘蔗好吃尽是节儿，西瓜挺大没有味儿，坛里的小米儿长了虫儿，鸡毛掸子成了棍儿，水缸沿儿上系围嘴儿，耗子打更猫打盹儿，新买的小褂儿不钉扣儿，奶奶想说没有劲儿。

4. “啊”的音变

啪、啪、啪！谁呀？张果老啊！怎么不进来啊？怕狗咬啊！衣兜里装着什么啊？大酸枣啊！怎么不吃啊？怕牙倒啊！胳肢窝里夹着什么啊？破棉袄啊！怎么不穿上啊？怕虱子咬啊！怎么不叫你老伴儿拿啊？老伴儿死了。你怎么不哭啊？盆儿啊，罐儿啊，我的老伴儿啊！

第二章

普通话朗诵训练

目标考核

1. 了解朗诵概念、朗诵作用、朗诵要求等内容；

2. 掌握朗诵技巧，并能恰当、灵活地使用；

3. 通过学习训练，能够积极参加朗诵活动，提高个人情操、思想境界以及艺术鉴赏能力。

导语

朗诵是服务于时代的艺术，它始终以昂扬的精神风貌承担着引导民众、传播文化的重任。

由于朗诵能够和听众直接进行交流，因此具有一种特殊的吸引力、感召力，所以在传达时代情感、展现时代精神方面，有着其他艺术不可替代的作用。

随着民众文化素质的提高，国人对朗诵提出了更高的要求：一方面对朗诵传播经典文化、净化社会风气的期望越来越强烈；一方面对朗诵走进校园，服务于语文教学和学生成长的呼声也越来越迫切。

说起朗诵艺术的作用，华东师范大学巢宗祺教授甚是感慨："我们都有一个体会，朗诵革命先辈的诗篇，会感到热血沸腾，这说明朗诵会使人受到思想熏陶。有的人可能不明白，觉得读这些东西有什么用？能生产出粮食、住房和汽车？确实不能，但朗诵能产生强大的无形的民族凝聚力。如果说一个人积累了一百篇优秀诗文，他跑到世界上任何一个角落，心里都会惦记祖国，他还会让子孙后代去读，因为它知道这里面的美和价值。"（《中国教育报》2009 年 6 月 25 日）

案例阅读

一次语文课上，老师请同学们朗诵诗歌，结果甲同学很快就朗诵完了。

老师说："你朗诵得太快了，没有节奏感。"

甲同学说："我从小练习说快板，做不到读读停停。"

老师又请乙同学朗诵，不料乙同学半天才朗诵完。

老师说："你朗诵得太慢了，我以为你要把每个字吃下去呢。"

另一个同学插嘴说："他口吃啊！"

最后，老师对乙同学说："辛苦你了，但是咬文嚼字有助于理解诗歌。"

我们从这个案例中悟出了一些什么道理呢？

一、朗诵的概念

朗诵是把无声的书面语言变成有声的口头语言的表达形式，是一种艺术再创造的言语活动。

二、朗诵的作用

（一）朗诵有利于深入体味文字作品，有利于掌握和欣赏文学作品

朗诵作品时，需要更深入地理解作品，通过反复朗诵，就会使朗诵者和聆听者对作品有更深的理解和感受。

（二）朗诵有利于展现作品内涵，增强艺术感染力

朗诵是一种再创作的过程，优秀作品通过成功的朗诵对人们情操的陶冶、心灵的感染，以及对思想的启发教育作用，往往超过作品本身。可以说，成功的朗诵更能增强作品的艺术感染力。

（三）朗诵是一种高尚的精神享受

朗诵能使人们获得日常生活中不易得到的集中、明确、生动、高尚的精神享受，从而使人们的思想更加纯净，生活更加充实。

（四）朗诵是学习和运用普通话从而达到语言规范化的途径

朗诵，必须使用普通话，不但要求语音标准，而且词汇、语法都要合乎规范，要尊重原作。虽然作品样式多种多样，但是，声、韵、调，语流的变读，以及语句的声音样式，都要讲究规范。所以，朗诵是推广普通话的重要形式，是实现语言规范化的重要途径。

三、朗诵要求

（一）根据作品的风格类型，整体把握朗诵的基调

简而言之，朗诵作品大致有叙述型、抒情型、议论型和说明型等不同的风格类型。对不同风格类型的作品，应分别确立与之对应的朗诵基调。

（二）深入挖掘主题，根据作品思想内容的发展表现主题

要对作品做细致的分析，整理出作品的重点、高潮以及关键语句，弄清其思想或

感情的发展线索。

找出作品的思想蕴含点和感情色彩区间，充实内心依据，激发真情实感，产生表达欲望，进而将作品的思想内容和主题准确地传达出来。

（三）辨正方音，弄清难读易错字音，扫除语言障碍

朗诵一篇作品，如果普通话不是十分纯正的话，首先要辨正方音。对于方言区某些人来说，声母的“平翘”不分、“鼻边”不分、韵母的前后鼻韵母不分等问题是易犯的毛病，要把它们区分清楚。其次，对于难读、易错的字，尤其是一些不常用字的读音，要勤查字典、词典，弄准读音。

四、朗诵技巧

（一）停顿

停顿是指朗诵时正确处理语流的“中断”与“连接”的分寸比例，给行进中的语音以必要间歇的技巧。它的主要作用是体现语言层次的清晰度，被称为有声语言的“标点符号”。

1. 停顿的分类及作用

停顿的应用在语法基础上服从思想感情以及心理、生理的需求。停顿主要分为：

（1）语法停顿

语法停顿是依据文章的标点符号和语句的语法结构而做出的停顿，在于明确语句之间的逻辑关系和句中的成分关系，使文章听起来脉络清楚。

根据标点符号做出的停顿，一般来说，其停顿时间的长短是：句号、问号、感叹号 > 分号 > 逗号 > 顿号；冒号、省略号、破折号停顿的时间伸缩性比较大，可据文意酌情而定。

在较长的句子中，由于调节气息的需要而做出的句内停顿，因受语法关系的制约，其停顿位置常安排在主谓之间，较长的宾语、补语之间或定语、状语之后，以及并列成分之间。例如：

苏州园林 / 是我国各地园林的标本。（主谓之间）

我又想 / 爸爸的病几时才能好？（宾语之前）

（2）强调停顿

强调停顿是指为了突出某一事物或强调某种情感所做的停顿。其妙处在于通过较长的停顿时间，借以吸引听众的注意力，给予思考、想象、回味的余地，启发他们参与到创作过程中，从而达到强调某种事物或情感的目的。运用时应注意停顿时间的适度延长，这样才能收到“此时无声胜有声”的效果。

强调停顿一般有三种表现情形：

一是在句中没有标点符号的地方，即所需强调的词语的前面做出停顿；

二是在句中的地方适当延长其一般所表示的停顿时间；

三是在描述完含有强烈感情的语句后，听众脑海中的情感余波还在继续延伸，这时通常需要较长的停顿空间以供其回旋。例如：

日子一天一天地过去了，父子俩也一天一天地感觉到，他们最大的敌人，也正在一步一步地向他们逼近：它就是 // 孤独。（曹文轩《孤独之旅》）

静默之中，我的肩头被拍了一下，急忙地睁开了眼，原来是老师站在我的位子边。他用眼神告诉我，叫我向教室的窗外看去，我猛一转头，// 是爸爸那瘦高的影子！（林海音《爸爸的花儿落了》）

（3）心理停顿

心理停顿是指依据人物内心的思想活动或情感需要而产生的停顿。它常用于显示人物思考问题的过程，描绘其心理状态，渲染其内心的情感色彩。停顿的位置和时间以准确反映人物复杂的内心活动为准，时间一般可适当延长。例如：

当当当，钟声响了，毕业典礼就要开始。看外面的天，有点阴，我忽然想，——// 爸——爸—/ 会—不—会——/ 忽然从床上起来，——/ 给我送来花夹袄？（林海音《爸爸的花儿落了》）

（4）生理停顿

为了表现人物的生理状态而产生的停顿叫作生理停顿。一般有“口吃”毛病的人，哽咽、重病或牺牲时的人物语言，常用生理停顿的方式给予象征性的表现，运用时应兼顾或服从于心理停顿。例如：

那同志抬起失神的眼睛，呆滞地望了卢进勇一眼，吃力地举起手推开他的胳膊，嘴唇翕动了好几下，齿缝里挤出了几个字：“不，没……没用了。”……“记住，这，这是，大家的！”他蓦地抽回手去，深深地吸了一口气，用尽所有的力气举起手来，直指着正北方向：“好，好同志……你……你把它带给……”（王愿坚《七根火柴》）

2. 停顿的处理原则

停顿的落实并不完全依据语法规则，它主要是循着作者或人物思维节奏的变化而变化。情形紧张时，思维也跟着紧张，停顿变得少，停短顿，以适应速度的加快；反之，停顿便会多，停长顿，以适应思绪的舒缓。

作品中的停顿千变万化，但不管如何变化，停顿都必须依据情感的需要而定。悲愤的情绪、低沉的心情，往往需要较长的停顿时间才能表现出来。爽朗的心态、明快的情感，常常只需做较短的停顿即可。

总之，停顿的目的在于凸显有声语言的清晰度和表现力，其处理方式没有一定之规，应根据情、意的需要去发挥创造。无论哪种停顿，都要依据思想情感的需要来找准停顿的位置。不管如何停顿，运用时还应注意与其他技巧的密切配合。

（二）重音

在语句中，需要突出强调的字词就是重音。

1. 重音的分类

重音可分为语法重音和强调重音两大类。

（1）语法重音

一句话当中，没有表示特殊思想感情的含义，只是根据语法结构的特点而重读的音，叫语法重音。文章中介绍时间、地点、人物和事件起因的语句，一般均属于语法重音范畴。语法重音不要过分突出，稍稍处理得重一些就可以了。一般可分为：

谓语重音。例如：这苹果又大又甜。

宾语重音。例如：孩子捧着菊花。

定语重音。例如：一片笑语声在礼堂里回荡。

状语重音。例如：他激动地告诉我们。

补语重音。例如：他瘦得皮包骨头了。

代词重音。例如：你什么都不知道？

（2）强调重音

为了表达某种特殊含义或特殊情感，或强调某一观点而重读的音，就是强调重音，也称逻辑重音。文章中有特殊含义的语句，均属于强调重音范畴。强调重音没有固定的表达规律，主要依据内容感情的变化而变化。同一句话，语意不同，强调重音也不同。例如：

我知道你会唱歌。（别人不知道你会唱歌。）

我知道你会唱歌。（你不要瞒着我了。）

我知道你会唱歌。（别人会不会唱我不知道。）

我知道你会唱歌。（你怎么说不会呢？）

我知道你会唱歌。（会不会唱戏我不知道。）

2. 重音的确定

语法重音要服从强调重音，也就是说，句中有强调重音时，即有特殊含义时，语法重音就自然消失了。一般重音的确定指的就是强调重音的确定。

从上面的例子“我知道你会唱歌”可以看出，一句话在孤立的状态下，是可以有多种解释的，也就是说，重音是“游移”的。但在具体语言环境约束下，一句话的语义是确定的，语句的重音自然也是确定的。

一般情况下，一句话中的重音只有一个，例如：

山不在高，有仙则名；水不在深，有龙则灵。（刘禹锡《陋室铭》）

当然，也有多个重音的时候，一句话中有多个词语，甚至整句话都需要强调的，称为多重音。例如：

开门七件事：柴、米、油、盐、酱、醋、茶。

3. 重音的表现方法

重音的表现方法变化多端，复杂而灵活，除一般常见的“加重音量”的重读之外，还可采用“重音轻读、快中显慢、实中转虚、拉长音节（托音）”等多种方法。这些方法往往是互助关联的，既可单独用，也可混合用，反其道行之亦可。但不可望文生义，把重音片面地理解为只有“加大音量”的一种处理方式。例如：

孔乙己喝过半碗酒，涨红的脸色渐渐复了原，旁人便又问道：“孔乙己，你当真认识字么？”孔乙己看着问他的人，显出不屑置辩的神气。他们便接着说道：“你怎的连半个秀才也捞不到呢？”孔乙己立刻显出颓唐不安模样，脸上笼上了一层灰色，……在这时候，众人也都哄笑起来：店内外充满了快活的空气。（鲁迅《孔乙己》）

总之，不论是突出重点，还是引人注意，或是启发思维，重音总是为一定的语言目的服务的。因此，确定重音的表现目的以及所承载的感情色彩是找出重音恰当表现方法的关键。

不过，无论怎样表现重音，都要注意重音和非重音之间的有机衔接与过渡，给人以和谐统一的美感，切不可弃非重音于不顾而孤立地表现重音。红花尚需绿叶扶，重音也需非重音的“衬托”。

（三）语调

语调是句子里声音高低、快慢、长短、轻重的变化，以结尾的升降变化最为重要，一般是和句子的语气紧密结合的。语调的升降变化使语音悦耳动听，具有音乐美，能更细致地表达不同的思想感情。

1. 平直调

平直调多用在叙述、说明或表示迟疑、思索、冷淡等的句子里，始终平直舒缓，没有显著的高低变化。例如：

十五从军征，八十始得归。（汉乐府《十五从军征》）

2. 上扬调

上扬调多在表疑问、反诘、短促的命令等句子里使用，或在表示愤怒、紧张、警告、号召的句子里使用，注意前低后高，语气上扬。例如：

如果冬天来了，春天还会远吗？（雪莱《西风颂》）

3. 曲折调

曲折调用于表达特殊的感情，如在表讽刺、暗示、反语、讥笑、夸张、强调、双关、特别惊异的句子里使用，语调由高而低后高，把句子中某些特殊的音节特别加重、加高或拖长，形成一种升降曲折的变化，例如：

当然，能够只是送出去，也不算坏事情，一者见得丰富，二者见得大度。（鲁迅《拿来主义》）

4. 下抑调

下抑调一般用在感叹句、祈使句或者表示坚决、自信、赞扬、祝愿等感情的句子里，也用来表达沉痛、悲愤的感情，注意调子逐渐由高降低，尾字低而短。例如：

赞叹：情一样深啊，梦一样美，如情如梦漓江的水！（贺敬之《桂林山水歌》）

坚决：到中流击水，浪遏飞舟？（毛泽东《沁园春·长沙》）

低落：她彷徨在这寂寥的雨巷，撑着油纸伞，像我一样，像我一样地，默默彳亍着，冷漠、凄清，又惆怅。（戴望舒《雨巷》）

（四）节奏

朗诵的节奏是指行进中有声语言在停顿的调节下产生的快与慢、强与弱、长与短、高与低的变化对比。

快慢是语言的速度问题。语速的快慢包括两个方面：每个音的发音长短和音节与音节间连续的紧密程度。因此，要通过调整每个音节的长短和用停顿调控音节之间的距离来实现语速的快慢。语速加快时，不仅是每个音节的音长要缩短，而且音节与音节的连接也要紧凑。反之，语速可趋缓。

强弱是气息的调节问题。声音的轻重、虚实等变化都是强弱的具体表现。气息应气沉丹田，随时根据声音的需求而提供动力。这样纵控自如的气息，就能够随时掌控声音的强弱。

长短高低是一个变化的问题。在停顿的节控下，在重音的配合下，在语气的导引下，在思想感情的驱遣下，声音的长短高低自然会产生“抑扬顿挫”的变化。

所以，轻重缓急、抑扬顿挫便是节奏的内涵。

1. 节奏的分类和作用

一般情况下，节奏大致分为：

（1）轻快型节奏

这是一种令人心驰神往、能产生愉悦感受的情感节奏，语流轻快有力，多扬少抑，常用来描绘直露的、兴奋欢快的感情与心态，或令人赏心悦目的自然风光。例如：

白日放歌须纵酒，青春作伴好还乡。即从巴峡穿巫峡，便下襄阳向洛阳。（杜甫《闻官军收河南河北》）

（2）舒缓型节奏

这是一种令人心旷神怡、能引起丰富想象的情感节奏，语流柔缓有力，起伏缓长，常用来表现寓情于景的、有一定修饰感的、需要细心体味的暖色调的情感与心态，如舒畅、欣喜、高兴等，也常用于描绘较为温馨宁静的抒情场面。例如：

傍晚时候，上灯了，一点点黄晕的光，烘托出一片安静而和平的夜。乡下去，小路上，石桥边，有撑起伞慢慢走着的人；还有地里工作的农夫，披着蓑，戴着笠的。他们的草屋，稀稀疏疏的，在雨里静默着。（朱自清《春》）

（3）强急型节奏

这是一种感性的、令人血脉贲张或欢欣鼓舞的情感节奏，语流重快分明，多为一浪高过一浪，常用于宣泄指责、愤怒、惶恐等直露的色彩鲜明的感情与心态，也常用于形容紧张急迫的情形，或者用于描绘令人痛快、激动、兴奋的动感场面。例如：

今天，这里有没有特务？你站出来！是好汉的站出来！你出来讲！凭什么要杀死李先生？（闻一多《最后一次讲演》）

（4）低沉型节奏

这是一种理性的、令人沉静于深思的情感节奏，语流缓慢沉稳，多为坡度不大的下山样子，常用于表现低沉、压抑、悲痛、忧伤、自责等极力控制下的、色彩偏暗的感情与心态，也常用来描绘气氛庄重肃穆、坚毅甚至悲壮的场景。例如：

我心里十分地难过，真的，我的良心受伤了，我没有判断明白，便妄下断语，冤枉了一只不能说话辩诉的动物。想到它的无抵抗的逃避，益使我感到我的暴怒、我的虐待，都是针，刺我良心的针！（郑振铎《猫》）

（5）平稳型节奏

这是一种客观、真实、理性的情感节奏，语流中速稳重，多为起伏不大的平行态势，常用于一般性的记叙、说明、交待等感情无多大变化的语言。例如：

石拱桥在世界桥梁史上出现得比较早。这种桥不但形式优美，而且结构坚固，能几十年几百年甚至上千年雄跨在江河之上，在交通方面发挥作用。（茅以升《中国石拱桥》）

2. 节奏的转换原则

节奏应遵循“欲扬先抑，欲抑先扬；欲快先慢，欲慢先快；欲强先弱，欲弱先强”的转换原则。节奏之间的过渡方式有两种：

一是“突转”，在感情对比异常鲜明强烈时，较长停顿之后，可以突然改变语气进行转换；二是“渐转”，一般情况下，要在言语行进中逐渐过渡，采用渐快或渐慢、渐强或渐弱的方式。例如：

快慢相间的渐转：天上风筝渐渐多了，地上孩子也多了。/ 城里乡下，家家户户，老老小小，他们也赶趟儿似的，一个个都出来了。/ 舒活舒活筋骨，抖擞抖擞精神，各做各的一份儿事去。/“一年之计在于春”，刚起头儿，有的是功夫，有的是希望。（朱自清《春》）

逐步增强的渐转：声音开始是林红一个人的，以后变成几个人的，再以后变成几十个、几百个人的了。这口号声越来越宏大，越壮烈，越激昂，好像整个宇宙都充满了这高亢的呼声。（杨沫《青春之歌》）

由强到弱的突转：他转身朝着黑板，拿起一支粉笔，使出全身的力量，写了几个大字：“法兰西万岁！”// 然后他呆在那儿，头靠着墙壁，话也不说，只向我们做了一个手势：“放学了，——你们走吧。”（都德《最后一课》）

由弱到强的突转：他好像面对着大海，月亮正从水天相接的地方升起来。微波粼粼的海面上，霎时间洒满了银光。月亮越升越高，穿过一缕一缕轻纱似的微云。// 忽然，海面上刮起了大风，卷起了巨浪。被月光照得雪亮的浪花，一个连一个朝着岸边涌过来……（《月光曲》）

总的来说，各种节奏在运用时都要做到“快而不乱，慢而不驰，强而不拙，弱而不薄”。其意是说，语速快时要控得住，字字清晰，不能紊乱；语速慢时，不能拖泥带水，割裂语意；力度强时，不能使拙劲，声嘶力竭，使听众紧张疲劳；力量弱时，字音要咬得准，有穿透力，不能让人听不清楚。这样，才能形成有声语言的节奏美，增强表达效果。

能力培养与训练

1. 朗诵下列诗词，注意语音规范问题。

念奴娇·赤壁怀古

苏轼

大江东去，浪淘尽，千古风流人物。故垒西边，人道是，三国周郎赤壁。乱石穿空，惊涛拍岸，卷起千堆雪。江山如画，一时多少豪杰。

遥想公瑾当年，小乔初嫁了，雄姿英发。羽扇纶巾，谈笑间，樯橹灰飞烟灭。故国神游，多情应笑我，早生华发。人生如梦，一尊还酹江月。

2. 朗诵下列诗词，注意停顿及重音技巧的使用。

声声慢·寻寻觅觅

李清照

寻寻觅觅，冷冷清清，凄凄惨惨戚戚。乍暖还寒时候，最难将息。三杯两盏淡酒，怎敌他、晚来风急？雁过也，正伤心，却是旧时相识。

满地黄花堆积。憔悴损，如今有谁堪摘？守着窗儿，独自怎生得黑？梧桐更兼细雨，到黄昏、点点滴滴。这次第，怎一个愁字了得！

3. 朗诵下列诗歌，注意使用恰当的节奏及语调技巧。

感谢

汪国真

让我怎样感谢你
当我走向你的时候
我原想收获一缕春风
你却给了我整个春天

让我怎样感谢你
当我走向你的时候
我原想捧起一簇浪花
你却给了我整个海洋

让我怎样感谢你
当我走向你的时候
我原想撷取一枚红叶
你却给了我整个枫林

让我怎样感谢你
当我走向你的时候
我原想亲吻一朵雪花
你却给了我银色的世界

4. 朗诵下列寓言故事，注意朗诵技巧的综合使用。

野山羊和葡萄树

一只受到猎人追赶的野山羊，躲进了葡萄园。

野山羊躺在地上，用葡萄的枝叶遮住自己。一会儿，它似乎觉得危险已经过去了，就开始啃起葡萄的叶子来。瑟瑟的声音引起了猎人的注意。

野山羊暴露了自己，一下子被猎人杀死了。临死的时候，它才意识到它的死是一种正义的惩罚，因为它伤害了曾经保护过它的东西。

第三章 日常交往的语言艺术

目标考核

1. 了解日常交往的语言形式，加强口才素质的培养，提高语言交往的能力；
2. 掌握日常交往的语言技巧，将其灵活运用到人际交往当中。

导语

在当今激烈的社会竞争中，语言表达不仅是衡量一个人知识、水平和能力的有效方式之一，还成了人际交往的重要手段。人人都知道语言表达的重要性，但并不是人人都能成为语言大师。在“语言习得”的这条康庄大道上还有许多的“荆棘”需要“斩获”，如良好的心理素质、丰富的知识储备、清晰的表达能力、缜密的逻辑能力以及敏捷的应变能力等。作为在校的大学生，在学好专业知识的同时，有必要加强口语方面的训练，提高语言表达能力并将其内化为自身的综合素质之一，从而为自己的职业发展奠定成功的基石。

案例阅读

在网络热播剧《延禧攻略》中，女主角魏璎珞一出场就给人留下了善良、聪慧的印象。她利用赞美的艺术帮助同为宫女的吉祥化险为夷，免遭乌雅小主的迫害。

（当吉祥因为不小心弄脏了乌雅小主的衣裳时，乌雅小主用脚踩吉祥的手，以示泄愤。这时璎珞出场了。）

璎珞对乌雅小主说：“请乌雅小主高抬贵足。”

乌雅小主：“你一个小小的宫女，也敢妄想请我容情。”

璎珞：“奴才人微言轻，自然是没有资格，可今日小主要参加殿选，乃是大喜事，不宜沾染血腥，会误了小主的好心情、好运道。”

乌雅小主：“你倒是挺会说话的。不过，我现在的鞋子也脏了，我不高兴！”

璎珞：“小主别具匠心，将鞋底雕刻了一朵莲花，不过还差了一件东西，奴才斗胆愿为小主分忧。”

（最后璎珞用香粉沾在乌雅小主的鞋底，让她在走路时留下一朵朵莲花，从而得到她的欢喜。）

一、口语表达的特点

有人认为只要不是哑巴就可以说话，但可以说话就代表可以把话说好吗？显然不是。可以说话只是一个发声的动作，而把话说好则是一门艺术，是要说得动听，让说话对象乐意听。怎样才能把话说好呢？这需要口语训练者在言语表达中做到内容充实、逻辑严密、口齿清晰、语速适当、语言流畅、形象生动等。

（一）内容充实，逻辑严密

一个能言善道者一定是一个饱读诗书的人。在言语表达中能够出口成章，顺手拈来，引经据典。因此，要想成为一个善于表达的人，就一定要兴趣广泛，博览群书，掌握丰富的知识。同时还要善于观察，热爱生活，勤于思考。正如古语所云："读万卷书，行万里路。"

言语表达除了内容充实之外，还需要有严密的逻辑思维能力，能把充实的内容按照一定的逻辑顺序，清晰、明了地表达出来。如果思路不清就不能有序、有效地表达，就不能使交往对象理解说话者要表达的含义，在交际过程中就不能有效地开展沟通和交流。

（二）口齿清晰，语速适当

在语言交际中，口齿清晰，语速适当是确立良好人际交往的前提。在日常交往中，往往会出现声音太小听不清、语言不通听不懂、语速太快听不清、语言含糊听不明等现象。如果出现这类现象，就需要表达者加强口语练习，声音小就练发声，语言不通就加强普通话练习，语速太快就适当减慢，含糊不清就多练发音。（见普通话训练章节）

（三）语言流畅，形象生动

语言流畅是表达者思维与语言高度一致的结果。有所想就可以有所语，并且没有赘语的不良习惯。在语言交际中，经常有人会出现"这个、这个""是不是""然后"等赘语，这些都是因为思维受阻或平时的不良习惯造成的，它会严重影响语言的表达效果与语言的流畅度，因此一定要尽量避免。

语言转瞬即逝，因此要想交际对方在短时间内听懂你的话，还需要学会用形象、生动的语言去帮助提高对方的理解能力，正确地使用一些修辞手法，如比喻、引用、对偶等，让自己的话语能在对方的头脑中立刻呈现出画面感。

（四）以诚待人，诙谐幽默

在人际交往中，交谈者要能真诚地对待自己的任何一个交往对象，不因对方身份、年龄、职业的不同而进行选择性交际。要以诚待人，热情亲切，力求在最短的时间里缩短与对方的交际距离，让对方有一种想与你交往的强烈愿望。

在选择交谈话题时，应体现对工作积极进取的精神、对美好生活的强烈愿望、对困难挫折的坚强意志。总之，交谈话题一定要是给对方带来正能量的，并且在选择表达方式时，可以采用一种诙谐幽默的语言表达风格，让对方觉得轻松、开心。

二、日常交往的语言训练

（一）初次交往与打电话的语言艺术

1. 初次交往的语言艺术

人的一生中需要结识很多的朋友。在成为朋友之前，初次见面给对方留下一个良好的印象显得十分重要，因为这很有可能成为“开启友谊之船”的一个起点。有的人相见恨晚，一见如故，一拍即合，而有些人却话不投机半句多，从此不相往来。出现这种差别的原因有很多，如双方的仪容仪表、举止行为等，但最重要的还是语言表达。有的人长相一般却因为谈吐文雅而广结良缘，有的人仪表堂堂却徒有其表，因“出口成脏”而令人唾弃，被拒绝往来。那么，我们如何才能在初次见面时给对方留下一个良好的印象呢？

（1）穿着得体，举止大方

俗话说：“佛要金装，人要衣装。”穿着打扮不但能体现一个人的文化修养，还可以反映一个人的审美情趣。得体的穿着能够弥补颜值的缺陷，有效提升气质，能够在初次见面中给人留下一个良好的印象。同时，在交往中还应该举止大方，谈吐合乎礼仪规范。男士体现阳刚之美，女式体现优雅之美。

我国著名的媒体人、节目主持人杨澜曾经在美国留学期间因为穿着问题，被用人单位拒之门外；被房东莎琳娜太太严格要求不穿戴整齐就不准进入客厅，并且规定在她有客人来访时必须涂口红。当时的杨澜非常讨厌莎琳娜太太这种做法。直到她在一家餐厅遇见一位英国老太太，英国老太太像伊丽莎白女王一样尊贵与精致，裙子下穿着丝袜和漂亮的高跟鞋，而杨澜这时穿着却是非常随意。对面的老太太从旁边拿了一张便笺写了一行字递给了她，上面写道：洗手间在你的左后方拐弯。杨澜描述当时的自己：我第一次有点看不起自己。这样的打扮，我有多不尊重自己，以致使别人觉得我也不尊重她们。当杨澜再回到座位的时候，那位老太太已经离开了，但在桌子上一张便笺上写下了一句话：作为女人，你必须精致，这是女人的尊严。

杨澜后来到一家大牌化妆品公司面试。她得体的穿着打扮为她的表现加了分。其中有一个面试官对她说：“你非常优秀，欢迎你的加入。”而这位面试官居然是她在咖啡馆里遇到的那位英国老太太。她非常有名，是这个化妆品品牌的销售女皇！

杨澜自己讲述的这个经历，让我们明白了她在美国是如何完成“蜕变”的，也让我们更加明了个人形象在职场的重要性。得体的穿着打扮不仅是一种美的象征，更是一种尊严的体现。

（2）为人友善，注意表情

在与人初次见面时，不要给人一种高高在上、不可一世的感觉，而应该用微笑向人传递友善，给人一种亲切感。要学会用真诚的目光与人交谈，应给人一种自然、大方、诚恳、热情、自信的精神面貌，显得谦逊而富有涵养，幽默又不失稳重。切忌与人谈话时信口开河，满嘴跑火车，或是紧张局促，眼神飘忽，神情紧张。

记得有一位老师曾经去某所著名的大学访学，第一次见导师时非常紧张，甚至有点害怕。当他战战兢兢地敲开导师办公室的门时，只见这位40多岁的年轻教授一点架子都没有，笑容满面地迎接他的到来。教授一边泡茶一边亲切地询问这位老师来到大学的生活情况，住宿安排好了没有？饮食习不习惯？这位教授的亲切友善一下子就消除了这位老师的紧张和害怕，与导师愉快地沟通交流起来。

（3）找准话题，善于倾听

初次见面，能与对方的心灵产生共鸣，是一种有效的语言交际方式。选择双方都了解和感兴趣的话题是成功敲开对方心灵大门的钥匙。如果事先对对方并不了解，那么就可以选择一些当下的热门话题和事件，也可以学习西方人说说天气，聊聊美食。切忌在不了解对方的情况下，贸然谈及对方的婚姻、家庭、孩子、收入等。

李阿姨是一位热心肠的人，但是她有一个毛病，就是喜欢打听别人的隐私。与别人初次见面时，总是占据话语的主动权，问东问西。有一次，单位招了一个30多岁的女同事。李阿姨碰到这位新同事，话匣子又打开了。

李阿姨："这是新来的同事吧？"

女同事："你好！"

李阿姨："多大了？"

女同事愣了一下："老了。"

李阿姨："小孩多大了？"

女同事明显不悦："我还没结婚。"

李阿姨有点尴尬地说："这么大了，是该找个人嫁了。"

在这段对话中，李阿姨在没有了解对方的情况下，按照自己的既定思维选择话题，让对方觉得话不投机半句多。这样的交谈显然是不愉快和尴尬的。

有一天，猫妈妈把小猫叫到身边说："你已经长大了，三天之后就不能再喝妈妈的奶了，要自己去找东西吃。"

小猫惊恐地问妈妈："妈妈，那我该吃什么东西呢？"

猫妈妈说："你要吃什么食物，妈妈一时也说不清楚，这几天夜里，你躲在人们的屋顶里、梁柱间、陶罐边，仔细地倾听人们的谈话，他们自然会教你的。"

第一天晚上，小猫躲在梁柱间，听到一个大人对孩子说："小宝，把鱼和牛奶放在冰箱里，小猫最爱鱼和牛奶了。"

第二天晚上，小猫躲在陶罐边，听到一个女人对男人说："老公，帮我个忙，把香肠和腊肉挂在梁上，别让小猫偷吃了。"

第三天晚上，小猫躲在屋顶上，从窗户看到一个妇人在教训自己的孩子："奶酪、肉松和鱼干吃剩了，也不收好，小猫的鼻子很灵，明天你就没得吃了。"

就这样，小猫每天都很开心，它告诉猫妈妈："妈妈，果然像您说的一样，只要我仔细倾听，人们每天都会教我该吃些什么。"

这则寓言故事给我们的启示是：学会倾听可以增长知识和拓宽视野。小猫在连续几个晚上的倾听中，知道了自己该吃的东西，而我们在人际交往中也要学会倾听，因为良好的倾听技巧是人际沟通得以顺利进行的前提和保证，是增长知识和拓宽视野的有效方法与途径。一位名人曾说过这样一句话："我们花了两年的时间学会说话，却要花上六十年的时间来学会闭嘴。人只长了一张嘴却长了两只耳朵，所以我们应该多听少说。"

2. 打电话的语言艺术

电话交谈已经成为当今人们沟通、交流的重要方式之一，它方便了我们的生活，提高了我们的工作效率。但电话交谈只能闻其声，不能见其人，只能通过声音的传播来进行信息的互换，所以语言表达显得尤为重要。那么，电话交谈具有哪些特点呢？

（1）用语文明，彬彬有礼

日本有一位演讲家曾经说过一段关于自己电话用语的事例。他说："不管是在公司还是在家里，凭这个人在电话里讲话的方式，就可以基本上判断出其教养的水准。我每天收到好多预约演讲的信件，还接到很多委托演讲的电话。我凭着对方电话里的讲话方式，就能判断其修养如何，凭对方在电话里的第一句话就可以基本决定我是去讲还是不去。"通过这一段话，我们不难看出，一段成功的电话通话，一定是从文明礼貌用语开始的。

一位学生遇到了学习上的一些问题，拨通了学校某领导的电话，想找这位领导帮他解决问题。他拨通电话后连个称呼都没有就直接说自己是谁，打电话干什么，并且在电话中说他要找这位领导当面谈一谈。面对这位不懂礼貌的学生，这位领导沉默良久。

（2）表述清晰，语言简洁

工作电话一般是为了方便工作，提高工作效率而使用的一种通讯工具。因此，在进行电话交流时要学会使用清晰简明的语言，把需要说明的时间、地点、数据等重要信息清晰地表达出来，以免贻误工作。

如果你是拨打电话的一方，应该在称呼对方后自报家门，然后说明自己拨打电话的事项。

"您好！我是 ×××。请问您现在方便接电话吗？ ……"

如果你是接通电话的一方，应该在接通电话后用问候语告知对方电话已经接通。

"你好！ ……"而不能用"喂？找谁？"或"喂？有什么事？"

（3）语气柔和，语调适中

电话交谈主要是以有声语言进行传播的，因此，对方只能通过语气、语调来判断一个人的修养和礼貌态度。柔和的语气、适中的语调能帮助你与对方建立良好的交谈氛围，便于工作的开展、问题的解决。

服务行业对于客服代表的语言要求非常之高，要进行专业的上岗培训，要达到普通话标准，气息均匀流畅，语音清晰自然，语调准确悠扬，语速匹配可控，音量恰当适中，语气热情友好等要求。

（4）选好时间，把握时长

打电话时需注意时间，这是一个礼仪规范。除非是特别紧急的事情，在一般情况下不要在对方休息的时候打手机，如睡觉时间、吃饭时间。这样的交谈可能会因为打扰到对方让对方觉得你很不礼貌而难以正常进行下去。另外，在工作中，电话通话时间不宜太长，有事说事，切忌在通话中胡扯瞎聊。

（二）称呼与介绍的语言艺术

1. 称呼

（1）古代称谓

我国是一个礼仪之邦，在称谓上很讲究。根据称谓的不同，可以分为尊称和谦称、自称和他称等。下面选用几种称谓介绍一下。

①人的称谓

a. 称字：幼时由长辈命名，成年后取字。如李白字太白。

b. 称号：一般用于自称，以显示某种志趣或抒发某种情感。如李白号青莲居士，李清照号易安居士。

c. 称谥号：古代王侯将相、高级官吏、著名文士等死后被追加的称号，如范仲淹溢号文正。

d. 称籍贯：以人的出身地命名，如孟浩然称孟襄阳，柳宗元称柳河东。

e. 称官地：以人做官的地方来命名，如柳宗元称柳柳州。

②谦称

a. 自称：愚、敝、卑、臣、仆

b. 帝王自称：孤、寡、朕

c. 古代官吏自称：下官、末官、小吏

d. 读书人自称：小生、晚生、晚学、不才、不肖

e. 古代称自己一方的亲属朋友用“家”或“舍”，如家父、舍弟。

③敬称

a. 对帝王：万岁、圣上、天子、圣驾、陛下、大王

b. 对于对方或对方亲属的敬称用“令”“尊”“贤”，如尊上、令尊、贤弟。

c. 称谓前加“先”表示已去世，用于敬称已经去世的地位高的人或年长的人：如称死去的父亲为先考、先父；称死去的母亲为先慈或先妣；称死去的帝王为先帝。

（2）现代称呼

称呼是言语交际的开始，得体、礼貌的称呼，能为接下来的交谈奠定良好的基础。有这样一则故事：

一个小伙子向正在田间劳作的老农问路：“喂，到和平村怎么走？”老农答：“走大

路一万丈，走小路八千尺。”小伙子奇怪地问：“怎么你们这儿论丈不论里？”老农答：“原来你也会讲里（礼）？”

在这个故事中，小伙子要问路，用“喂”来称呼老农，这显然是非常不礼貌的，老农通过汉语中“里”与“礼”同音的关系，给小伙子好好上了一课。在日常交往中，我们通常会有面对群体的称呼和个体的称呼，那应该注意什么事项呢？

①面对群体的称呼

面对群体进行称呼，一般是要当众说话，如演讲、作报告、上课等。面对群体称呼一般有两种方式：一种是不需要了解群体的身份情况，一律以“大家好”或“你们好”来代替；另一种则是根据群体的身份情况分门别类地称呼，如“尊敬的领导，亲爱的老师，同学们”，这种称呼是根据群体里不同身份、职业的情况进行的类称。第二种称呼需要注意称呼的顺序以及要把所有的对象都称呼进去，不能遗忘群体里的任何一部分人。

在一次班级的演讲比赛中，一位同学走上讲台就说：“同学们好！我今天演讲的题目是 ......”台下的同学开始起哄，说：“还有老师，你怎么忘了打招呼？”这位同学本来就是因为紧张才忘记称呼老师，现在同学们这样一起哄，他就更紧张了，站在讲台上不知道接下来该说什么，头脑一片空白，满脸通红。在老师的解围和鼓励下，这位同学才勉强把演讲讲完。事后他非常自责地找到老师，向老师道歉。老师微笑着鼓励他说：“有了这一次的经验，你以后一定不会再发生这种情况了！”

这位同学因为紧张忘记称呼听众中的老师，导致演讲效果大打折扣。如果在演讲中漏掉了一部分人，这部分人会觉得演讲者不重视他们，有可能注意力不集中或者是扰乱演讲的现场，因此演讲的同学一定要事先了解听众中的群体分类，把该称呼进去的对象全都称呼进去，以表示对所有听众的尊重。

②面对个体的称呼

面对个体的称呼一般要遵循文明礼貌、亲切得体、准确简单的原则。可以根据职位选择称呼，如“张经理”；可以根据年龄选择称呼，如“李叔叔”；在没有对方任何信息的情况下，可以用“你好”来代替称呼。

一日，天热，纪晓岚赤膊坐于案前编纂《四库全书》，不料乾隆皇帝突然驾到，纪晓岚因赤身露体无法见驾，便只好躲到书案底下。过了好久，纪晓岚以为皇上走了，便问书童：“老头子走了没有？”岂料皇上未走，闻言大怒：“你罪当诛杀，为何称朕是老头子，你要说说道理，若说不出来，定斩无赦！”纪晓岚虽然汗颜，却没有惊慌失措，脑筋一动便道：“陛下贵为天子，人称‘万岁’，难道不老？皇上乃一国之首，万民拥戴，岂不是头？‘子’乃男子之美称，君乃‘天之骄子’，岂不是子？故而‘老头子’乃至尊至贵之称，望皇上明察。”乾隆听后，不禁开怀大笑，免去了他的罪责。

这真是一个有惊无险的故事呀！纪晓岚以为乾隆已经走了，所以对书童随意地称呼乾隆为“老头子”，这显然是很不礼貌的称呼，何况称呼的对象还是当今的皇帝。好在纪晓岚绝顶聪明，反应神速，换成别人估计得“挂”了。当我们为纪晓岚的机智幽默喝彩时请不要忘了提醒自己，称呼别人时一定要得体、礼貌。

小俊是个一年级的小学生。一天他回到家很苦恼地问妈妈："妈妈，你叫我在外面见到人就要打招呼，可今天我在楼下看到一个头发都白了的爷爷，我喊他结果他都不答应。"小俊的妈妈马上反应过来，小俊喊的这位所谓的爷爷是她们学校新招聘进来的一个同事，才 30 多岁，少白头。有可能是这位同事不知道小俊喊的是他，也有可能就是把他喊老了他故意不答应。面对这种情况，小俊的妈妈给小俊支了一招，叫小俊以后碰到楼下的叔叔阿姨、爷爷奶奶一律都喊老师就行了。

在这个事例中，我们可以看到，小俊是根据他判断的年龄大小来称呼别人的，结果称呼错了。小俊的妈妈教小俊的方法是根据职业进行称呼，因为都是一个学校的同事，称呼职业一定是不会错的。

2. 介绍

介绍是人际交往中人们相互认识、建立联系必不可少的手段。介绍一般分为自我介绍、介绍他人和被介绍。自我介绍是人际交往中为让对方对自己有更多了解而采用的一种方式。

（1）自我介绍

介绍自己的一些个人信息，如姓名、身份、职业等。在自我介绍中，要注意语言简洁明了，不需要非常具体详细的介绍，不用进行细节化描写和故事叙述。这只是一种初次见面的寒暄式交往，只需要把个人的一些重要信息告知对方就可以了。在自我介绍中要体现一种谦虚的态度。

刚刚毕业分配到 ×× 公司做销售员的曹芳，在公司大会上被领导喊起来做自我介绍。

曹芳："大家好！我叫曹芳，曹操的曹，芬芳的芳，你们喊我小芳就行。我毕业于 ×× 学校的 ×× 专业。初来乍到，请大家多多指教。"

曹芳在公司大会上简洁明了地把自己的一些信息告诉了大家，并在介绍中体现了一种谦虚的态度。

（2）介绍他人

介绍他人是介绍人以第三方的身份，使另外两方的人通过自己的介绍从而彼此认识，建立联系。在介绍的过程中要遵循一个交际原则：要把晚辈介绍给长辈，把职位低的介绍给职位高的，把男士介绍给女士，把客人介绍给主人。

介绍人：我来介绍一下，这位是 ×× 公司的业务员张 ××，这位是 ×× 公司的广告部李经理。

张 ×× 主动与李经理握手。

张 ××：您好，您好！

李经理：你好！

介绍人：李经理，小张是个很厚道的小伙子，做起事来干劲十足。

李经理：看得出来，小伙子不错呀！

张 ××：过奖过奖，还请李经理多多指教。

介绍人：小张，李经理在公司是专管……的，是业界的……

介绍人遵循了把晚辈介绍给长辈，把职位低的介绍给职位高的原则，在介绍小张和李经理给对方认识时都实事求是地夸奖了对方。

（3）被介绍

在被介绍时要体现亲切、随和、热情的态度，切忌不可眼神飘忽，左顾右盼，心不在焉，也不可过分紧张，目光回避，不敢抬头。介绍完以后，最好主动跟对方打招呼，表示友好。在前面的例文中我们可以看到，小张主动跟李经理握手，体现了他作为晚辈对对方的尊敬和热情，李经理在介绍小张时夸奖小张，则体现了李经理亲切、随和的态度。

（三）赞美与批评的语言艺术

1. 赞美

赞美是人类最美丽的语言，是一种非常有效而且不可思议的推动力量。在人际交往中，每个人都希望得到别人的赞美和夸奖。一句真诚而又实在的赞美能让被赞美者如沐春风，神清气爽。心理学研究表明，赞美是理解、支持、鼓励对方的一种表现，是让对方找到自我价值的方式之一。在选择赞美的话题时，可以从长相、身材、能力、兴趣、气质、谈吐等方面入手。因此，赞美一个人要善于迅速、及时地捕捉到对方的优点，再用真诚的语言进行描述。那么，赞美他人要注意什么问题呢？

（1）发自肺腑，情真意切

赞美是人际交往中的润滑剂。使用得当的话，会有效拉近彼此之间的距离，会形成一种良好的交际氛围。怎样赞美呢？最主要的就是赞美的内容是赞美者内心的真实想法，符合事实，切忌为赞美而赞美，虚情假意，夸大其词，以免弄巧成拙，给对方留下不好的印象。

美国著名的教育家和演讲口才艺术家戴尔·卡耐基，小时候是一个非常调皮的孩子。他九岁的时候，父亲再婚。父亲把卡耐基介绍给他的妻子时说道："希望你注意这个全郡最坏的男孩，他实在令我头疼，说不定他明天早上还会拿石头砸你，或做出其他的坏事来。"

出乎卡耐基意料之外的是，他的继母走上前，摸了摸他的头，注视着他，然后对他父亲说："你错了，他不是全郡最坏的孩子，而是最聪明的孩子，只是还没找到表现自己的时候。"

卡耐基的继母没有像传说中的继母一样凶狠、毒辣，而是很善良地寻找卡耐基身上的优点，哪怕她的丈夫当着卡耐基说卡耐基"很坏"的时候，她不但没有煽风点火，反而"走上前去，摸了摸他的头，注视着他"，并且纠正丈夫的言语，表扬卡耐基是一个聪明的孩子。这一善举和这番情真意切的话语带给卡耐基的不仅是一份肯定，更是一份尊重。

（2）描述具体，真诚实在

赞美他人时，不能千篇一律，更不能戴帽子，喊口号，而应该进行具体的描述，语言要明确，从而提高赞美的真实性和有效性。赞扬一个人的美，如果只是简单地用“你真美”“你好漂亮”来形容对方，难免会有随口敷衍、刻意奉承之嫌。不如抓住一个人长相中最出众或有明显优势的地方进行具体的描述。

在《延禧攻略》中有这样一个片段：宫女玲珑为了讨好高贵妃身边的宫女芝兰，用赞美的方式得到了芝兰的欢喜，从而成功接近她并不动声色地告发了璎珞。

玲珑：“你看，同样是宫装，姐姐穿出来就如此与众不同，还有，这领口的绣花真漂亮，一看姐姐就是手巧的人。”

芝兰：“你还挺会说话的。”

玲珑知道讨好芝兰的最好方式就是获得对方的好感，而赞美对方无疑是最好的方法。玲珑还知道如果赞美不当会给自己带来麻烦，所以在她赞美芝兰的时候并没有夸奖容貌，因为芝兰并不属于长相出众的那一类，而是选择夸奖芝兰的衣服，赞美芝兰的与众不同和心灵手巧，可谓是描述具体，赞美得体。

2. 批评

过去说：“良药苦口利于病，忠言逆耳利于行。”而今天的良药已经可以不用苦口就能治好病，忠言也不一定逆耳了，顺耳的批评同样可以帮助对方改正错误，增进彼此之间的感情。而不假思索，不注意方法的“忠言”在日常生活中可能会成为增进感情的“绊脚石”。因此，批评对方时立场可以坚定，态度却要友善，方法还需委婉。

传说古人乐羊子外出求学，七年不归，家里日子过得很艰辛，已经很长时间没有吃到肉了。乐羊子的母亲犯了馋，见别人家的鸡进了自家的院子，就偷偷宰了来吃。对婆婆的这种损人利己的行为，乐羊子的妻子非常难过。在封建社会儿媳对婆婆只能百依百顺，根本不能直截了当地进行批评。于是，乐羊子的妻子非但不下筷子与婆婆一起吃这偷来的鸡肉，反而在抹眼泪。婆婆问她怎么啦，她回答说：“都怪我们家里贫困，我没有把婆婆侍奉好，使得饭桌上有别人家的鸡肉。”婆婆听了这番话，感到非常羞愧，便端上煮好的鸡肉到失主家认错赔礼。

这则故事不但赞扬了乐羊子妻子的高尚品德和过人才识，而且也反映了乐羊子的妻子善于运用语言的技巧。如果她明确地提出批评，婆婆就会显得难堪、无地自容，会影响她与婆婆之后的相处，而使用委婉含蓄的话语，既不触忌犯讳又能达到预想的效果。

（四）劝慰与拒绝的语言艺术

1. 劝慰的艺术

俗话说：“人有悲欢离合，月有阴晴圆缺。”每个人的一生都不可能一帆风顺，总是会遭遇这样或那样的挫折与不幸，如身体的不适、亲人的离世、事业的挫败、爱情的“受伤”等。如果有人伸出温暖的双手，献上一份诚挚的关怀与问候、开导与安慰，让当事人忘记痛苦，振奋精神，这不仅是温暖了一个人，还温暖了整个世界。

（1）劝慰忌怜悯

天津卫视有一档收视率很高的情感类节目，叫《爱情保卫战》，旨在帮助夫妻、恋人解决一些家庭纠纷和情感问题，其中四位嘉宾的点评是这个节目的一大看点。有一期来上节目的是一对年轻夫妻，丈夫是广州人，妻子是湖南人，属于典型的闪婚、闪育，一年的时间就结了婚，生了孩子。生完孩子的妻子全职带孩子，跟公公婆婆住在一起，丈夫是一名司机，白天出去开车，晚上回到家也很少跟妻子交流。妻子怀孕期间，丈夫把她从湖南老家带过来的爱狗送走了，她跟公公婆婆语言不通，关系不合，在广州没有朋友，没有亲人，丈夫还不给她零用钱，妻子哭诉着，很是委屈。

听完当事人的讲述，包括主持人和三位嘉宾以及台下的观众都觉得这是丈夫的不是，只有另外一个嘉宾涂磊老师并没有完全数落丈夫，而是让妻子冷静下来，调整自己的心态，换个角度看问题。

涂磊："哭什么，有什么好哭的，让小狗搬出去，广义的中国人认为生孩子身边有狗，卫生状况堪忧，至少那是为了你好嘛，你为什么不从这个角度去考虑呢？"

女当事人："因为没有谁跟我说话，他们那的语言又不通。"

涂磊："那你要这么早嫁干什么呢？"

女当事人："那个时候本来是在我家的，然后他妈妈说让我在那边。"

涂磊："你的家人，你湖南的父亲母亲其实早就跟你说过，语言环境截然不同，让你考虑是否远嫁，你自己要去，那你现在就不要哭，你现在要做的就是冷静下来，首先，任何事情不要往坏的角度去考虑，有婆媳矛盾，不是你一家有呀，家家都有呀！所以有这种冲突是很平常的，不要把自己总是陷入一种十分痛苦的境地，你给她拿张纸呀，你这人真是的，给她擦擦呀！（对着男当事人说）擦干眼泪听我说，第一，婆媳矛盾是正常的，你们婆媳的矛盾并没有严重到非常糟糕的地步，其次，这个丈夫是差劲了一点，但是哪个丈夫在结婚初期的时候，尤其是你们这么快，不会有一些疏忽，不会有一些生活上的不成熟呢？所以有很多问题是他的问题，比如说不够关心，不够理解你的感受，他这些的确是做得不好，但是你们这一年的闪婚闪孕没有谁拿刀逼着你，你自己的心态平静一点，我相信周围的这几个人不是要故意为难你，很多事情需要交流，谁叫你们一年的时间解决了别人两三年的事情呢？你自己要有希望去面对将来，有一种敢于对话敢于磨合的勇气。"

涂磊老师一向以言辞犀利著称，在这场点评中，他没有像其他点评嘉宾一样把所有的问题都归结到男当事人身上，而是劝慰女当事人要学会冷静地面对问题，乐观地看待问题。虽然语言还是很犀利，但明显感觉女当事人在涂磊老师这番话语中冷静了下来。

（2）劝慰忌啰唆

贞观年间，唐太宗一日回到后宫愤然地说："今需杀此田舍翁"。（今天，我一定要把这个乡巴佬杀了）。皇后忙问缘由，皇上说魏征竟然敢在朝廷上侮辱他。皇后非常清楚魏征对皇上的赤胆忠心，他是国家的栋梁，而此时皇上正在气头上，聪慧的皇后没有说皇上的不是，而是表示要祝贺皇上，皇上纳闷不已。皇后说："妾闻主明臣直，今魏征直，由陛下之明也，妾敢不贺。"（魏征的直言，还不是由于皇上您的贤明吗？主明臣直，朝中有这样的好事，我怎能不祝贺呢？）

皇后面对唐太宗的愤然，没有火上浇油，也没有沉默不语，而是三言两语把劝说换成赞扬来"迎合"唐太宗，把魏征的直言说成是皇上的贤明。唐太宗与魏征之间"进谏"与"纳谏"的佳话原来还有皇后的功劳呀！

2. 拒绝的艺术

俗话说："一个篱笆三个桩，一个好汉三个帮。"助人为乐是我们的传统美德，但不代表所有的请求都要有求必应。如违反原则的事要果断拒绝，超出能力范围的事要真诚解释，拒绝绝不是一个生硬的"不"，拒绝要讲究策略和方法，要顾及对方的面子，要让对方了解你的难处，这样的拒绝才不会伤害彼此之间的关系。总之，拒绝很难，需要用真诚委婉的语言去化解对方的不悦。

（1）理解对方，又不为难自己

在人际交往中，面对对方的请求，大部分人都是不忍心拒绝，甚至有些人根本不会拒绝，总觉得拒绝难以启齿，害怕出现交际尴尬的局面，但不拒绝又觉得为难了自己。

在 1995 年的春节联欢晚会上，郭冬临主演的小品《有事您说话》赢得了满堂喝彩。这个小品中的男主角是个热心肠，口头禅就是"有事您说话"。帮同事熬夜排队买票，还自己搭钱进去；答应邻居扛 500 斤大白菜到六楼；单位的科长要他弄几件车皮，他也都硬着头皮答应。结果给自己的生活添了很多乱。

男主角为了跟领导、同事、邻居搞好关系，不看自己能力大小，有求必应，盲目帮忙，弄得自己非常狼狈，苦不堪言。

（2）把握时机，真诚解释

当对方提出请求时，不要一开口就拒绝对方，应该把握时机，耐心解释，让对方觉得你的拒绝是有理有据，情有可原的，而不是故意而为之。

某高校外语系一年级学生张玲期末考试中《英语听力》这门课只考了 57 分，请求任课老师"放她一把"，理由是：她是团支书，一门课不及格，下学期就不能当干部了。另外她母亲患了绝症，得知她考试不及格会加重病情。其实张玲平时学习很努力，只是中学时听力课上得少，基础较差。任课老师思考了一番，说道："是的，加三分就及格了，下学期就不用补考，对你来说确是一件大事。但是，能加三分就能加四分，57 分可及格，56 分也可及格，给谁加不给谁加，牵涉到教师的师德，这对老师来说也是一件大事。我想你总不愿让老师违反师德吧？再说，即使下学期不能当干部也不是件坏事，集中精力把学习基础打好也很有必要，任何事情都有得有失，你说是吗？"张玲不好意思地低下了头，并答应老师好好学习。

周总理面对印度前总理尼赫鲁的请求，通过真诚的解释——"是中国人民经过一千多年创造的天下奇迹，号称国宝"这一点来拒绝了对方不合理的请求。

（3）态度友好，方法委婉

拒绝虽然或多或少会让对方心里产生不悦，但只要拒绝者能在拒绝的时候，保持自己态度的友好，用委婉的语言进行表述，大部分时候是可以得到对方理解的。

战国时，齐宣王帮了周天子一个大忙，代价是要拿走周王室最后的一件宝贝——传说中象征天下最高权威的九鼎。周天子心里当然是拒绝的，但嘴上不敢说，于是就让一个叫颜率的说客去对齐王说“不”。颜率告诉齐宣王九鼎我们愿意给，都给您准备好了，问题是怎么运送过去呢？走哪条道都有一堆强国虎视眈眈，半路上绝对就把东西给劫了，您要派人来保护呢也行，我就给您算一笔账，具体一个鼎需要多少人搬，多少人护送，多少人运送粮食，多少人维修道路等，我给您整一个详细的账目。最后一算下来，齐宣王傻眼了——没法弄啊，算了，九鼎还是先放在你们那儿吧！

通过这个故事，我们看到了颜率拒绝的方法非常委婉，给齐宣王预设了一个难题，从而让他主动打消了要鼎的念头，成功地拒绝了对方。

能力培养与训练

【观】观看电视剧《知否知否，应是绿肥红瘦》，找出女主角盛明兰语言出彩的片段。

【说】设定一个场景，模拟打电话。

【读】阅读中国四大名著，并找找其中精彩的语言对话。

【写】请为毕业时的自己精心设计一段实事求是而又令人难忘的自我介绍。

第四章
演讲的艺术

目标考核

1. 了解演讲的概念及分类，掌握演讲稿的写作方法；

2. 根据生活、学习、工作的需要，学会写作演讲稿，锻炼演讲的胆量，提高演讲的水平与能力。

导语

美国前总统尼克松说：“如果让我重进大学，我将修好两门课：演讲和说服。”尼克松总统的这一句话道出了演讲对于他的重要性。其实，又何止只是对于他呢？今天，不论是对在校的小、中、大学生，还是对参加企业人才招聘的毕业生，以及对在公司、企业“拼杀”的职场人与领导干部来说，演讲是他们崭露头角、树立形象的重要方式之一。演讲作为一种高级的语言表达形式，随着时代的进步、社会的发展，越来越多的人都需要使用这一形式来表达自我，证明自我、完善自我、提高自己在社会中的竞争力，从而实现自身价值，服务社会。

案例阅读

“大学语文”给予我自信

老师们，同学们：

大家下午好！我是20号演讲者龙斯宇。

大家肯定想不到，今日自信地站在这里发言的我，在刚步入大学的时候竟是一个不敢在课堂回答问题的胆小鬼。而我会发生改变的原因，正是我今天演讲的主题：“‘大学语文’给予我自信”。

真正意义上改变我的，是一次“大学语文”故事会。当时，老师要求每人讲一个故事。我是学委，理应起带头作用，但我没有。我逃避了，尽管当时我的稿子早已准备好，尽管当时我早已模拟了无数次发言，尽管当时我的心中早已激情澎湃。但我担心内容不够充实，担心用词不够严谨，担心语音不够标准。

在我逃避的过程中，同学们陆续地上台发言。同学们大胆活跃的表现，令我的内心开始动摇。“大学语文”告诉我：马丁·路德·金可以在千万歧视他的人前发表演讲

"我有一个梦想"，为什么龙斯宇就不能在课堂中讲一个小故事呢？

改变便发生在这一刻，我带上稿子走上台发言，尽管我早已能脱稿叙述。不幸，在故事叙述到一半时，我脑海一片空白，完全忘记该怎么继续进行下去，甚至忘记去看一眼稿子。与想象不同的是，我从老师与同学眼中看见的只有鼓励和期待。顿时，我明白了没有人会用负面的眼光看待我，看低自己的唯有自己。我拿起稿子读完了整个故事，心中却没有半点失落的想法。这尽管是一次失败的尝试，却令我从此充满自信，尝到其中的乐趣。

而现在，我已不再胆怯。我积极地在课堂上发言，以至于在同学们心中留下一个印象：只要有龙斯宇在，回答问题只能争第二了。

如果说，奥巴马给美国人带来的是演讲《Yes, we can》，那么"大学语文"给我带来的便是激励"Yes, you can"。

一、演讲的定义

演讲，又叫演说或讲演，一般来说，是指就某个问题面对听众发表意见的一种口语交际活动。在特定的时空环境下，以有声语言为主，以态势语言为辅，表达见解，传递信息，阐明事理，抒发情感，从而达到感召听众的目的。它具有针对性、真实性、感召力和宣传性等特点。

二、演讲的分类

演讲的类型多种多样，按照不同的划分标准有不同的分类。根据演讲的性质和特点，可以把演讲分为如下两大类。

（一）从内容上分类

从演讲的内容上分，演讲可分为政治演讲、学术演讲、法庭演讲、生活演讲等。

1. 政治演讲

凡是为了一定的政治目的和出于某种政治动机，就某个政治问题以及与政治有关的问题而发表的演讲均属于政治演讲，它包括外交演讲、军事演讲、政府工作报告、各种会议上的总结报告、政治评论、就职演说、集会演讲、宣传演讲等。

政治演讲的特点是：具有鲜明的思想性、严密的逻辑性和强烈的鼓动性。

2. 学术演讲

学术演讲是指演讲者就某个系统、专门的知识和学问而发表的演讲，一般指学校或其他场合的专题讲座、学术报告、学术发言、学术评论、科学讨论、科学报告或信息报告、学位论文的答辩等。它必须具有内容的科学性、论证的严密性和语言的准确性三大要素。

学术演讲的特点是：深刻的论证过程、高度的逻辑修养、严谨的语言风格。

3. 法庭演讲

法庭演讲是指公诉人、辩护代理人在法庭上所作的演讲，以及律师的辩护演讲。它主要包括检察官的演讲（起诉词）、律师的演讲（辩护词）、社会起诉词、社会辩护词、被告的自我辩护等。

法庭演讲具有公正性和针对性的特点。

4. 生活演讲

生活演讲是指演讲者就社会生活中存在的各种问题、风俗、现象而作的演讲，它表达了演讲者对这些问题的看法、见解和观点。这种演讲涵盖的内容更加广泛，如亲情友谊、悼贺（悼词、贺词）、迎送（欢迎词、欢送词）、祝酒词、答谢等均属此类。

（二）从表达形式上分类

从演讲的表达形式上分，演讲主要有命题演讲、即兴演讲和论辩演讲等。

1. 命题演讲

命题演讲即由别人拟定题目或确定演讲范围，并经过一定时间的准备后所作的演讲。它包括两种形式：全命题演讲和半命题演讲。全命题演讲的题目一般是由演讲组织部门来确定的。半命题演讲是指演讲者根据演讲组织单位限定的范围，自己拟定题目进行的演讲。

2. 即兴演讲

即兴演讲即演讲者在事先毫无准备的情况下就眼前场面、情境、事物、人物等临时起兴发表的演讲，如婚礼祝词、欢迎致辞、丧事悼念、聚会演讲等，它要求演讲者要紧扣主题，抓住由头，迅速组织语言，表达言简意赅。

即兴演讲的特点是：有感而发、时境感强、篇幅短小。

3. 论辩演讲

论辩演讲是指两方或两方以上的人们因对某个问题产生不同意见而展开面对面的语言交锋，其目的是坚持真理、批驳谬误、明辨是非，如我们生活中常见的法庭论辩、外交论辩、赛场论辩，以及每个人都曾经历过的生活论辩等。论辩演讲较之命题演讲、即兴演讲更难一些，它要求演讲者必须具备正确的思想、高尚的品质、严密的逻辑性、较强的应变能力。

论辩演讲的突出特点是：争锋相对、短兵相接。（见第五章“辩论的艺术”）

演讲的分类是由客观现实生活所决定，并为客观现实生活服务的。正如卡耐基所言：“生命力、活力、热情是演讲者首先需要具备的条件，听众的情绪完全受演讲者左右。”“最成功的演说家，他们的成功也就在于此：它们在特殊的时刻里绽放，如罕开的玫瑰，不多时便又凋谢不见，可是听众享受到的愉悦却绵绵不绝。”（卡耐基《语言的突破》）

三、演讲的作用

演讲作为一种社会实践活动，在公关实务活动和社会生活中，是较为常见的一种口头人际传播方式。它之所以经久不衰，就因为它有着不可估量的社会作用和社会价值。

（一）演讲是一种重要的宣传手段

演讲是一种重要的宣传手段，它可以祛邪扶正，倡导正确的舆论，促进社会文明发展。人类社会的文明史、发展史在一定程度上就是真善美与假恶丑的斗争史，演讲历来是这种斗争的主要工具之一。古今中外，一切正义的演讲家都是利用演讲这一武器来宣传真理，唤醒民众，推动社会进步的。我国商代盘庚为了迁都所作的演讲，将旧都比作被砍倒的树木，把新都比作刚生出的新芽，使民众深刻认识到了迁都的意义而欣然接受，实现了迁都的伟大壮举。1775 年，美国演讲家帕特里克·亨利在弗吉尼亚州会议上发表了激励人心的抗英演讲，迅速地唤起了千百万人民坚定地投身到斗争中。他的“不自由，毋宁死”的名言，至今仍教育着广大民众为自由而战。可见，正义演讲可以启人心智，传播文化，宣传真理，祛邪扶正，把人类社会推向理想境界。

（二）演讲是一种重要的交际工具

演讲是一种重要的交际工具，它可以进行道德教化，培养高尚的道德情感，促进人类的文明建设。演讲者在演讲时，要用正确的道德情感来感染和影响听众，从而培养听众的情感，诸如爱国主义情感、国际主义情感、集体主义情感、革命英雄主义情感等。

（三）演讲是一种重要的舆论引导方式

演讲是一种重要的舆论引导方式。它可以增强人们的意志，唤起观众的行动和实践。一次成功的演讲，除了启迪人心、传播真理和培养情感外，最重要的目的是增强听众的意志，唤起听众的行动和实践，使之投身于改造主、客观世界的实践活动中。我国伟大的民主主义革命先行者孙中山先生在致力于民主革命的 40 年间，始终以演讲为武器，启迪和呼唤民众投身于民主革命。后来许多参加辛亥革命的老人回忆道，他们之所以参加辛亥革命，就是因为听了孙中山先生激动人心的演讲。

四、演讲前的准备

俗话说：“不打无准备之战。”作为演讲者，同样需要在演讲之前做好各方面的准备，如心理准备、演讲内容的准备以及演讲态势语言的设计等。只有这样，才能做到有备无患，收到良好的演讲效果。不过这些准备绝不是一朝一夕的事情，它需要演讲者时刻准备着，培养良好的演讲心态，大胆尝试，不断练习。

（一）心理调适

在传统的语文教学中，学生只会埋头读书，做笔记，写作业，真正进行口头表达锻炼的机会很少，因此，一旦需要在公开场合说话，绝大多数人都会产生紧张、恐惧、胆怯、害羞的消极心理。尤其是对于那些极少登台演讲的人来说，演讲前常常会紧张到脸色苍白、手足无措、头冒冷汗、声音颤抖，说起话来也是语无伦次，结结巴巴，面红耳赤，要讲的内容也因为紧张而消失殆尽，脑中只留下一片空白。

其实，不论是谁在公开场合演讲，都或多或少会产生一种不安和紧张感，这是很正常的一种现象。对于那些成功的演讲家来说，他们只是善于通过心理调适稳定情绪、平和心态。同时，他们也是在不断的实践过程中锻炼了自己的胆量，克服了自己的紧张情绪，从而进行有效演讲的。因此，正确认识演讲前的紧张情绪是每一个演讲者必须要过的“坎”，从而积极面对它。我们唯有在不断的实践过程中，逐渐积累上台演讲的经验，慢慢消除紧张、害怕、羞怯等不良情绪的干扰，确立演讲所需要的积极心态。

1. 相信自己，克服不足

其实，我们每个人心里都住着一个“小矮人”，他的名字叫“自卑”。但是，我们应该清醒地认识到，如果不有效地克服自卑，将会影响我们成长的步伐，阻碍我们前进的方向。因此，我们要充分相信自己，通过演讲克服胆怯，战胜自卑。

美国第 32 任总统罗斯福小时候是一个胆小、脆弱的孩子，回答老师提问时都会心慌意乱、双腿发抖、嘴唇颤抖。但他清晰地认识到自己性格中的不足，勇敢地用行动加以克服，进行大量的演讲练习，从而成为他那个时代重要的演说家之一。

2. 不怕失败，不重结果

“失败乃成功之母。”对于初学演讲的同学来说，演讲失败或演讲时状况百出都很可能是家常便饭。例如，忘记称呼对象直接就演讲；忘记演讲内容直接就下台；结结巴巴讲完后匆匆离场等。这些尴尬的场景其实是每个初学者都会遇到的，我们要正视它，而不要躲避它，甚至是害怕它。而另一方面，有一些演讲者目的性太强，抱着必胜的心理，拿出一副不拿第一誓不罢休的架势，殊不知越是要求完美越容易犯错，因为越是患得患失、苛求完美，就越容易受到结果的干扰，从而影响成绩的发挥。因此，不怕失败、不重结果，才是演讲的积极心态。

3. 准备充分，增强自信

在演讲之前，如果我们准备充分，对演讲的主题理解透彻，对演讲的内容十分熟悉，甚至能够达到不用思考就脱口而出的程度，那么我们面对听众演讲时就会沉着从容，对自己充满信心，从而有效克服紧张情绪。反之，如果事先准备不足，对内容不熟，对于上台后的成功与否没有把握，走上演讲台时便会因为没有把握而更加紧张。一个成功的现场演讲，需要演讲者在演讲前做大量充分、有效的准备。如果是竞赛型演讲、竞职演讲或面试演讲，演讲者要事先熟悉演讲场地，了解自己上场的序号，掌握竞赛的流程和评分标准等，赛前反复演练，面对有力的竞争对手，心理上要保持冷静、平衡、不卑不亢的态度。做好充分的准备，有利于消除演讲前紧张不安的心理。

4. 随机应变，沉着冷静

演讲是一种直接面对观众的即时互动的表达艺术，因此，现场感是所有演讲者都需要充分准备并积极面对的。演讲现场通常不是一成不变的，可能会随着演讲的进程出现很多变化。例如，上台以后，发现到场者比想象中的人要多；现场设备或秩序出现问题；有人在现场喧闹或者喝倒彩；现场观众的反应很冷漠，注意力不集中等。对于这些现场的突然变化，演讲者在登台前一定要细心观察，沉着应对，否则会影响自己的演讲发挥。但不管现场发生了怎样的变化，演讲者都要善于调整、管理情绪，态度真诚、思维清晰、表达流畅。

（二）演讲的态势语言

在前面关于演讲定义的时候，我们说过，演讲是以讲为主、以演为辅的一种高级的语言表达形式。演讲中的“演”就是态势语言，它包括演讲者的精神面貌、面部表情、肢体动作等。一次成功的演讲需要演讲者借助态势语言为自己的演讲锦上添花。早在《礼记·乐记》中就有记载：“说之，故言之；言之不足，故长言之；长言之不足，故嗟叹之；嗟叹之不足，故不知手之舞之，足之蹈之也。”也就是说语言不够，动作来凑。人的仪态、表情、动作等是一种可以丰富演讲内容的有效辅助方式。美国心理学家艾帕尔说：“人的感情表达由三个方面组成：55%的体态、38%的声调及7%的语气词。”在演讲活动中，态势语不仅对有声语言起着重要的补充、强调、渲染的作用，而且能体现演讲者的风度，极大地活跃演讲气氛。演讲的态势语言不是演讲者在演讲过程中随意、即兴的一种发挥，它需要演讲者在演讲之前根据演讲内容进行有效设计，特别是态势动作，要事先排练好，要与演讲内容高度一致，态势动作不宜太多，点到为止。

1. 演讲者的形象

演讲是一种公开的社会交往活动，而且是一人对多人的形式。在演讲开始时，观众一定会仔细打量演讲者的整体形象，如长相气质、穿着打扮、精神面貌等。得体的着装、良好的精神面貌都是演讲者的加分项，所以演讲者在演讲前应根据自己的身份、年龄、职业等情况量体选衣，给观众留下良好的第一印象。年轻人的服饰可以潮流些、随意些，但不要打扮得珠光宝气、艳丽夺目，也不能太过随意，如穿拖鞋、背心等。

2. 面部表情

法国作家、社会活动家罗曼·罗兰曾经说过：“面部表情是多少世纪培养成功的语言，比嘴里讲的更复杂到千百倍的语言。”所以，一次成功的演讲，一定是演讲者充分调动和利用面部表情与态势动作以表达出丰富的思想感情从而感染听众的过程。

面部表情包括眼神、眉目、脸部、口唇等各部分的变化。在我们的演讲实践中，有一些演讲者因为紧张和准备不够充分导致眼神慌张、面容紧张，这实际上是在疏远与观众的距离，让自己的演讲陷于尴尬的境地。在演讲中，演讲者要保持微笑，一方面能放松身心，另一方面能与听众建立良好的关系。

3. 眼神的交流

眼睛是心灵的窗户，听众看演讲者的表情，首先是看他的眼睛。眼神平和、明亮、有神，可以有效拉近与观众之间的距离。在演讲中，演讲者两眼要向下平视，目光自然、亲切、专注，有时盯着某处看，有时冲另一处示意，目光流盼，通过正视、侧视、环视等方法，兼顾全场的听众，让每一个观众都感觉到演讲者是在看着自己说话，这样便可以营造一种和谐、融洽的演讲氛围。

4. 态势动作的运用

演讲者的态势动作包括头颈、手臂、腿脚以及全身的活动。在演讲过程中，手臂动作幅度最大，可高举，可平摊，头部只能作扇形转动，可高昂，可低垂。脚步移动步伐不宜太大，更不提倡走下台与观众近距离接触，因为这样不但会增加演讲者的紧张程度，而且还有可能会干扰到演讲的完整性。

初学演讲的人往往不敢或不愿意用肢体动作来进行表达，怕不自然引起观众的嘲笑。有些演讲者即使在演讲中使用了肢体动作，也做得别别扭扭，很不自然。这就需要演讲者在演讲前根据演讲的内容精心设计肢体动作，不求多，一次演讲 2 ～ 3 个动作即可。例如，在演讲过程中有涉及数字的地方，可以用手势动作加以强调；在演讲结尾需要号召和呼吁的时候，可以两手高举，呈拥抱状。动作幅度和手势方向都应该在演讲前反复练习，力求动作舒展，自然到位。

五、演讲稿的写作

演讲是一门内容与形式高度结合的语言艺术。演讲成功的评判标准有很多，如演讲者的形象、演讲者的语言、演讲稿的内容等，但其中最重要的还是演讲的内容。一个演讲者只有靠演讲的内容去打动听众、号召听众，才能赢得观众的掌声，所以一篇优秀的演讲稿在演讲过程中起到了至关重要的作用。

（一）演讲稿的概念

演讲稿是演讲者在公众场合针对一个问题或现象向听众表达观点、说明事理、抒发情感的讲话文稿，它是人们在宣传活动和工作交流中的一种常用文体，经常用于群众集会和某些公共场所，包括各种会议上的讲演、致辞、开幕词、闭幕词以及欢迎词、欢送词、贺词、祝酒词等。

（二）演讲稿的特点

演讲稿不同于一般的文学写作，它是演讲者在演讲之前写好的演讲内容，不是叫听众去阅读，而是需要听众听取演讲的内容。它具有针对性、口语化、感召力等特点。

1. 针对性

演讲稿的内容好坏是演讲是否成功的最重要的标准之一。如果演讲的内容不能与听众产生共鸣，哪怕是最帅气最靓眼的演讲者也会尴尬不已，难受万分。因此，演讲者在写作演讲稿时首先一定要了解听众的喜好和需求，根据听众的年龄、身份、职业等特点选择他们感兴趣的话题；了解他们需要解答的问题；明确他们想要得到的鼓舞和激励。只有这样，演讲者在演讲过程中才能与听众有效互动，获得听众的肯定和掌声。

俞敏洪演讲《在北京大学 2008 年开学典礼上的讲话》时，由于他演讲的主要对象是 2008 级的新生，因此在他的演讲中主要涉及的就是自己的大学生活和他在学习生活中总结的一些为人处世的优秀品格，这些正是大一新生所需要的，是他们在北大生活的一盏指路明灯。如果俞敏洪选择讲自己的创业故事，讲自己是怎么创办新东方的，那就不符合对象的需求了。

2. 口语化

演讲稿是一种讲话文稿，它的特殊性在于不是拿来给听众看，而是要讲给听众听的，是作用于听众听觉来获取演讲的信息。一般情况下，这种口耳相传的方式，听众不可能像阅读文章那样反复推敲文字含义，同时汉语有非常多的同音字，因此演讲者在写作演讲稿时一定要注意写作中的表达，不能太书面化，不能太文绉绉，而应该做到语言口语化、通俗化、形象化。

3. 感召力

演讲作为一种高级的语言表达形式，其目的是使听众在听取演讲之后，能够被演讲的内容所感染，有所启发，从而改变观念，在实践过程中将其变成鞭策自己前行的一种力量。

某大学的一位校长在开学典礼上的发言就非常鼓舞人心，感人至深。在寄予大学生要做新时代的新青年，要志存高远时，他说："'古之立大事者，不惟有超世之才，亦必有坚忍不拔之志。'纵观古今中外，但凡有所成就者，都是早立大志之人。亲爱的同学们，别迷信进入大学就等于进入一劳永逸'安全区'的传说，实际上，不管各位在中学阶段成绩有多么辉煌，或者多么不起眼，学校都会为你们设置同样的起跑线，为你们准备一个公平开放、资源丰富、机会无限的新赛场。面对全新的大学生活，要想重新起步，重塑自我，你们应当尽早找准自己的定位，确立志趣目标，认真思考自己为什么要上大学，想在大学里做些什么，怎么去实现目标。回答好这三个问题，树立起正确的志向，方向对了，路就不会远，你就有了追求之源和奋斗之基，你就能站上人生舞台的'C 位'。习总书记讲，立志是一切开始的前提，青年要立志做大事。同学们出生于世纪交替之际，成长于前所未有的新时代，作为新时代的大学生，更应当志存高远，坚定人生航向，立志成才，才能肩负起时代赋予的历史使命。"

（三）演讲稿的写作与注意事项

演讲稿是演讲者在演讲过程中的内容的体现，是演讲成败的关键，因此演讲稿的写作至关重要。演讲稿该如何写作，就成了演讲者在演讲中的一道关卡。演讲稿写好了，演讲者就很有可能冲过关卡成功晋级，反之，则可能失败。演讲稿的写作过程一般分为：主题的确立、结构的安排、事例的选取、语言的锤炼等几个方面。

1. 主题的确立

从主题的确立上看，演讲一般分为命题演讲和自选主题演讲。命题演讲在演讲比赛当中比较常见，而自选主题演讲通常是名家或演讲家所作的演讲。

如果是命题演讲，演讲者拿到演讲题目，首先需要思考的就是演讲的角度。演讲角度的选择确立了演讲的方向，只有独特、新颖而又在情理之中的演讲才有可能博得满堂的喝彩。

一次校内的演讲比赛，演讲题目是《爱校如家》，当时有10位选手参赛。其中大部分参赛选手都是从爱校如何像爱家一样的具体做法入手，如保护环境、爱护公物等角度。这个角度是一种解读，但很容易撞车，缺乏新颖性，不容易提起听众的兴趣。其中有一个参赛选手在选择主题时，把重点落在了“校”与“家”上，把学校与家进行了一种类比，把学校中的各种人际关系与家庭成员之间进行了一种比喻，如把老师比喻为父母，把同学比喻为自己的兄弟姐妹，把学校比喻为自己的家。这个角度的选择相对前者，会更容易让听众产生一种情感体验，更容易拉近与听众之间的距离。但这次演讲比赛的冠军并不是他，而是一位最后出场的女生，她外在条件并不是太好，普通话也不是特别标准，但她为什么能获得最后的胜利呢？这主要跟她主题的确立有关系。前面已经讲到了解读主题的两种理解，而她却另辟蹊径，与现实有效地结合起来。因为这所学校不是“985”，也不是“211”，而是一所民办的本科院校。这位参赛选手在解读主题时把重点放在了“爱”这个字上。她一开始就先给大家解释了她理解的爱是什么含义，她说爱是一种包容与责任，然后结合学校的现实来谈如何包容学校的不足，如何担负起发展学校的重任等。听完她的演讲，台下的听众个个都被她的演讲折服了。

2. 结构的安排

演讲稿的结构又叫演讲稿的层次，是演讲者按照一定的逻辑顺序讲清一个问题，表达一种观点，抒发一种情感。一般情况下，演讲稿不需要太复杂的结构层次，因为一次演讲的时间不长，太复杂的逻辑关系会让听众难以理解，难以消化。演讲稿一般都由开头、主体、结尾三部分组成。各部分的具体要求如下：

（1）开头要紧扣主题，吸引听众

万事开头难。演讲者在写作演讲稿时除了思考主题的方向外，还要选择一种开头方式来紧扣主题，如名言警句引用法、故事导入法、直奔主题法、引发思考法等。开好了这个头，演讲稿的写作就成功了一半，因此我们在确定了主题以后，一定要好好琢磨琢磨选用哪种开头方式更能吸引听众的注意力。

一次演讲比赛的主题是“传承国学经典，成就优雅人生”，一位选手以故事导入法来开启她的演讲。开头内容大意如下：

我的母亲是一位大米厂的工人。她长相一般，皮肤黝黑。她没读过什么书，更不知道什么是国学，但是她却非常喜欢粤剧……

这位同学在演讲中，以讲故事的方式与我们分享了她母亲在繁重的工作之余如何抽空学习粤剧，发展自己的兴趣爱好，感人至深。

（2）主体要层层深入，环环相扣

演讲的层次也就是演讲者的思维线索，是演讲者要告知听众自己观点的一次“论证”，它与文章的阅读不同，阅读文章可以反复推敲，可演讲却是随着演讲者的语言稍纵即逝的。因此，演讲内容的层次不能太复杂，要能在短时间内就被听众明白和理解。

白岩松在耶鲁大学作了题为《我的故事以及背后的中国梦》的演讲，赢得了耶鲁大学师生的高度赞扬。他在设计演讲内容时是将与自己有关的五个年份作为演讲内容的层次，分别是1968年、1978年、1988年、1998年、2008年。以这五个年份发生在国际、中国以及他自己身上的重大事件作为演讲的内容，紧扣主题而又层次清晰，环环相扣。

（3）结尾要深化主题，余音绕梁

美国作家约翰·沃尔夫说：“演讲最好在听众兴趣到高潮时果断收束，未尽时戛然而止。”这句话的意思是演讲在结尾时一定要简洁，不要拖泥带水，在听众的注意力和情绪到达最佳状态时，演讲者可以以归纳、希望、号召、升华等方式来收拢全篇，结束全文。

安徽卫视有一档节目叫《超级演说家》，一位叫陈铭的选手演讲了题为《女人永远是最佳辩手》的演讲。他演讲的主题明确，思路清晰，事例生动，语言幽默，获得了嘉宾和观众的一致好评。他演讲的结尾如下：

所以人生的辩场上，女人永远是最佳辩手，男人总是输，女人总是赢，那只是因为爱！

陈铭在这次演讲中，通过形象的比喻来说明男女恋人的相处之道，在结尾处就用了一句话来升华演讲的主题，可谓是干净利落，恰到好处。

3. 事例的选取

如果把演讲的主题比喻为灵魂，那演讲的事例一定就是血肉了。在演讲过程中，生动、真实、感人的事例是最能触动听众心弦的，因此我们在事例的选取上一定要舍得花时间和功夫。但往往演讲者在收集事例的时候总有一种巧妇难为无米之炊的窘境，主题选好了，但事例不是太陈旧就是离我们太遥远。我们选择的主题一定要新颖、真实、有代表性。一次演讲最好是2～3个事例，不要超过3个，而这些事例中要有自身的例子也要有别人的例子。在事例的表述过程中不要长篇累牍，要言简意赅，可以突出细节，但切忌记流水账。

例如，一个学生要参加主题为“红色记忆”的演讲比赛，当时她在选取事例的时候，通过百度找到了罗荣桓的事例，事例是非常贴合主题的，但演讲者不好把握情感。老师建议她寻找身边的相关事例，她想到了她的爷爷，一位老红军，一名优秀的共产党员。于是这位同学听从了老师的建议，把罗荣桓的事例换成了她爷爷的故事，因而在演讲比赛中取得了优异的成绩。

4. 语言的锤炼

演讲稿的写作要注意语言的口语化、生动化、形象化等特点。如何才能让演讲的语言符合这些特征呢？首先，要尽量使用通俗易懂的文字，多使用短句，少使用长句，长句只起到一个变化节奏的作用。把单音词换成双音词，把生僻的、拗口的词语换成通俗易懂的词语。因为演讲是一种口耳相传的语言活动，让听众听懂演讲内容是基本要求。其次，要使用一些修辞手法，如比喻、排比、引用、反问等，这样可以让演讲的内容形象化、生动化。最后，就是要结合当下的一些热搜词语、网络词汇，让演讲的语言具有时代色彩，也能更有效地与听众打成一片，形成良好的互动关系。

一位大学校长在面对当今大学生的学习时说了这样一番话："作为'网生代'，同学们习惯于利用网络查询知识，习惯于用键盘表达思想，习惯于用手指学习经验，习惯于快餐式阅读。我想告诉大家的是，搜索不能代替记忆，碎片化学习不能取代经典的研读。学院拥有海量的图书与课程资源、广阔的校内外实践平台、丰富的文化活动，都等着你们来 pick，由你们来决定给谁打 call。我希望你们能够选准某个方向，勤学钻研，不要成为只会复制粘贴的'移动硬盘'，而是潜心求知，静心求学，踊跃实践，练就自主学习和探究的能力，终有一天你会发现你读过的书，走过的路，都将升级为你的人生财富。"

能力培养与训练

【观】观看"超级演说家"，选出一个你喜欢的选手并说明原因。

【说】以"爱校如家"或"学习，从'心'开始"为题，上台演讲。

【读】阅读《演讲与口才》杂志。

【写】以"爱校如家"或"学习，从'心'开始"为题，写一篇不少于600字的演讲稿。

第五章 辩论的艺术

目标考核

1. 了解辩论的概念、特征；
2. 培养辩论素养，掌握辩论技巧。

导语

辩论作为口语表达中的一种高级形式，其产生反映了人类思想的活跃和文明的进步，标志着人类社会民主与自由的到来。辩论在我国春秋战国时期流行甚广，涌现出了一批杰出的雄辩家和思想家。著名的代表人物有庄子、韩非子、孟子、墨子、苏秦、张仪等。在西方，也产生了像苏格拉底、柏拉图、亚里士多德这样的雄辩家。

案例阅读

《知否知否，应是绿肥红瘦》无疑成为了2019年最受欢迎的寒假热播剧。女主角盛明兰从一个地位低下的庶女，通过自己的不懈努力，最终收获了爱情，成了独立自强的当家主母。她忍辱负重、乖巧懂事、知书达理。剧中有一段明兰与祖母关于“读书有没有用”的辩论：

祖母假意劝明兰：“不过读书，毕竟不是女孩子分内事。”

明兰：“依我看，读书无用这话，就是骗人的。若是真无用，那怎么天下男子都要去赶科场，难道是闲得慌？我觉得这句话不过是那些男人们希望女人们一辈子浑噩愚昧、乖巧听话、好摆布。”

一、辩论的概念

辩论又称论辩。辩就是辩解、辩驳、明辨；论就是讨论、论理。它是以阐述为基本表达方式，以彰扬真理、否定谬误为基本目的，是持不同见解的两方或两方以上的人就同一话题阐述己见，批驳对方，所进行的话语交锋，如法庭论辩、赛场论辩、毕业答辩、生活辩论等。辩论是辩论双方对同一事物的是非之争，是彼此为了证明自己的观点正确、对方观点错误而在语言上的直接对抗，是以运用口语说服或驳倒对方为目的的语言形式。

二、辩论的特征

（一）语言的对抗性

辩论中，持有不同意见的双方用语言极力维护己方观点，批驳对方观点，具有很强的对抗性和争辩性，是双方针锋相对的较量。通过充分的论据、有力的论证来驳倒对方，从而确立自己观点的正确性。如果是辩论赛，辩论双方要把自己抽取的辩题当成是自己的观点进行辩论。

（二）思维的活跃性

辩论绝不是辩论者单纯地要嘴皮子功夫，而是辩论者就某一个问题经过深思熟虑之后用语言表达观点的过程。它反映出辩论者在某一个问题上思维的活跃度很高，有一种不吐不快的感觉。在辩论的过程中，需要辩论者逻辑思维缜密，对自己所持的观点有理性的挖掘和完美的论证。

（三）结论的唯一性

持不同意见的双方在激烈的交锋中，都把自己的观点当成是真理一样进行辩论，但事实是真理从来都只有一个，因此，一场辩论的结果主要还是看辩论者在辩论过程中事实是否充分，准备是否充足，思维是否严密，表达是否流畅。

三、辩论者的素养

（一）不好辩，不怕辩

古人云："大辩不争。"一个有修养有气度的人绝对不是一个好辩之人，不把辩论作为炫耀自己的方式，但在关键时刻，辩论便成为了展现自己的舞台。

在网络热播剧《大军师司马懿之军师联盟》中，司马懿与杨修在月旦评展开了一场激烈的辩论。

司马懿由于替弟弟司马孚辩护，被迫在月旦评上与杨修辩论，被曹操发现，从而改变了司马懿的一生，也改变了曹操的一生。剧情对话如下：

杨修："阁下可知，你所注之《尚书》，其中有一章是伪作，很可惜有一些功夫白下了，回去重写一篇再回来吧！"

司马孚："此话怎讲？"

杨修："就在去年，儒学大家郑玄宣布，古文《尚书》当中有《咸有一德》一章，是当时人之伪作。"

司马孚："这《咸有一德》作为《尚书》已久，岂能听一家之言就全篇废黜呢？"

杨修："难道郑玄错了？"

司马孚："可能是我错了吧？"（司马孚在与杨修的辩论中败下阵来。）

司马懿："郑玄就不会错吗？在下并不想说杨公子有误，不过在下以为，司马迁把

《咸有一德》和《尹诰》混为一谈，已是不妥，郑玄以《尹诰》的丢失便断定《咸有一德》的丢失就更显草率。”（司马懿站出来替弟弟司马孚辩护。）

杨修：“公子你既然上台了，就把你的学识见解大声地说出来，在下与公子公正一论，也免得旁人说我以主持之势欺压于你。”

司马懿：“在下司马懿，并不想和杨公子争执，上台就是想替舍弟辩白几句，我弟弟读的书并没有读错。”

杨修：“原来是哥哥给弟弟护短来了。那我且问你，究竟是读了何等奇书，才敢断定司马迁和郑玄错了。”

司马懿：“在下才疏学浅，司马迁与郑玄皆是圣贤，但难道这圣贤就不会犯错吗？《咸有一德》这篇文章是说：天命无常，为君者应当经常修德才可保住君位，若停止修德，便会失去君位，这正是孔子春秋之微言大义，也正是编纂《尚书》之主旨，这是其一。”

杨修：“符合春秋大义未必就是《尚书》原作，趋炎附会也并非治学之法，司马公子，你广求学识之心固然不错，但治学乃是厚积薄发之事，纵然你不能博闻强记，有所开创，也莫不要随波逐流，人云亦云。”

司马懿：“多谢杨公子教导，在下以为，当此乱世，文章书简已遗失大半，我辈治学就是要从残章断简中重塑文明，上合圣贤之精神，下利国民之策略，决不是断章摘句，相互争斗，这篇文章，上可规劝君王，下可教导庶民，就应当流传于后世，研究注疏，怎么能说是做无用之功呢？学识之对错不仅仅在乎于文字，更关乎于态度。”

司马懿显然在这场辩论中取得了胜利。他为人低调，本没有打算参与到这场学术辩论中，但发现杨修在与其弟的辩论中，有些观点有失偏颇，于是一方面出于对弟弟的保护，一方面则是想要表达自己的观点来匡正对方的错误。

（二）立意深，角度新

立意深远、角度新颖的辩论往往能给观众留下深刻的印象从而赢得观众的掌声。一场辩论带给观众的思考是重要的，新颖、独特又在情理之中的角度则能反映出辩手的思维。

《奇葩说》中有一个选手留给大家的印象非常深刻，她叫傅首尔。在一次题为“毕业后混得Normal，要不要参加同学会”的辩论中，她持正方的观点，也就是“毕业后混得Normal，也要参加同学会”。她思路清晰，观点独特，言语幽默，赢得了观众的满堂喝彩。她在立论中说道：“我觉得混成Normal非常适合参加同学会，我给大家分析一下为什么。首先，它是不花钱的高端饭局。你混得Normal，第一，你闲；第二，也没人找你借钱。你就带着一张嘴去，吃好喝好，重点是不用买单，买单一向是同学会最有仪式感的炫富环节，如果聚餐还要AA制，说明你们班真的没有几个混得好的。真正混得好的，会把聚会搞成米其林餐标，所以你没吃过的山珍海味都可以在这里免费吃。第二，同学会就是一个久别重逢尽情展示自我风采的大型联欢会的现场。我问你，小时候你混得Normal参不参加联欢会，你载歌载舞，活泼得不行，是不是？现在Normal，怎么就不去了？搞联欢谁厉害，肯定是混得Normal的人。你要是娱乐生活搞得不好，你也不会这么Normal，所以要对自己有信心。他是土豪，你是麦霸，KTV里人人平等。第三，我认为同学会很励志，你越Normal越要去，你不去，你都不知道自己有多Normal。最后，比较富豪，我们人人Normal，人生是起起落落，失意时别人捧捧场，得意时听听别人的掌声。人生茫茫，又何必在意一时的沉浮，所以，我觉得混得Normal，同学聚会也要参加。"

（三）逻辑严，反应快

在辩论的过程中，需要辩论者思维敏捷，逻辑严密，滴水不漏，不给对方有可乘之机。针对对方提出的问题能迅速作出反应。

《孟子·离娄上》中的"孟子援嫂之辩"是中国古代著名的辩论故事。大意如下：

淳于髡："男女间不亲手递接东西，这还是礼制吗？"

孟子说："是礼制。"

淳于髡："嫂嫂掉入水中，要伸手去救援她吗？"

孟子："嫂嫂掉入水中而不救她，是豺狼。男女间不亲手递接东西，是守礼制；嫂嫂掉入水中伸手去救，这是权宜时的变通办法。"

淳于髡："现今整个天下都掉入水中了，先生不去救援，为什么呢？"

孟子："天下掉入水中，只能用道来救援。嫂嫂掉入水中，是用手去救援的。你想用手去救援天下吗？"

在这则故事中，淳于髡与孟子展开了关于伸手救落水的嫂嫂算不算守礼制的辩论。淳于髡连用三个反问句来刁难孟子，采用步步逼近的方式，直到第三个反问句"现今整个天下都掉入水中了，先生不去救援，为什么呢？"才点出他想要辩论的主题。孟子没有被淳于髡的问话所牵制，而是逻辑严密地从容应答，充分体现了一代圣贤的智慧。

（四）材料足，辩答巧

常言道："事实胜于雄辩。"在辩论中，只有使用充足而又符合观点的材料才能成为战胜对方的法宝，才能让自己的观点立于不败之地。因此，不论是什么类型的辩论都需要辩论者博览全书，在辩论中信手拈来，旁征博引。

《论语》中有一个章节是写孔子与他的两个弟子辩论季氏该不该讨伐颛臾的故事，名为《季氏将伐颛臾》，故事大概内容如下：

季氏将要讨伐颛臾。冉有、季路拜见孔子说："季氏要对颛臾用兵。"

孔子说："冉有，恐怕应该是你们的过错吧！那颛臾，先王曾把它的国君当作主管东蒙山祭祀的人，而且它地处鲁国境内，是鲁国的附属国，为什么要讨伐它呢？"

冉有说：“季氏要这么做，我们两个做臣下的都不愿意。”

孔子说：“冉有，周任有句名言：‘能施展才能就担任那职位，不能胜任就该辞职。’如果盲人摇晃着要倒下却不去扶持，颤颤巍巍将要跌倒却不去搀扶，那么何必要用那个搀扶的人呢？况且你的话错了，老虎和犀牛从笼子里跑出，（占卜用的）龟甲和（祭祀用的）玉器在匣子里被毁坏，这是谁的过错呢？”

冉有说：“如今颛臾城墙坚固而且靠近季氏的封地，现在不夺取，后世一定会成为子孙们的忧患。”

孔子说：“冉有！君子厌恶那些不肯说自己想要那样而偏要找借口的人。无论是诸侯或者大夫，不担心财富不多，只是担心财富分配不均匀；不担忧人民太少，只担忧境内不安定。若是财富平均，便无所谓贫穷；境内和平团结，便不会觉得人少；境内平安，国家便不会倾危。做到这样，远方的人还不归服，就再修仁义礼乐的政教来招徕他们。他们来了，就得使他们安心。如今由与求两人辅佐季氏，远方的人不归服，却不能使他们归顺，国家四分五裂却不能保持他的稳定，反而策划在境内兴起干戈。我恐怕季氏的忧虑，不在颛臾，而是鲁国内部。”

孔子在这一场辩论中，谈古论今，引经据典。引用名人名言为批评的理论依据，如“陈力就列，不能者止”；用搀扶盲人的“相”做比喻，指出冉有、季路的责任是扶持季氏走正道，否则就是失职；把季氏比作虎兕、龟玉，把冉有、季路比作看柙护椟之人，说明不论是季氏行凶，还是颛臾被毁，冉有、季路都有不可推卸的责任。

四、赛场辩论

赛场辩论，也叫辩论比赛，它是辩论参赛队伍综合素质和团队合作的比拼，集道德修养、文化底蕴、逻辑思维、心理素质、语言艺术、仪表仪态于一体，是提高辩论口才的有效途径。

（一）比赛模式

1. 2003 年国际大专辩论赛模式

（1）立论：正方发言（3 分钟）

（2）立论：反方发言（3 分钟）

（3）盘问：反方提问，正方回答（2 分钟）

（4）盘问：正方提问，反方回答（2 分钟）

（5）驳论：反方发言（2 分钟）

（6）驳论：正方发言（2 分钟）

（7）对辩：正方先发言（2 分钟）

（8）对辩：反方先发言（2 分钟）

（9）嘉宾提问：先问正方再问反方（4 分钟）

（10）自由辩论：正方先发言（6 分钟）

（11）反方总结陈词（3 分钟）

（12）正方总结陈词（3 分钟）

（总时间约 34 分钟）

2. 新加坡模式

（1）正方一辩陈词，阐述正方的基本观点（3 分钟）

（2）反方一辩陈词，阐述反方的基本观点，其中包括反驳正方的观点（3 分钟）

（3）正方二辩陈词（3 分钟），反方二辩陈词（3 分钟）

（4）正方三辩陈词（3 分钟），反方三辩陈词（3 分钟）

（5）自由辩论（每方 4 分钟，共 8 分钟）

（6）反方四辩总结陈词（3 分钟）

（7）正方四辩总结陈词（3 分钟）

（总时间约 32 分钟）

（二）人员组成

1. 参赛人员

正反参赛队伍各由四名成员组成，分为一辩、二辩、三辩、四辩，也可以分为一辩、二辩、三辩和自由发言人。按此顺序，由辩论场的中央往旁边排列座位。辩手可呈现不同的辩论风格。一般来讲，一辩亲切感人，二辩逻辑严密，三辩热情机智，四辩高屋建瓴。

2. 主席

主席也称主持人，其职责是主持辩论活动，维护辩论会场的良好秩序，保障辩论活动按照辩论规则有秩序地进行。主持人坐在两个参赛队中间，比参赛人员座位稍后一点的中央位置，便于观察整个辩论会场的情形。

3. 评委组

评委组一般由专家组成。按照一定的标准，分别从立论、辩词、风度、整体合作等方面给参赛双方评分。有五位评委时，一般采用投票制；有七位评委时，一般采用打分制。

4. 公证人

大型辩论赛一般都有公证人参加，负责对辩论竞赛活动及竞赛结果进行公证，为辩论赛活动及有关人员提供法律认可的证据。

（三）赛场辩论的准备

俗话说：“不打无准备之仗。”辩论赛也像是一场战争，要想在这场无硝烟的战场里获得胜利，就需要参赛选手们认真做好赛前准备。赛前准备分为长期准备和参赛准备。长期准备一般指的是单位、组织或学校专门要组建一支辩论队伍，在日常的工作、学习之余定期训练。短期准备是指在接到一个比赛任务时，辩论队首先要选拔一支参赛队伍，然后从辩题的审题分析、材料的收集到辩词的撰写以及团队合作的体现等方面进行精心设计，仔细讨论，认真研究。

1. 审题分析

参赛队伍通常通过抽签的方式拿到一个辩题。这个辩题可能是正方，也可能是反方，但不论是正方还是反方，一旦抽到，就应该把它当成真理一样去辩论。

（1）辩题的类型

①正反型，即辩题是从正反两个方面来设计。例如，正方“现代人需要阿Q精神”，反方“现代人不需要阿Q精神”。

②利弊比较型，即对一事物的利弊关系进行比较，或利大于弊，或弊大于利。例如，正方“英语四六级考试利大于弊”，反方“英语四六级考试弊大于利”。

③选择型，即两种选项任选其一作为辩题。例如，“网络使人亲近”或“网络使人疏远”。

（2）辩题的分析

辩题确定后，对辩题进行深入、全面的分析是辩论赛中一项非常重要的工作，而且常常是时间紧，任务重。

①先分析。参赛队伍拿到一个辩题后，要组织大家坐到一起来研究辩题，分析辩题，分配任务。首先，先分析一下辩题是属于上面介绍的哪种类型的辩题，是正方辩题还是反方辩题。

②找关键。确定辩题类型后，就要在辩题中寻找关键词，对其进行定义和分析。例如，利弊比较型就要抓住一个“大”字，承认利弊的存在，优化己方观点所占的比例。

③立论点。辩题分析完后，就要确定辩论中的立论环节，选择对己方最有利的思路来确定辩论的逻辑框架。

④举实例。通过各种途径和方式收集对己方有利的实例。（下文详述）

2. 实例的收集

事实胜于雄辩。辩论时最有力的武器就是用事实说话。选择能维护观点、真实新颖、典型充分的材料是辩论比赛取胜的一个关键。材料一般包括事实材料（例证、数据、实物等）和事理材料（科学原理、法律条文、名人名言、谚语成语等）。充分的例证会使己方的辩论有理有据，打动听众与评委，从而使其支持己方观点；准确的数据能增加己方的可行度，使己方的观点更具有说服力；经典生动的名人名言，既能给辩论增添文学色彩，提高审美愉悦，又能借名人之嘴来增强己方观点的正确性。

例如，“自私是人的本质”这一辩题似乎对正方不利，因为，在常人的理解中，“自私”是一个贬义词，即使是很自私的人也不会承认自己“自私”。因此，正方需要调动自己的一切知识储备，将“自私”的概念扩大到人类发展史的长河中进行考察，并尽量运用相关的学科知识，找出对自己有利的论点和论据。立论如下：

1. 自私是个体发展的必然要求。不自私，人就不能主动获取食物、衣物，就不能繁衍后代，这是所有动物的生物学本性。

2. 自私是人类群体发展的必然要求。人类社会的一切斗争都是为了人类自身的生存、繁衍和发展，如人类首先掠夺自然，然后又提倡保护自然，因为掠夺自然损害了人类自身的利益。

3. 自私存在于人的官能需要、社会需要和精神需要之中，可以说是无处不在。婚姻、家庭是自私，劳动、学习是自私，战争、科技是自私，连创造、奉献也是一种特殊的自私，是为了满足个人精神上的需求。

4. 伦理道德中的利他主义是理想主义的虚构。道德和法律的存在反证了自私是人的本质，否则无需道德和法律限制人的行为。

5. “物竞天择，适者生存。”可以列举许多例证证明“自私”促进了人类社会的发展。没有自私，就没有今天的人类文明，应为“自私”正名。

3. 辩词的撰写

在辩论队伍对辩题审析完毕后，就应该根据比赛规则进行辩词撰写的分工。一般情况下，一辩是完成破题任务，规定辩题的内涵与外延，提出并正面阐述己方观点；二辩突出重点，进一步对己方观点进行论证；三辩旁征博引，通过大量事实更深、更广地论证己方观点；四辩总结陈词，升华己方观点，驳斥对方观点，将辩论推向高潮。

（四）赛场辩论的技巧

辩论的技巧，即人们常说的“辩术”，主要是指反驳对方的论点、论据以及论证过程所采用的方法和技巧。

1. 利用矛盾反驳法

利用矛盾反驳，就是要善于抓住对方立论中相互矛盾之处，据理反驳，从而达到“以子之矛，攻子之盾”的效果。例如，在“知难行易”的辩论中：

反方：许多贪官不是不知法，而是知法犯法。

正方：对呀！那些人正是因为上了刑场死到临头才知道法律的威力、法律的尊严，可谓“知难”啦，对方辩友！

2. 事实反驳法

常言道：“事实胜于雄辩。”诡辩是一种特殊的逻辑谬误，其实质是为错误的观点作论证。

在首届国际大专辩论赛中，关于“温饱是谈道德的必要条件”的辩题，复旦队是这样反驳剑桥队的：“请对方举例说明，哪怕是一个，人类社会在何时、何地、何种情况下，一点道德都不谈。”这个问题在复旦队一辩的陈述中就明确提出，由于对方一直没有有效地回答这个问题，所以复旦队在整场比赛中不时用这个问题，交递紧逼对方，直到对方无法举出我方要求的实例时，说了句引起全场轰笑的话：“我方的观点，对方没有任何批驳，所以我方定义已经成立。”

3. 二难推理反驳法

二难推理是一个复杂的思维过程，其中包括各种情况的平衡和对不同结局的比较，正是这些权衡和比较，才掂出了功过得失，才分辨了是非曲直。

（1）二难推理是揭露谬误的有效方法

人们常说“上帝万能”，到底是不是万能？有人曾经提出这样的问题：上帝能否创造一块连他自己也举不起的石头呢？这个问题实际上是一个机智的二难推理。如果能，那么上帝并非万能，因为上帝毕竟还有一块石头举不起；如果不能，上帝也不是万能的，因为上帝毕竟还有一块石头不能创造出来。由此可见，只要正确地构成了一个二难推理，对方就无法摆脱困境了。

（2）二难推理可出奇制胜，绝处逢生

在泰国流传着这样一个故事：有个叫西特努赛的人，在皇宫做官。一天上朝之前，他对每个官员说：“我可以洞察你们的内心，你们心里想的什么，我全都知道，不信咱们打赌！”官员们虽然知道西特努赛足智多谋，但绝不相信他会聪明到这种地步，他们想让他在皇帝面前出丑，于是一致同意以100两银子为赌注，与他打赌，皇帝也认为西特努赛输定了。打赌开始后，西特努赛不紧不慢地高声说道：“在座的诸位大人心里想的什么，我十分清楚，诸位想的是：我的思想十分坚定，我的整个一生都要忠于皇上，永远不会背叛谋反，诸位大人是不是这样想的？哪位不是请立即站出来！”官员们听到这里，面面相觑，张口结舌，没人敢站出来，都只好认输。

西特努赛制胜的秘诀就在于他预先给官员们设下了这么一个“二难之境”：如果你认为我猜对了，就得输100两银子；如果你认为我猜错了，就得掉脑袋。所以，你或者输给我100两银子，或者丢掉脑袋。两弊相较取其轻，官员们自然都愿认输了。这里西特努赛选取的关键点是：官员们不敢当面说出对皇上的不忠。

可见，二难推理是辩论的有效武器之一，在特殊场合可以使你在山穷水尽之时出奇制胜，绝处逢生。

4. 对比反驳法

对比不但是一种有效地认识事物的方法，而且也是一种有力的论辩手法。辩论反驳所采用的对比手法通常有以下两种：

（1）相关对比

相关对比是将两个相近似的对象加以对照，使人们通过对照来识其同，别其异，从而使自己的观点更鲜明，更突出，更有攻击力。

（2）正反对比

正反对比是把两类具有相反意义的对象摆在一起，通过正反对比，强化论据，使反驳更有攻击力。

能力培养与训练

【观】观看《奇葩说》，选出一个你喜欢的选手并说明原因。

【说】请以“网络使人更亲近还是更疏远”为题，进行一场模拟辩论。

【读】阅读《好好说话》。

【写】请以“美是客观存在还是主观感受”为题，为一辩写一份开篇立论。

模块二　日常应用文

第一章 公文写作格式

目标考核

1. 了解公文的概念及分类，掌握公文的写作方法；

2. 根据生活、学习、工作的需要，学会公文的写作，提高公文写作的水平与能力。

导语

公文是党政机关、基层组织、企事业单位和其他社会团体在公务活动中使用的具有传递信息和记录作用的文书，被称为“经国之枢机”。现代社会，不管我们从事何种职业，办理何种公务，都会接触到公文。掌握公文的写作方法，高效地完成公文的写作任务，是从业者必须具备的职业能力。

案例阅读

公文格式样张

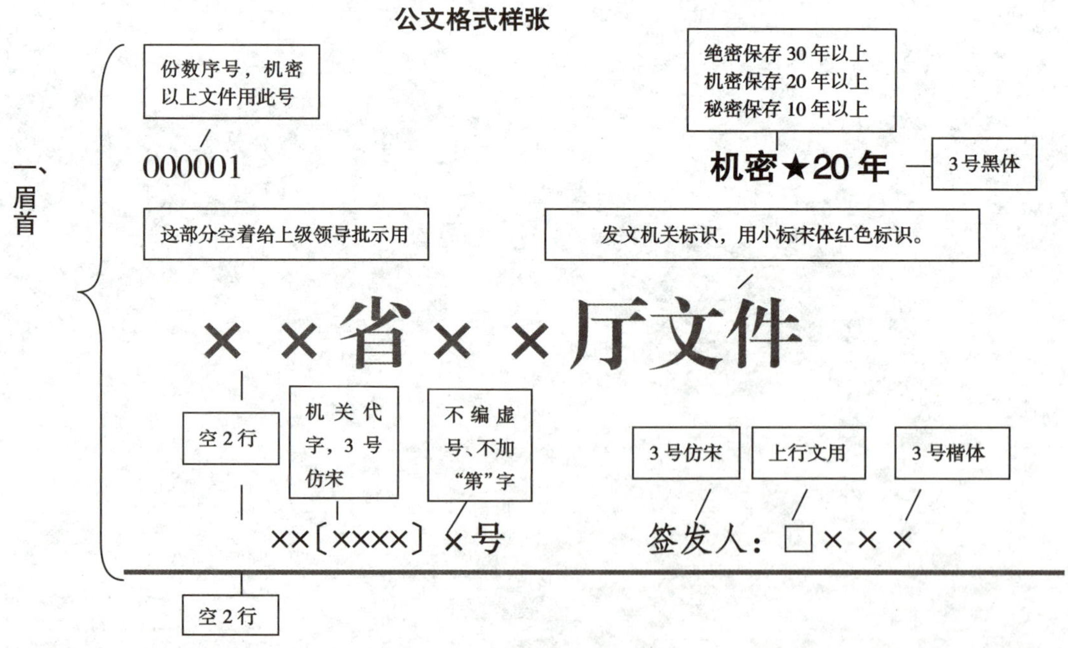

标题用2号小标宋体，不能出现书名号。

或意见

二、主体，约占1/2多一些

××省××厅关于×××的请示

空1行　发文机构　事由　文种

全称、规范简称或统称，不能多头主送，更不能直送领导，3号仿宋。

正文用3号仿宋，一般每页排22行，每行28字，数字、年份不能回行。

×××××：

□□××。

一、××××××××××××××××××××××

(一)××××××××××××××××××××××

1. ××××××××××××××××××××××

(1)××××××××××××××××××××××

① ×××

分项，先用汉字，再用阿拉伯数字。

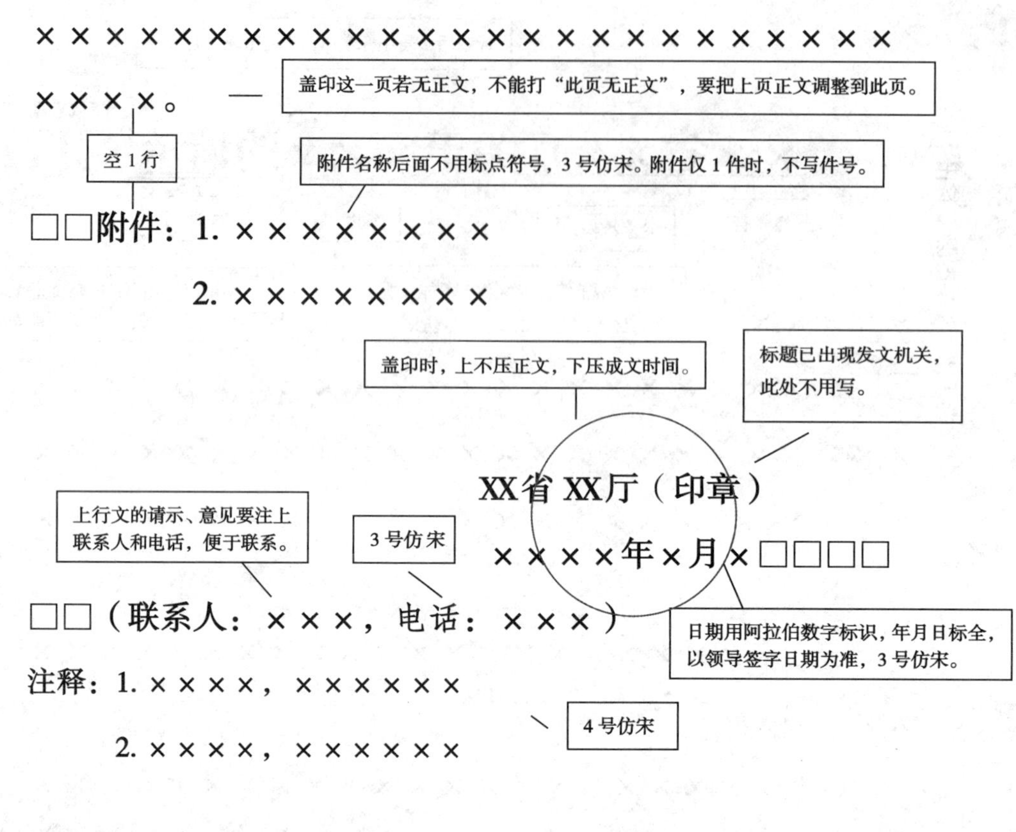

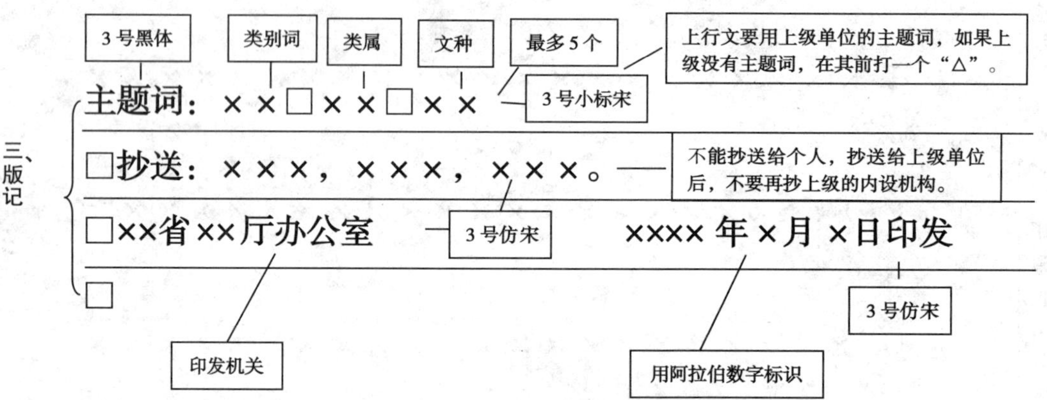

> 写作要点：

（1）写作公文要按照《党政机关公文处理工作条例》和《党政机关公文格式》（2017年）的要求进行写作。严守公文格式，遵循行文规范。

（2）制发公文必须切合实际，符合规律，指向鲜明，目的明确，具有操作性、可行性。

（3）主题明确，要素齐全，内容翔实，结构完整，用语庄重严谨、简明通顺、平实得体。

（4）行政文件纸全部采用国标A4。

一、公文的概念

公文，全称公务文书，有广义和狭义之分。广义的公文指的是国家机关、企事业单位及其他社会组织用来办理公务、具有特定效力和规范格式的应用文。狭义的公文指的是 2012 年 4 月 6 日由中共中央办公厅、国务院办公厅联合印发的《党政机关公文处理工作条例》中规定的 15 类公文种类，即决议、决定、命令（令）、公报、公告、通告、意见、通知、通报、报告、请示、批复、议案、函、纪要。

二、公文的分类

公文涉及的内容非常广泛，按照不同的标准可以分为不同的种类。

（一）行文关系上

按行文关系划分，公文可以分为上行文、平行文和下行文。

1. 上行文

上行文是下级机关向上级机关呈送的公文，如请示、报告。

2. 平行文

平行文是平行机关或不相隶属机关之间相互往来的公文。此类文书常用的有函、议案以及一些通知。

3. 下行文

下行文是上级机关向下属机关发送的公文，如命令、决定、决议、通报、通告、公告、批复、意见。

（二）性质作用上

公文按性质作用划分，可以分为指令性公文、报请性公文、告知性公文、实录性公文、商洽性公文等。

1. 指令性公文

指令性公文是指以各级领导机关或领导者个人名义制发的，用以施行领导和指导工作的公文，包括决议、命令、决定、批复、指示性通知。

2. 报请性公文

报请性公文即下级机关向上级机关报告工作、反映情况、请求指导和批复的公文，包括请示、报告、意见（上行）等。

3. 告知性公文

告知性公文是指公开发布重大事件、重要事项，或者在一定范围内公布应当遵守或周知事项的公文，包括公报、公告、通告、通知、通报、通知性的函。

4. 实录性公文

实录性公文是指对有关情况进行记录整理而形成的公文，如纪要。

5. 商洽性公文

商洽性公文是指不相隶属机关之间商洽工作、询问或答复问题，向有关主管部门请求批准事项的公文，如函。

（三）秘密程度上

按秘密程度划分，公文可以分为绝密公文、机密公文、秘密公文和普通公文。

1. 绝密公文

绝密公文是指内容涉及最重要的国家秘密，一旦泄露会使国家的安全和利益遭受特别严重损害的公文，最长期限 30 年。

2. 机密公文

机密公文是指内容涉及重要的国家秘密，一旦泄露会使国家的安全和利益遭受严重损害的公文，最长期限 20 年。

3. 秘密公文

秘密公文是指内容涉及一般的国家秘密，一旦泄露会使国家的安全和利益遭受一定损害的公文，最长期限 10 年。

4. 普通公文

普通公文是指内容不涉及任何国家秘密，可以在各级机关、各有关单位内部广泛传阅的公文。

（四）载体形式上

按载体形式划分，公文可以分为纸质公文、磁介质公文和光介质公文。

1. 纸质公文

纸质公文是以纸张为物质载体的公文。

2. 磁介质公文

磁介质公文是以磁带、磁盘、磁鼓等磁性材料为物质载体的公文，如录音文件、录像文件、计算机文件等。

3. 光介质公文

光介质公文是以感光材料如胶片等为物质载体的公文，如照片公文、缩微胶片公文、光盘公文等。

三、公文的格式

公文的格式通常由版头、主体和版记三部分组成。

（一）版头

公文首页红色分隔线以上的部分称为版头，包括份号、密级和保密期限、紧急程度、发文机关标志、发文字号、签发人、（版头中的）分隔线等。

1. 份号

份号是同一文稿印制若干份时每份的顺序编号，只适用于绝密、机密公文或需要清退的公文。用阿拉伯数字顶格在版心左上角第 1 行标注，如果数字不足规定位数的，前面用“0”补齐，如“01”“002”。

2. 密级和保密期限

密级是公文的秘密等级。涉密公文应当根据涉密程度分别标注“绝密”“机密”“秘密”。用 3 号黑体字，顶格在版心右上角第 1 行标注，两字之间空 1 格。秘密等级和保密期限用“★”隔开。

3. 紧急程度

紧急程度是公文送达和办理的时限要求。根据紧急程度，紧急公文应当分别标注“特急”“加急”，电报应当分别标注“特提”“特急”“加急”“平急”。两字之间空 1 格。用 3 号黑体字，标注在右上角第 2 行，即秘密等级之下。

4. 发文机关标志

发文机关标志是公文制文机关的标记，由发文机关全称或者规范化简称加“文件”二字组成，也可以使用发文机关全称或者规范化简称。发文机关标志通常套红，以示庄重。套红印在文件首页上端居中位置对称排列，上边缘至版心上边缘为 35mm，使用小标宋体字，颜色为红色，以醒目、美观、庄重为原则。

联合行文时，如需同时标注联署发文机关名称，一般应当将主办机关名称排列在前。如有“文件”二字，应当置于发文机关名称右侧，以联署发文机关名称为准上下居中排布。单一机关发文带“文件”二字。多个发文机关联合发文不带“文件”二字。

5. 发文字号

发文字号是一个机关同一年度制发公文的顺序号，由“发文机关代字 + 发文年份 + 发文顺序号”组成。机关代字应是机关名称的标准缩略或习惯缩略。如“中共中央”代字为“中”，“国务院”代字为“国”，“广东省”代字为“粤”。发文年份应用阿拉伯数字写明年份的全称，并用六角括号“〔 〕”标示。发文顺序号是机关年度发文的顺序号，应从 1 号开始编。联合行文时，使用主办机关的发文字号。用 3 号仿宋体字，于发文机关标志下空 2 行处居中排列。

6. 签发人

签发人是指批准发出公文的机关负责人，由“签发人”三字加全角冒号和签发人姓名组成，其作用在于表示同意公文的制发并对其内容负责。居右空 1 字，编排在发文机关标志下空 2 行位置。平行、对称排列于发文字号右侧。上行文应当标注签发人姓名。

“签发人”三个字用 3 号仿宋体字印刷，签发人的姓名用 3 号楷体字印刷。如有多个签发人，签发人姓名按照发文机关的排列顺序从左到右、自上而下依次均匀编排，一般每行排两个姓名，回行时与上一行第一个签发人姓名对齐。

7.（版头中的）分隔线

发文字号下 4mm 处居中印一条与版心等宽的红色分隔线。

（二）主体

公文首页红色分隔线（不含）以下、公文末页首条分隔线（不含）以上的部分为公文的主体部分，它包括标题、主送机关、正文、附件说明、落款（发文机关署名、成文日期和印章）等要素。

1. 标题

公文的标题由“发文机关名称 + 事由 + 文种”组成。公文的标题应当准确、简要标明公文的主要内容，一般应当标明发文机关，并准确标明公文种类。一般用 2 号小标宋体字，编排于红色分隔线下空 2 行位置，分一行或多行居中排布。

2. 主送机关

主送机关又称抬头，是公文的主要受理机关，应当使用机关全称、规范化简称或者同类型机关统称。另起一行顶格写。公告、周知性的，可以省略，不用标示主送机关；参阅性文件毋须标示，只印在“抄送”的位置。

3. 正文

正文是公文的主体，用来表述公文的内容。公文中的数字和年份（用阿拉伯数字表示的）均不能回行。一般用 3 号仿宋体字，编排于主送机关名称下 1 行，每个自然段左空 2 字，回行顶格。文中结构层次序数依次可以用“一、”“(一)”“1.”“(1)”标注；一般第一层用黑体字，第二层用楷体字，第三层和第四层用仿宋体字标注。

4. 附件说明

附件是附属于公文正件的其他公文或材料，包括公文附件的顺序号和名称。

如有附件，在正文下空 1 行左空 2 字标识“附件”二字，后标全角冒号和附件名称。如有多个附件，使用阿拉伯数字标注附件顺序号（如“附件：1.××××”）。附件名称后不加标点符号。附件名称较长需回行时，应当与上一行附件名称的首字对齐。

5. 落款

落款包括发文机关署名、成文日期和印章，位于正文的右下角。公文必须注明成文时间，用以表明公文生效的时间。成文日期一般右空 4 字编排，印章用红色。成文日期中的数字用阿拉伯数字，年份应标全称，月、日不编虚位。

属会议通过的公文，以会议通过或批准的时间为准。一般性的例行公文以领导人签发的时间为准，联合制发的以最后一位签发机关的时间为准。电报以发出日期为准。

单一机关行文时，一般在成文日期之上、以成文日期为准居中编排发文机关署名，印章端正、居中下压发文机关署名和成文日期，使发文机关署名和成文日期居印章中心偏下位置，印章顶端应当上距正文（或附件说明）1 行之内。

（三）版记

版记即公文末页首条分隔线以下、末条分隔线以上的部分，由（版记中的）分隔线、主题词、抄送机关、印发机关和印发日期、页码等要素组成。

1.（版记中的）分隔线

版记中的分隔线与版心等宽。首条分隔线和末条分隔线用粗线（高度为 0.35mm），中间的分隔线用细线（高度为 0.25mm）。首条分隔线位于版记中第一个要素之上，末条分隔线与公文最后一面的版心下边缘重合。

2. 主题词

主题词是为了方便检索，根据《公文主题词表》中规定的主题词及其含义由大到小而编制，居于顶格。

3. 抄送机关

抄送机关是需了解公文内容以便周知的机关。它处在主题词下端，印发机关之上，以两条平行细线为界。抄送机关居左空 1 字，每个之间用顿号隔开，最后加句号。“命令”不用抄送，用“分送”。

4. 印发机关和印发日期

印发机关即公文的送印机关。印发机关和印发日期一般用 4 号仿宋体字，编排在末条分隔线之上。印发机关左空 1 字，印发时间右空 1 字。两者共占 1 行。印发日期用阿拉伯数字，不编虚位（即 1 不编位 01），后加“印发”2 字。

5. 页码

公文页码一般用 4 号半角宋体阿拉伯数字，编排在公文版心下边缘之下，数字左右各放一条一字线，一字线上距版心下边缘 7mm。单页码居右空 1 字，双页码居左空 1 字。公文的版记页前有空白页的，空白页和版记页均不编排页码。公文的附件与正文一起装订时，页码应当连续编排。

能力培养与训练

【观】 观看政府网站，选出一篇你认为最符合公文写作规范的范文并说明原因。

【说】 公文文中结构层次序数依次用什么标注？

【读】 阅读《半月谈》杂志。

【写】 以“公文写作，从规范开始”为题，写一篇不少于 600 字的文章。

拓展阅读

1. 公文写作知识（一）——格式。（公众号：万立办公室）

2. 最全党政机关公文写作格式。（公众号：平桥政法）

3. 超简单、实用的公文写作格式，一看就懂，一学就会。（公众号：行政人资CLUB）

第二章
计划、总结

目标考核

1. 了解计划和总结的概念及分类，掌握计划和总结的写作方法；

2. 根据生活、学习、工作的需要，学会写作规范的计划和总结，提高计划和总结的写作水平与能力。

导语

计划和总结是职场活动中使用频率非常高的应用文书。大至国家，小到学校、团体和个人，对一定时期的工作预先作出安排和打算时，都要用到“计划”这种公文，计划是管理活动的桥梁。总结是一种站在现在用全面的眼光来审视评价过去的行为，以发展的眼光展望未来的工作。计划和总结是工作中必不可少的文种，掌握计划和总结的写作方法有助于我们合理安排工作，总结提炼经验。

第一节　计划

案例阅读

[范例 1]

个人学习计划

为了响应党中央建设学习型政府的要求，也为了不断完善自我，适应当前工作的需要，更新自己的知识层次和政治理论水平，与时俱进，努力提高自己的综合素质，做一名学习型的组织工作干部，特制订学习计划如下。

一、学习目标

提高自身政治理论水平，增强政治敏锐性；加强组工业务知识的学习，提高工作能力和效率，在写作上更进一步。

二、学习时间

1. 周一至周五，上班时在不影响业务工作的情况下，利用一切可利用的时间学习。每天晚上 7：00—8：00，学习 1 个小时。

2. 周六、周日，学习5个小时。

3. 每星期利用网络资源，上网学习2个小时。

4. 每天用半个小时阅读当天报纸、杂志，了解国内外的重大新闻、政策形势，提高自己的政策理论水平。

三、学习任务

1. 政治理论。通过观看《新闻联播》，阅读《黄冈日报》《湖北日报》《中国青年报》《党员生活》等报刊杂志，学习马列主义、毛泽东思想、邓小平理论、“三个代表”重要思想、科学发展观、习近平新时代中国特色社会主义思想及其一系列重要论述和这些理论在各地方的实际应用，深刻领会其精神实质，用先进的理论指导自己的工作实践。好记性不如烂笔头，坚持边看边想，边想边写。每月完成读书笔记字数不少于5 000字。

2. 业务知识。充分利用组织部的资源，学习《党章》《党内监督条例》《党员处分条例》《干部任用条例》《公务员法》《组织法》《行政许可法》《宪法》等法律法规，努力提高工作水平、工作能力和法律意识。学习公文写作、口才等方面的知识，结合工作中遇到的实际情况，多听、多看、多写，以提高公文写作的水平。

3. 计算机知识。学习和掌握信息技术、电子政务等履行岗位职责必备的最新知识和技能，熟练掌握计算机文字处理技术和基本的网络技术。

4. 每周在新华网社区、强国论坛、东湖社区上关注热点时政，在网友的评论中汲取精华，学习对组织工作有用的方法、措施，有选择地借鉴新颖的思想开阔自己的思路。同时，每周完成硬性指标：3篇以上组织工作方面的评论，字数不少于200字。

5. 要求每2个星期完成1篇组织工作方面的文章，交给程科长批阅。

6. 在个人博客里记载完成的实事，写心得体会，周末完成1篇工作思想小结。

四、学习要求

1. 端正思想，提高认识。加强业务学习是提高干部综合素质的迫切需要。组织工作干部必须做学习型的干部，这是时代发展的客观要求，是衡量工作能力的重要标准，是做好各项组织工作的重要保证。何必头悬梁锥刺股，切忌一日曝十日寒。时刻提醒自己，把业务学习视为义不容辞的责任。

2. 统筹兼顾，科学安排。处理好学习与工作的关系，做到学习与工作有机统一，努力使学习工作化，工作学习化。结合工作实际，灵活地分配学习时间，确保各项学习任务得到落实。

3. 融会贯通，学以致用。通过不断学习业务知识来提高自身的业务水平，通过不断实践来丰富工作经验，把知识和经验的积累升华为思维模式的更新，进而转化为工作创新的源泉和动力。通过学习，有效解决在组织工作中存在的问题，真正使思想有明显提高，作风有明显转变，工作有明显推进。

本学习计划从制订之日起开始实行。敬请监督！

×××

2018年9月9日

> **写作要点：**

（1）任何计划最重要的是写清楚三要素，即“做什么”（目标、任务）、“做到什么程度”（要求）和“怎样做”（措施办法）。既要写得全面周到，又要写得有条不紊、具体明白。

（2）计划的制订要有挑战性，完成任务的措施办法和步骤等要切实可行。

（3）计划的措施要围绕目标任务来写，层次安排要有严密的逻辑性。

（4）表达要准确，意思要清楚，语言要平实，文字要精炼。

[范例 2]

××学生会女工部新学期工作计划

随着新学期的到来，女工部的工作也紧锣密鼓地开展起来了。上个学期，在各级领导的指导下，在各部同学的大力配合和帮助及我部成员的共同努力下，我部开展了很多活动并取得了一些不错的成绩。回首过去与姐妹们共同奋斗的日子，女工部这个集体在成功中奋进，在挫折中成熟，在失败中成长，在拼搏中磨练。经过一个学期的磨砺，我们懂得了团队协作的重要性，更懂得了工作上要严谨与创新。

在新的学期里，我们将以一种互助进取、团结求实的工作态度，奋发向上的工作精神，竭诚为我院服务。为了我部工作能够顺利地开展，为了让大家都满意，为了丰富同学们的课余文化生活，我们在新学期之初特制订了本学期的工作计划，具体安排如下：

一、“阳春三月　青春女生”女生节活动

女生节是一个关爱高校女生、展现高校女生风采的节日，也是校园趣味文化的代表之一。我们女工部计划于三月七号举办女生节活动。开展的活动有：（一）“爱的抱抱”游戏。规则如下：选一个人当指挥员，其他人围成圈跑，指挥员喊爱的抱抱、爱的抱抱、爱的抱抱，一直喊，最后说出一个数字。例如，如果指挥员喊出的数字是“2”，那么，所有人就要 2 人一组抱在一起，所有不是 2 人抱在一起的成员都将被淘汰。（二）“照片集”展示。将女生的生活照片收集起来，用绳子将照片挂起来，充分展示各位女生在生活中的活力。

二、“把爱献给她”三八妇女节感恩活动

我们女工部计划在三八国际妇女节这天，将感恩之心送给我们亲爱的女老师们，感谢她们对我们的教育。从女生中选出手艺比较好的同学亲手制作的贺卡送给女老师们。同时，让同学们发挥各自的想象力给女老师们一个惊喜，并且让同学们选择自己喜欢的老师进行交流等。

三、“展我风采　魅力设计”徽章设计

女生节是我们的节日，是高校发展过程中极具代表性和趣味性的文化之一。大学教育除了要教给学生具体知识之外，更应该利用本身积淀的文化传统对学生进行人文素质培养。为了让人们懂得要尊重女性，明白男性女性都是社会的建设者，都不可或缺，我们女工部计划进行女生节徽章设计。我们将统一时间让各位女生进行徽章设计，画出图纸后进行统一评比。

四、装扮青春　服装设计

在大学里我们要学的不仅仅是知识，还要全方面提高自己的能力。我们女工部计划举办服装设计活动，让各位女生充分发挥自己的服装设计和搭配能力，展示自我。

五、心灵手巧大比拼

为充分展现各位女生的动手能力以及自身的文化内涵等，女工部计划举办女生作品展活动，让各位女生展示自己亲手制作的作品。作品类型不限，只要是通过自己的努力做出来的都可以参加比赛。所有参赛作品将被收集起来以后在学院里进行展示评比。

六、“爱你　我这样表达”母亲节感恩活动

敬重母亲、弘扬母爱的母亲节，至今已成为一个约定俗成的国际性节日。我们女工部计划在五月十二日母亲节这天举行感恩活动，鼓励同学们通过写信、发祝福短信、制作礼物等方式表达自己对母亲的爱和感恩之情。“爱她就表达出来，让她感受到。”

七、仪态万千　风采在其中

我们女工部在上学期建立了礼仪队——新星之队，本学期将继续进行礼仪训练。我们部计划让各位礼仪队的成员在本院中进行礼仪 T 台展示，让各位同学从中学习到一些礼仪的内容。并且在礼仪展示中穿插一些男生的搞笑舞蹈和搞笑小品，使这次的活动展示在正式端庄的同时，又轻松活泼。

八、“关爱女生　让健康伴行”女生健康知识讲座

我们政治与社会发展学院的大部分同学都是女生，我们女工部计划举行一个女生健康知识讲座，将邀请一位老师或者是医生向女同学们普及女性健康知识。希望通过本次活动可以让同学们了解更多的关于女性健康的知识，在生活中注意健康问题，并在保持身体健康的同时，更好地进行学习生活。

九、“让爱播下种子”献爱心活动

尊老、敬老作为中华民族几千年的灿烂文化之精华源远流长。古往今来，多少敬老、爱老的故事被传为千古美谈。关注老人，关心老人，关爱老人，是我们做人的基本原则。老吾老以及人之老，是我们的理想。因此，我们女工部计划组织同学们举行敬老院献爱心活动，让爱的种子在老人和我们之间生根、发芽长大。

我们的同学可以帮各位老人打扫卫生、打水、洗洗衣服、给各位老人剪剪指甲等，做一些力所能及的事情。我们女工部也将提前准备好一些节目为各位老人们表演，如小品、歌曲、舞蹈等。各位同学可以陪老人们聊天，比如，可以同老人聊子女的工作，聊最近的天气或是聊老人的身体近况，等等。

十、“青春魅力　活力无限”女生才艺展

放飞心中的理想，畅想青春的旋律。我们女工部将举行女生才艺展示晚会，让各位女生充分展示自己的才艺，在才艺展示中可以增进各个班级女生的交流。才艺展示的内容不限，如唱歌、朗诵、跳舞、演讲、走秀等。只要你想站在舞台上，我们将尽

我们所能，给你机会，让我们院的每位女生都可以向各位同学展示最美的你。

本部时刻以“为女生办实事，解决女生所遇问题，融洽女生关系”为原则，并将这一原则真正落实到女生中去。我们将在此基础上积极开展一系列活动，组织女生加入到活动中去，以此来调动女生们参加各项活动的积极性，以使本部成为真正为女生着想的部门 。从实践出发，实事求是，化理论为实际，将成为我部工作的核心。与此同时，我们还将继续协助学生会中的其他部门，全力配合其他各项活动的开展。

以上是女工部这一学期的工作计划。我部成员将团结一致，齐心协力，在做好我部基础工作的同时，充分展开各自的想象力，不断创新，与时俱进，将我部的活动办得更具创新性，更具吸引力！我部全体成员将认真吸取以往的经验教训，扬长避短，竭尽全力为我部及我院贡献自己的力量！在此，衷诚期待来自领导及同学们的支持、批评、监督！

2018 年 9 月 7 日

> **写作要点：**

（1）工作计划开头不需要写太多字数，简要概述背景（如计划的目的意义、相关现状背景或政策背景）即可。

（2）计划的事项是工作计划的主体部分，首先要制订切实可行的工作目标，然后陈述具体措施、办法或安排。往往需要分条列项地详细书写。

（3）计划要加强预见性，突出重点，明确工作的中心，紧密围绕和结合中心工作进行工作安排。

（4）计划的制订要科学，既量力而行、实事求是，又能充分发挥优势。

一、计划的概念

计划是单位或个人为了实现某一特定时期内的决策目标而制订的总体的或阶段的目标和任务以及实施的方法、步骤与措施的一种事务文书。

二、计划的分类

计划的使用频率很高，按照不同的标准，可以分为不同的类型。

（一）按内容不同分类

按照内容的不同，计划可以分为生产计划、工作计划、学习计划、教学计划等。计划的内容与各单位、各行业的业务工作有密切关系。

1. 生产计划

生产计划即企业对生产任务作出统筹安排，具体拟定生产产品的品种、数量、质量和进度的计划。

2. 工作计划

工作计划是机关、企事业单位的各级机构，对一定时期的工作预先做出的安排和打算。

3. 学习计划

学习计划就是单位或个人按照自己的时间、精力等情况做出的适合自己的一个学习安排。

4. 教学计划

教学计划是指教育者根据教学目的和教学任务的要求制订的教学工作指导性文书。

（二）按时间不同分类

按时间划分，计划分为年度计划、季度计划、月份计划、长期计划、短期计划等。

1. 年度计划

年度计划是单位或个人为了实现一年内的某项目标或完成某项任务，事先制订的具体的行动安排。

2. 季度计划

季度计划是单位或个人为了实现季度内的某项目标或完成某项任务，提前做出的打算。

3. 月份计划

月份计划是单位或个人为了实现月份内的某项目标或完成某项任务，事先制订的具体的行动安排。

4. 长期计划

长期计划是各个部门或个人在较长时期（通常为 5 年以上）内从事某种活动应达到的目标和要求。

5. 短期计划

短期计划是各个部门或个人在较短时期（通常为 1 年内）内从事某种活动应达到的目标和要求。

（三）按外在表现形式不同分类

计划按外在表现形式划分，可以分为条文式计划、表格式计划和文表结合式计划。

1. 条文式计划

条文式计划是用文字来说明的一类计划，其特点是：指导思想的提出、基本情况的分析、任务要求的说明、措施步骤的提出等都是通过逐条的文字叙述来表现的。

2. 表格式计划

表格式计划是由表格和文字说明两大部分组成的一类计划，它的特点是：计划的指标、任务通过表格来体现，而不是用文字。表格式计划适用于时间较短、范围较小、方式变化不大、内容较单一的具体安排，如销售计划、月计划等。

3. 文表结合式计划

文表结合式计划即表格式和条文式相结合的计划。一般是将各项目的内容填进表格后，再用简短文字做解释说明。

计划的分类是由客观现实生活所决定的。按照范围的不同，计划还可以分为国家计划、单位计划、部门计划，个人计划；按性质分，计划可分为综合性计划和专题性计划。

三、计划的格式

计划的格式通常由标题、正文和落款三部分组成。

（一）标题

计划的标题应第一行居中填写。标题有以下写法：

1. 由“计划内容 + 文种”组成，如“营销计划”“英语学习计划”“班主任工作计划”“招商计划”等。

2. 由“制订计划的单位名称 + 计划内容 + 文种”组成，如“× × 市关于创建卫生文明城市的工作计划”“× × 支部两学一做学习计划”“班长个人工作计划”“× × 学校防震演练计划”等。

3. 由“制订计划的单位名称 + 适用时间 + 计划内容 + 文种”组成，如“× × 学院2018 年秋季招生计划”“× × 学生会 2018—2019 学年度第一学期工作计划”“× × 物业工程部 2018 年员工培训计划 ”等。

凡未定稿的计划，均应在标题后或标题之下正中括注“草案”“初稿”“征求意见稿”“讨论稿”“送审稿”等。

（二）正文

计划正文应另起一行空 2 格开始写。不同种类的计划，正文的写法不尽相同，但一般包括开头、主体和结尾三个部分。

1. 开头

开头又称前言，简要概述制订该计划的指导思想、政策依据和计划希望达成的目的，以及总任务、总要求等内容，即说明“为什么”要制订这一计划。

工作计划开头主要是相关背景性内容的概述，通常会涉及的内容包括：工作计划的目的意义、相关现状背景或政策背景。开头一般不需要写太多字数，要力求简洁。

例：近年来，济南市在城市卫生文明建设方面仍然面临诸多问题，城市脏乱差现象仍然在较大范围内存在，为了响应国家创建卫生文明城市的号召，推进济南市城市管理工作的开展，特作出计划如下……

2. 主体

主体即计划的核心内容，要阐述“做什么”“做到什么程度”和“怎样做”三项内容，既要写得全面周到，又要写得有条不紊，具体明白。

（1）“做什么”即制订计划的总的要求和主要指标、任务。

（2）“做到什么程度”即完成目标、任务的基本原则和基本要求。

（3）“怎样做”即实现目标、任务而采取的具体措施、办法，包括人力、财力、物力、设备、技术、手段等。

工作计划一般突出指导性和原则性。首先，需要总结工作目标或原则。接着，说明工作计划或安排，可以直接陈述具体措施与办法。计划的主体部分往往需要重点突出，详细分条书写。

3. 结尾

结尾可以用来提出希望、发出号召、展望前景、明确执行要求等，也可以在条款之后就结束全文，不写专门的结尾部分。常用“特此通知”“请遵照执行”“请一并贯彻执行”等惯用语结束。计划通常使用的结尾方法有：

（1）突出重点。把工作的重点和计划执行过程中的主要环节突出点明，作为结尾。

（2）强调注意事项。主体部分未写注意事项的，可在结尾中交代。

（3）发出号召，即在计划结尾部分写明努力方向，展望计划前景，激励大家坚定信心，鼓足干劲，完成计划提出的工作任务。

（三）落款

在正文的右下方署明制订计划的单位名称和制订计划的详细时间。如果以文件的形式下发，还要加盖公章。标题中已有单位名称的，落款处可只写制订计划的日期。

第二节　总结

案例阅读

[范例 1]

试用期总结

本人×××，毕业于××大学，所学专业为×××，于2018年3月1日入职，职位为电商部客服专员。目前三个月的试用期已经接近尾声。自进入公司以来，在单位领导的教导和同事们的帮助下，通过自身的不断努力，本人无论是思想上、学习上还是工作上，都取得了长足的发展和巨大的收获。在这段时间的工作学习中，本人对公司也有了一个比较完整的认识，同时，对于公司的发展历程和管理以及个人岗位职责等都有了一个比较清晰的认识。在熟悉工作的过程中，我也慢慢领会了公司诚信、勤奋、求实、创新的核心价值观。下面将我试用期期间的工作总结如下：

工作上，我的主要岗位是客服专员。在工作中我努力做好本职工作，不断提高工作效率及工作质量。另外，在做好本职工作之外，在天猫新店铺的准备期间和部门开发新产品的过程中，我配合数据专员，利用自身优势，帮助其制作了一系列的表格，总结了相关数据；归纳了行业在电商领域（淘宝）的热销产品，并且结合自身产品，对标题进行第四次标题优化；在京东平台上，对产品进行了导入等。通过三个月的工作，我明白了售前客服要做到以客户为先，尽量满足客户的要求。我努力学习产品知识和掌握客服相关技巧，严格要求自己，刻苦钻研业务，三个月里顾客满意度为100%。

学习上，严格要求自己，端正工作态度，做到了理论联系实际，从而提高了自身一专多能的长处及思想文化素质；生活中也养成了良好的生活习惯，生活充实而有条理，有严谨的生活态度和良好的生活作风，为人热情大方，诚实守信，乐于助人，拥有自己良好的做事原则，能与同事们和睦相处。

思想上，自觉遵守公司的规章制度，积极参加公司的培训，爱护公司的一砖一瓦，一直以严谨的态度和积极的热情投身于学习和工作中。其间，有成功的泪水，也有失败的辛酸。然而，日益激烈的社会竞争也使我充分地认识到成为一名德智体全面发展的优秀工作者的重要性。

在这段时间里，我虽然学习了一些理论知识，但这并不能满足工作的需求。为了尽快掌握电商行业和卫浴行业的行业特色，我每天坚持至少提前半小时到公司学习公司制度及理论知识；进入上班时间后，便向那些前辈们学习实际操作并帮忙做点小事情；到了晚上和前辈们一起探讨工作内容、自身的不足等。经过三个月的锻炼和努力，我已经成了一名合格的员工。

虽然只有短短的三个月，但我的收获却是很大的，这与单位领导和同事们的帮助是分不开的。我始终坚信一句话："一根火柴再亮，也只有豆大的光。但倘若用一根火柴去点燃一堆火柴，则会熊熊燃烧。"我希望用我亮丽的青春，去点燃每一位客人，感召激励着同事们一起为我们的事业奉献、进取，创造美好的明天。当然，我在工作中还存在缺点和做得不到位的地方，今后我会继续努力工作、学习，尽力做到最好。工作中需要超越的精神，我相信经过努力，工作会越做越好。

×××

2018年5月21日

> **写作要点：**

（1）要总结过去，更要面向未来。可以在文末针对现有的问题提出下一步的整改方案和工作打算。

（2）例文中主体部分采用了横式结构，即将总结的内容归纳出（工作上、学习上、思想上）几个并列的方面。这种结构，逻辑关系清楚，便于抓住要点。

（3）总结中既要有成绩，又要有不足。成绩是工作总结的重头戏，但人无完人，不可能事事都做得那么圆满，总有进步的空间。例文中要是不足写多一点会更好。

[范例 2]

2017 年“红十字博爱周”活动总结

为纪念第 70 个世界红十字日，根据省红会文件精神和要求，我市红十字会高度重视，于 2017 年 5 月 3 日至 5 月 14 日在全市范围内开展了以“红十字处处为人人”为主题的宣传活动，现将活动情况总结如下：

一、×× 市红十字会联合 ×× 市安监局组织 ×× 县红十字会、×× 县安监局和 ×× 县红十字会、×× 县安监局开展了红十字宣传、义诊、培训等工作。2017 年 5 月 5 日在 ×× 县龙正镇开展了以宣传红十字相关政策法规及献血相关知识、安全知识进社区等内容的宣传活动，活动共发放各类宣传资料 12 000 余份，义诊、义检 115 人次，健康咨询 300 余人。5 月 11 日，在 ×× 县瑞峰开展应急救护与健康常识，器官捐献、生命永续，艾滋病预防，珍爱生命、远离烟草等知识宣传，发放避孕药具、宣传资料等 10 000 余份（册）。义诊 100 多人次，进行相关政策咨询 50 多人次。

×× 区红十字会、×× 区红十字会和 ×× 县红十字会分别在广场、区政府大门等开展宣传、义诊活动，发放宣传资料 5 000 余份，义诊 2 000 多人次。

二、开展扶贫救助活动。×× 县红十字会结合扶贫攻坚任务，在会员单位发起募捐，募集现金 37 400 元，主要用于养殖产业扶持和帮助脱贫。5 月 6 日组织部分会员单位深入联系村开展义诊义检、送医送药上门服务。洪雅县红十字会在全县范围内开展“救助贫困儿童”活动，拟救助 11 名贫困儿童。

三、积极开展应急演练和培训工作。彭山区红十字会与区防震减灾局在小学举办防灾减灾综合演练，演练地震发生时逃生、疏散。×× 县红十字会结合博爱家园项目开展卫生救护和季节性疾病的防治培训，培训内容有急救知识培训和现场演练，红十字知识、无偿献血知识、狂犬病防治、血吸虫病的防治等。共培训村民 231 人，服务志愿者 27 人。洪雅县红十字会还到乡镇开展应急救护培训活动，培训 120 人次。

2017 年红十字博爱周活动，×× 市红会系统全面参与，形式多样，持续时间长，市县媒体多方报道，起到了较好的宣传效果。

×× 市红十字会

2017 年 5 月 19 日

> **写作要点：**

（1）写总结时要用数据说话，例文中运用了大量的数据对工作进行汇总，既简单明了，又能清楚地说明总结者的工作能力。

（2）总结的内容要进行归纳、提炼、分类整理。例文中按照开展的不同活动的情况，分别阐述，并佐以具体的事实，逻辑清晰，让人信服。

（3）总结内容要体现自我性、客观性、回顾性、经验性。

一、总结的概念

总结是各级党政机关、人民团体、企事业单位和个人对一定阶段内的工作进行系统的回顾，分析研究，从中寻找出具体的经验或教训，发现某些工作规律或缺点错误产生的原因，以利于今后工作的发展与进步的一种事务文书。

二、总结的分类

总结的内容非常广泛，按照不同的标准可以分为不同的类型。

（一）按目的、要求不同分类

总结根据目的、要求的不同，可以分为全面总结、专题总结和综合性总结。

1. 全面总结

全面总结指的是对一个单位各方面工作的总回顾。

2. 专题总结

专题总结是对一个单位某一方面工作的回顾。

3. 综合性总结

综合性总结是单位或个人对所开展的工作的全部情况的总结，包括工作的做法、成绩、经验教训、存在的问题和今后的打算等。

（二）按内容不同分类

根据内容的不同，总结可以分为生产总结、工作总结、学习总结和思想总结。

1. 生产总结

生产总结即企业对前阶段生产实践活动进行的回顾和评价，其主要内容包括生产过程中的基本情况、成绩和不足、经验和教训以及存在的问题与下阶段的任务。

2. 工作总结

工作总结是机关、企事业单位、社会团体及个人等，对前段时期的工作进行的全面回复、分析、评判，目的是为了做好下一阶段的工作。

3. 学习总结

学习总结是单位或个人对某一阶段的工作或某一具体的任务进行的回顾、分析、评价。

4. 思想总结

思想总结是个人总结参加党组织和培训部门某一段时间的培养与教育后，自身成长的道路和经验、体会。

按范围大小的不同，总结还可以分为个人总结、班组总结、部门总结和地区总结；按时间分，总结有月份总结、季度总结和年度总结等。

三、总结的格式

总结通常由标题、正文和落款组成。

（一）标题

第一行居中填写总结标题，其写法比较灵活。

1. 公文式标题

公文式标题一般有以下几种方式：（1）由“单位名称＋时限＋内容＋文种”组成，如“××市教育局2015年培训工作总结”“××市民政局2014年工作总结”；（2）由“单位名称＋内容＋文种”组成，如“××市职业病防治院‘红十字博爱周’活动总结”“××党支部政治思想工作总结”；（3）由“时限＋内容＋文种”组成，如“2018年跆拳道学习总结”；（4）也可由“内容＋文种”组成，如“实习总结”“茶艺学习总结”。

2. 文章式标题

文章式标题也称主旨式标题，即用简练的语言概括总结的基本观点、主要内容或基本教训，有利于读者把握文章的主旨。一些专题性总结常采用这种写法，如“运用法律手段，综合治理城市”“加强管理监督　防范金融风险”“除草膜对棉田除草的效果试验总结”。

3. 新闻式标题

新闻式标题一般采用双标题的写法。正标题概括总结的内容，副标题补充说明单位名称、时限、工作内容和文种等，如“加强医德修养，树立医疗新风——南方医院惠侨科精神文明建设的经验”。

（二）正文

另起一行空2格开始写正文。正文是总结的内容阐述部分，不同种类的总结其写作内容的侧重点及结构的安排有所不同，但一般包括开头、主体和结尾三部分。

1. 开头

开头也称导言，一般概述基本情况，即简要地介绍有关形势和工作背景、环境，说明担负的任务与要求、完成任务的基本情况等，目的是使人们对全面情况有一个概括性的了解。应多用“现将有关情况总结如下”等用语过渡到下文。

2. 主体

主体为总结事项部分，先介绍基本做法或成绩和主要经验（体会），接着指出存在的问题和主要教训。

3. 结尾

结尾一般提出今后的打算和努力的方向或表示决心。也可以把存在的问题写在这一部分，然后写改进的意见。

（三）落款

在正文的右下方写上单位的名称或撰写人的姓名和成文的日期，单位要加盖印章。如果标题中已出现单位名称，落款处可不写。

能力培养与训练

【观】 观看下列公文，指出文稿的错误之处。

暑假计划

不知不觉中，快到暑假了，在提示着我们在这一年里学习方面到底做得怎样。在学习日语方面我们到底掌握了多少日语，再想想在这一年里，我们是如何度过的，我们应该好好掌握这个暑假努力去学习日语我觉得我们在这学期学到的知识实在太少了，所以除了书本上学到的，我们可以到书城汲取更多的知识，可以买多点日剧回来看，多听点日语磁带，使我们的知识面更广。

张华

2018 年 6 月 20 日

【说】 以“×× 总结”为题，说说你的经验和下一步的打算。

【读】 阅读文章《我的 100 天写作计划》。

【写】 请你为自己写一份 ×× 学习计划。要求：计划的任务要明确，指标涉及的数字要准确，措施和步骤应具体、清楚，以便执行。

拓展阅读

1. 年终总结怎么写？（公众号：河南省畜牧局）
2. 先存着吧！年终总结的七个维度。（公众号：曹将）
3. 如何制订计划？（公众号：布丁网络工作室）

第三章
请示、报告

目标考核

1. 了解请示、报告的概念及分类，掌握请示、报告的写作方法；

2. 根据工作的需要，学会写规范的请示、报告，提高请示、报告的写作水平与能力。

导语

请示、报告同属于上行文。《党政机关公文处理工作条例》中规定：“请示。适用于向上级机关请求指示、批准。”凡是本机关无权、无力决定和解决的事项可以向上级请示，而上级则应及时回复。“报告。适用于向上级机关汇报工作、反映情况，回复上级机关的询问。”报告使用范围很广。按照上级部署或工作计划，每完成一项任务，一般都要向上级写报告，反映工作中的基本情况、工作中取得的经验教训、存在的问题以及今后的工作设想等，以取得上级领导部门的指导。请示和报告是下情上达的重要平台，也是上级决策的依据，是应用文写作实践中使用频率极高的公文文种。

第一节　请示

案例阅读

关于申请增挂 ×× 市山水区 ×× 街道工商业联合会的请示

×× 市 ×× 区工商联：

为进一步引导我街道非公有制经济人士健康成长，促进非公有制经济健康发展，根据《中共中央关于巩固和壮大新世纪新阶段统一战线的意见》（中发〔2018〕30 号）和中共区委《关于做好新形势下工商联工作的意见》（委发〔2018〕100 号）的精神，依照《中华全国工商业联合会章程》第 17 条、第 30 条、第 36 条的有关规定，特申请增挂“市区街道工商业联合会”，与“市区商会”实行两块牌子、一套班子的运行体制。

以上请示当否，请予示复。

×× 市 ×× 区 ×× 商会

2018 年 9 月 6 日

（联系人：×××，电话：×××××××）

> **写作要点：**

（1）请示的内容包括三个方面：简要说明请示的理由，说明请示的事项，用请示结语结束正文。

（2）请示的缘由（即为什么要请示）是请示事项能否成立的前提条件，也是上级机关批复的根据。原因讲得客观、具体，理由讲得合理、充分，上级机关才好及时决断，予以有针对性的批复。

（3）说明请求事项（即请示什么问题）是向上级机关提出的具体请求，也是陈述缘由的目的所在。这部分内容要遵守“一文一事”的原则，要写得具体、明确、条项清楚，以便上级机关给予明确批复。

（4）请示的行文对象必须是自己的上级机关（即与自己有领导或者指导关系的直属上级）。如需送其他机关，要用抄送的形式。一般情况下，不得越级请示。

一、请示的概念

请示是下级机关就某一工作、问题向上级机关请求指示，要求答复、审核或批准的一种公文。请示属上行文。

二、请示的分类

请示的内容非常广泛，按照不同的标准可以分为不同的种类。

（一）按内容、性质不同分类

请示按照内容、性质的不同，可以分为求示性的请示、求准性的请示和求助性的请示。

1. 求示性的请示

求示性的请示是请示单位遇到新问题、新情况，无章可循，或对上级的有关方针、政策等有疑问、把握不准，或与其他机关单位就某个问题有分歧，需要上级裁决的一种上行文，如《关于调整烟叶经济政策实施方案的请示》。

求示性请示的特点是：下级机关在不知道如何是好的情况下使用，目的是为了寻求上级机关的指示。

2. 求准性的请示

求准性的请示是下级机关请求上级机关批准有关规定、方案、规划或请求审批某些项目、指标或请求批转有关方法、措施的一种上行文，如《关于举行 ×× 市第十届运动会的请示》。

求准性请示的特点是：下级机关已有计划安排，但须经过上级机关的批准才可以施行，目的是为了请求批准。

3. 求助性的请示

求助性的请示是请示机关在遇到难以解决的实际困难时请求上级给以理解、支持、帮助、资助的请示，如《关于审批第三批国家历史文化名城和加强保护管理的请示》。

求助性请示的特点是：下级机关遇到难以解决的实际困难，请示的目的是希望得到上级的理解、支持和帮助。

（二）按行文目的不同分类

根据行文目的的不同，请示可以分为事项性请示和政策性请示。

1. 事项性请示

事项性请示是下级机关请求上级机关审核批准某项或者开展某项工作的请示，属于请求批准性的请示，如《关于修建长白至松江河公路的请示》《关于申请改变 ×× 职业技术学院隶属关系的请示》。

2. 政策性请示

政策性请示是下级机关请求上级机关就某一项政策性问题给予明确指示时所使用的文书，如《关于一九九三年国债发行工作的请示》。

三、请示的格式

请示通常由标题、主送机关、正文和落款四部分组成。

（一）标题

第一行居中填写请示的标题。标题有两种写法：

1. 由“发文机关 + 事由 + 文种”组成，如“×× 学院关于聘请长江学者来校任教的请示”“×× 市关于开展春节拥军优属工作的请示”“×× 镇人民政府关于请求解决 ×× 小学综合楼附属设施建设资金的请示”等。

2. 只写“事由 + 文种”，如“关于在 ×× 市举办商品洽谈会的请示”“关于开展春节拥军优属工作的请示”“关于申报观堂镇前杨楼等六个村土地综合整治试点项目规划方案的请示”等。

（二）主送机关

另起一行顶格写上直属上级机关的全称或规范化简称，如“市经贸委”“×× 县人民政府”“×× 省教育厅对外交流合作处”“×× 市 ×× 区工商联”等。请示的主送机关只有一个，如需送其他机关，可以用抄送的形式。

（三）正文

另起一行空两格开始写正文。不同种类的请示，正文的写法不尽相同，但一般都包括开头、主体和结尾三部分。

1. 开头

开头交代请示的缘由，即为什么要请示，请示的依据是什么。缘由之后，多用过渡语如“特请示如下”“现将……的有关问题请示如下”过渡到下文。

2. 主体

主体说明请求事项，分条列项地提出请求上级机关批准或指示的具体事项，或者是请求上级机关在哪些环节给予支持和帮助。

3. 结尾

结尾再次明确主题或提出请求。请示的目的是要求上级给以批准并做出回复或加以批转。结尾应用“以上请示，请予批示”“以上要求，请予批准”“妥否（当否、是否可行、可否），请批示”“如无不当，请批示”“以上如无不妥，请批转有关单位执行”等惯用语结束全文。

（四）落款

在正文的右下方写上发文机关的名称和发文的日期，并加盖机关印章。标题已经写明发文机关的，落款处可以不再署名，但需加盖机关印章。

使用“请示”这一文种时，应出具附注。具体写法是：在成文时间下一行居左空 2 字，加圆括号注明发文机关联系人的姓名和电话号码。

第二节　报告

案例阅读

×× 市人民政府关于治理 ×× 河水质污染问题的报告

×× 省人民政府：

省政府转来 ×× 委员会提出的关于 ×× 河水质污染状况的报告，经市政府调查研究，对报告中提出的有关问题及解决方案报告如下：

一、解决 ×× 河水质污染问题的关键是尽快建成污水处理厂。现在 ×× 河的污染主要是 ×× 区排放的污水所致。×× 区的污水排放量为 25 万吨，污水比较集中，因污水处理厂未能及时建立，致使污水直接排入 ×× 河，造成了 ×× 河的污染。

二、为解决 ×× 河的污染，市政府已抓紧进行对 ×× 区污水处理厂的建设，争取在 19×× 年建成。×× 区污水处理厂原设计概算为 8 316 万元，按现行价格估算约为 1 100 万元，已于 19×× 年 × 月开工，建成了 8 项附属设施，共计完成投资 200 万元。市政府今年安排的 300 万元投资已全部落实，×× 区城环局正在组织实施。

根据 ×× 河河道以南人口密集区的地下水污染和环境问题，在污水处理厂未建成之前，利用现有污水管道，把污水引到某区污水处理厂以西，污水直接排入污水处理厂的出口，这就避开了污染区。

三、电热厂的粉煤灰也是污染源之一。对于电热厂储灰厂的选址，必须考虑到对地下水和环境的污染。选址已责成 ×× 区电热厂抓紧做工作，争取尽快报市政府有关部门审批。对南储灰厂渗漏对地下水的污染，主要采取截流集中排放的措施，以减少对地下水的污染。

××××年×月×日（公章）

> **写作要点：**

（1）报告属于陈述性的上行文种，即向上级讲述做了什么工作，或工作是怎样做的，有什么情况、经验、体会，存在什么问题，今后有什么打算，对领导有什么意见、建议，所以行文上一般都使用叙述方法，即陈述其事，而不是像请示那样采用祈使、请求等。

（2）请示和报告都是上行文，但二者却有着明显的区别。报告对上级没有肯定性的批复要求，而请示则相反。在行文时间上，报告是事中或事后行文，而请示是事前行文。

（3）报告事项要重点突出，不得夹带请示事项，如“请示报告”。否则会因“报告”不需批复而影响请示事项的处理和解决。

（4）报告的语言要简洁，篇幅要短小精悍，要充分运用概述和突出重点的表达方法。

（6）专题性报告的标题要反映出所报告的专题事由；正文一般采用“三段式”结构，这种结构又有两种情况，即“情况—问题—意见”或“情况—做法（经验）—不足”。

一、报告的概念

报告是党政机关、企事业单位、社会团体用于向上级机关汇报工作、反映情况、提出建议，答复上级机关询问的公文。

二、报告的分类

报告的类型多种多样，按照不同的划分标准有不同的分类。

（一）按行文目的与作用不同分类

根据行文目的与作用的不同，报告可以分为工作报告、情况报告、答复报告、报送报告、建议报告、检讨（检查）报告和例行报告。

1. 工作报告

工作报告即用于向上级汇报工作活动情况的报告，如《关于对大保高速公路建设中税费负担情况的检查报告》。这类报告侧重于陈述工作的开展情况及主要做法，有的也夹有成功的经验和挫折的教训。工作报告的作用侧重于决策的信息反馈性，服务于决策的连续性。

2. 情况报告

情况报告即用于向上级汇报、反映各种社会情况及动态的报告，如《××省商业厅关于××市百货大楼重大火灾事故的报告》。情况报告的特点是使用面广，反应迅速，具有较强的信息性，往往成为上级决策的依据。

3. 答复报告

答复报告是下级机关答复上级机关询问事宜而写的报告，如《××市人民政府关于治理××河水质污染的问题的报告》。答复报告的特点是有针对性，即只对交办、问询事项做出答复。

4. 报送报告

报送报告即下级机关向上级机关报送非法定文种（如计划、调查报告、述职报告、工作总结、决策方案等）文件材料时使用的“文件头”或报送某一重要物件（弹药、武器）时使用的报告。报送报告的正文通常非常简略，只需写明“现将×××报上，请指正或请查收”即可。

5. 建议报告

建议报告又称呈请性报告，即呈报上级要求加以批转或批示的报告，如《关于进一步加强森林防火工作的报告》《××省计划生育委员会关于进一步加强厂矿企事业单位计划生育工作的报告》等。建议报告的特点是下级机关对自己职权范围内的某方面工作有了深思熟虑、切实可行的设想之后，将其归纳整理成意见、办法、方案，上报上级，希望上级机关采纳。

6. 检讨（检查）报告

检讨（检查）报告即下级组织因为工作中发生失误而写给上级组织的报告，如《关于××煤矿发生瓦斯爆炸、造成人员严重伤亡重大事故的检查报告》。

7. 例行报告

例行报告即在特殊紧急情况下（如自然灾害、社会动乱等），下级机关定时、定期向上级机关反映工作、汇报相关情况的报告。例行报告有日报、周报、旬报、月报、季度报、年度报等。

（二）按类别及功用不同分类

按照类别及功用不同，报告可以分为专题报告和综合报告。

1. 专题报告

专题报告是指下级机关向上级反映本机关的某一项工作、某一个问题或某一方面情况的报告，如《关于招商工作有关政策的报告》。

2. 综合报告

综合报告又叫全面报告，是下级机关向上级机关系统全面汇报本机关工作情况的报告，如《关于2018年我市生产情况的综合报告》。

三、报告的格式

报告通常由标题、主送机关、正文和落款组成。

（一）标题

第一行居中填写标题。报告标题的写法有两种：

1. 由“事由 + 文种”组成，如“关于《食品安全法》执法情况的报告”“2015 年政府工作报告”“在第十四届人民代表大会第二次会议上的政府工作报告”。

2. 由“发文机关 + 事由 + 文种”组成，如“ × × 市 2015 年政府工作报告”“中国人民银行 × × 支行关于转化买卖国库券工作情况的报告”。

（二）主送机关

另起一行顶格写上发文单位的直属上级机关的全称或规范化简称。报告的主送机关只能有一个，需其他上级机关了解时，以抄送的方式处理。

（三）正文

另起一行空 2 格开始写正文。不同种类的报告，正文的写法不尽相同，但一般包括前言、主体和结尾三部分。

1. 前言

前言交代清楚发布报告的目的或缘由，或报告产生的现实背景和报告产生的根据，简略叙述一个事件的概况，并多用“现将……的有关情况汇报于后”“现将……的有关情况报告如下”等用语过渡到下文。

例：为认真贯彻落实《国务院批转林业部关于进一步加强森林防火工作报告的通知》(国发〔××××〕×× 号)，切实做好我市防火工作，保护和发展森林资源，更好地为改革开放和经济建设服务，结合我市实际情况，就进一步加强森林防火工作提出以下几点意见：

2. 主体

主体分条列项、实事求是地报告具体的情况，交代存在的问题，提出具体的要求、措施和建议及今后工作的设想。

3. 结尾

结尾即用简明的文字概括全文。不同种类的报告一般都有不同的程式化用语。工作报告和情况报告的结束语常用“特此报告”；答复性报告多用“专此报告”；递送报告常用“以上报告请审阅”“请收阅”“以上报告如无不妥，请批转各地参照执行”等惯用语结束全文。

（四）落款

在正文的右下方写上发文机关的名称和发文的日期，并加盖机关印章。发文机关如果标题中已出现，则落款处可以省略不写。

能力培养与训练

【观】观看下列公文，指出文稿的错误之处。

请示报告

院领导并转财务处：

一年一度的重阳节即将来临。我处拟在农历九月九日组织离退休干部登白云山。

另外，为了表示对老年人的尊敬，拟发给每位老人500元慰问金。当否，请一并指示。

老干部处（公章）

2018年10月17日

【说】请示和报告有何区别？

【读】阅读文章《中国共产党重大事项请示报告条例》。

【写】根据下列材料，撰写一则公文。

××区××中学为响应某区教育局调整教育结构的指示精神，预扩大2018—2019学年度初一学生招生数量，由原来的5个班级增至10个班级。但××中学教学设施不足，授课教室有限，难以提供适当教学场所，急需筹建教室五间。××中学虽积极筹措资金，但依然无法自行解决全部基建经费，为此××中学向××区教育局提出申请，希望获得××区教育局财政拨款，以解燃眉之急。现需发文件请示××区教育局，××中学后勤基建部将这一任务交给了基建科负责人小张。

拓展阅读

1.【秘书工作】：如何写好“请示”和“报告”？（公众号：党建网微平台）
2. 请示和报告的区别。（公众号：文秘工作）
3. 请示文稿如何又好又快写就？（公众号：中国组织人事报）
4. 年终了，教你述职报告怎么写。（公众号：顾鼎顾问）
5. 写请示应注意哪些事项？（公众号：四局党建）

第四章 函

目标考核

1. 了解函的概念及分类，掌握函的写作方法；

2. 根据生活、学习、工作的需要，学会写作函，提高函的写作水平与能力。

导语

函是使用范围最广的一种公文文体。上级向下级询问工作情况或某一具体问题，下级向上级及业务指导机关询问界定不明确的问题，都可用函行文。不相隶属机关之间相互商洽工作也常用到函。函在商洽工作、联系有关事项时十分简便，是最快捷的一个文种。

案例阅读

[范例 1]

中国科学院 ×× 研究所关于建立全面协作关系的函

中科函〔2018〕10 号

×× 大学：

近年来，我所与你校双方在一些科学研究项目上互相支持，取得了一定的成绩，建立了良好的协作基础。为了巩固成果，建议我们双方今后能进一步在学术思想、科学研究、人员培训、仪器设备等方面建立全面的交流协作关系，特提出如下意见：

一、定期举行所、校之间学术讨论与学术交流。（略）

二、根据所、校各自的科研发展方向和特点，对双方共同感兴趣的课题进行协作。（略）

三、根据所、校各自人员配备情况，校方在可能的条件下对所方研究生、科研人员的培训予以帮助。（略）

四、双方科研教学所需高、精、尖仪器设备，在可能的条件下，准予提供对方利用。（略）

五、加强图书资料和情报的交流。

以上各项，如蒙同意，建议互派科研主管人员就有关内容进一步磋商，达成协议，以利工作。特此函达，务希研究见复。

中国科学院 ×× 研究所（公章）

2018 年 5 月 28 日

> **写作要点：**

（1）函要遵守“一文一事”的原则。

（2）函头通常使用只标识发文机关名称而不标“文件”二字的信函式格式，写明发文机关、事由和文种，其中文种要注明是函还是复函。

（3）发函的开头一般要先介绍发函的依据、理由与背景，即为什么要发函。

（4）函的核心内容是说明致函事项。事项表述要具体、明白，分条罗列。

（5）结尾部分，发函一般用“盼复”“即请函复”“请研究函复为盼”等作结。

（6）发函是写告知、询问、商洽或请求的内容，因此，函的用语要平和、委婉、恳切。提出要求应给对方留有余地，不要强人所难，有时可写出自己的看法、打算，以供对方选择参考。

[范例 2]

国务院办公厅关于广西南宁经济技术开发区的复函

国办函〔2001〕28号

广西壮族自治区人民政府：

你区《关于请求批准南宁经济技术开发区为国家级经济技术开发区的请示》（桂政报〔2001〕18号）收悉。经国务院领导同意，现函复如下：

一、同意南宁经济技术开发区为国家级经济技术开发区，实行现行的国家级经济技术开发区的政策。

二、南宁经济技术开发区位于南宁市的南部边缘，东至邕江、五象岭园艺场、南宁树木园、定天、寮垒，西至居仁、玉洞村委会、黄茅坪、友谊公路、平阳，南至寮垒、居仁，北至平阳、南站路、邕江，规划范围总用地10.796平方公里。

三、南宁经济技术开发区的建设和发展，纳入南宁市经济技术发展的总体规划，建设发展资金由你区自筹解决。

四、南宁经济技术开发区要坚持以工业项目为主，吸收外资为主，出口为主和致力于发展高新技术的方针，积极改善投资环境，逐步完善综合服务功能。

五、要加强领导和管理，促进南宁经济技术开发区各项工作的健康发展。

国务院办公厅

2001年5月26日

> **写作要点：**

（1）复函以引述来函的日期、文号或标题为起首语。

（2）复函的开头要说明来函收悉，并用“经研究，函复如下”“现将有关问题函复如下”等过渡语引入下文。

（3）复函要针对收到的来函的有关事项一一做出具体、明确的答复。切忌模棱两可，答非所问。

（4）复函多用“特此函复”等结语，也可以不写尾语。

一、函的概念

函是平行单位或不相隶属的单位之间商洽、询问、联系工作，询问和答复问题，请求批准和答复审批事项的一种公文。

二、函的分类

函的应用范围非常广泛，按照不同的标准可以分为不同的种类。

（一）按行文方向不同分类

按照行文方向的不同，函可以分为去函和复函。

1. 去函

去函即发函机关向外联系工作、询问某一情况、商洽事情、请求协助等所发的函。

2. 复函

复函即用于答复不相隶属机关的业务问题或上级机关的办公部门、业务职能部门答复下级机关的请示事项时使用的函。复函的特点是针对性强，对方请求解决什么问题就回答什么问题，同时要求有一定的时效性。

（二）按性质不同分类

按照性质的不同，函又分为公函和便函。

1. 公函

公函是党政机关、人民团体、企事业单位间在商洽和联系工作等正式的公务活动往来时使用的公文文种。

2. 便函

便函是党政机关、人民团体、企事业单位间处理日常事务性工作的一个文种。便函不属于正式公文。

（三）按内容不同分类

按内容的不同，函又分为商洽函、批请函、询答函和告知函。

1. 商洽函

商洽函即不相隶属机关之间商洽工作、联系有关事宜（如人员商调、联系参观学习）时使用的函。

2. 批请函

批请函即用于不相隶属机关之间请求批准和答复审批事项时使用的函。批请函实际上又可以分为“请批函”和“审批函”。

3. 询答函

询答函即上下级或平级或不相隶属机关之间相互询问和答复有关具体问题时使用的函。询答函实际上又分为“询问函”和“答复函”。

4. 告知函

告知函即告知平级或不相隶属机关有关事项时使用的函。

二、函的格式

函通常由标题、发文字号、主送机关、正文和落款五部分组成。

（一）标题

第一行居中填写函的标题。函的标题一般由“发文机关 + 事由 + 文种”组成，如“中国科学院 ×× 研究所致 ×× 大学商洽建立全面协作关系的函”“×× 区人民政府关于加快 ×× 地块挂牌出让的函”。也可省略发文机关，只写“事由 + 文种”，如“关于鄂穗两地携手联合打捞‘中山舰’的函”“关于选派技术人员出国进修的函”。

若是便函，可以不写标题。答复来函的，要标明“复函”二字，如“国务院办公厅关于安徽合肥经济技术开发区的复函”“国务院办公厅关于广西南宁经济技术开发区的复函”。

（二）发文字号

函的发文字号为完全式，即“机关代号、年号、序号”都齐全，如“国函〔2015〕31 号”“国办函〔2000〕16 号”“川府函〔2014〕30 号”等。

（三）主送机关

另起一行顶格写收函机关的全称或规范化简称，如“广东省人民政府，发展改革委”“市中级人民法院办公室，市人民检察院办公室，市政府各部门”“×× 市国土资源局”等。

（四）正文

另起一行空 2 格开始写正文。不同种类的函，正文的写法不尽相同，但一般包括前言、主体和结尾三部分。

1. 前言

去函的开头要开门见山地说明去函的目的或缘由，再用“现将有关问题说明如下”“特提出如下意见”等过渡语转入下文。

复函要先引述来函的标题或主要内容、发文字号或日期，并说明来函收悉，接着用“现将有关事项函复如下”“经研究，函复如下”等过渡语转入下文。

2. 主体

去函要表述清楚所商洽、询问或请求批准的事项及请求。复函要针对来函的内容逐一给予明确、具体的答复。

3. 结尾

结尾用简明的文字概括全文。去函常用的惯用语有“特此函达”“即请复函”“敬请回复”“盼复”等。复函常用的惯用语有“特此函复”“特此函告”“此复”等。

（五）落款

在正文的右下方写上发文机关的名称和发文的日期，并加盖机关印章。

能力培养与训练

【观】观看下列公文，并指出文稿存在的问题。

关于商洽代培秘书人员的函

×× 市 ×× 高校：

贵校校府广阔，物实人齐，且具有宽大为怀美德。事情是这样的，得悉贵校将于6月份举办秘书职业技能讲习班，系统培训秘书工作人员职业技能。我公司曾打算集训现职秘书工作人员，但由于各种原因耽搁至今尚未办成，未能实现。现在贵院决定办讲习班，我公司拟派张非、汪涵等10名秘书人员前往你处。请予接洽。

此致

敬礼！

×× 公司（单位盖章）

二〇一八年五月十七日

【说】函的写作要求一文一事，这是什么意思？

【读】阅读《应用文写作》《财经应用文写作》等课外书籍。

【写】×× 高校为了日后能与对方建立良好的校企合作关系，为安排学生实习做铺垫，决定同意接 ×× 公司的张非、汪涵等10名秘书人员前来进修，并统一安排在学生公寓住宿。请代 ×× 高校写份复函，将报到事项、费用标准、支付办法等细节告知对方。

拓展阅读

1. 请示、报告、函、意见等易混淆文种怎么区分？（公众号：盐城党建）
2.【秘书写作】请示和函中结语的用法。（公众号：微秘苑）
3. 2017 贵州（铜仁）国际水博会参展邀请函。（公众号：微铜仁）

第五章
通讯

目标考核

1. 了解通讯的概念及分类，掌握通讯的写作格式；

2. 学会如何写通讯，为将来从事行政工作打下良好的基础，同时也可提升语言组织能力及写作能力。

导语

在新闻媒介中，通讯是作为消息的延伸体而存在并发挥作用的。如果把消息比作电报，那么，通讯就好比书信。通讯可以不受时效和形式上的限制，展开事件的情节描述和刻画人物形象。

案例阅读

《延禧攻略》服化道的“秘密”你了解多少？
——透过热播剧感受非遗之美

莫斯其格

近来，古装剧《延禧攻略》引发网友热议，该剧以贴合历史的改编、简约细腻的美感，成为暑期档“爆款”。除了考究用心的清宫布景、古典素雅的“莫兰迪”色调外，有细心的观众发现，剧中有不少非遗元素！昆曲、缂丝、绒花、打树花……透过荧屏，观众可以真切感受到这些非物质文化遗产的美。不过，在接受《广州日报》全媒体记者采访时，有专家认为，剧中关于香云纱的展现，有点“说不通”。

《延禧攻略》非遗文化受到关注

随着《延禧攻略》热播，在剧情被观众津津乐道的同时，不少剧迷对该剧的服化道给予好评。而且剧中“植入”的昆曲、缂丝、绒花、打树花等多种非物质文化遗产，让年轻观众感受到传统文化之美。

昆曲

《延禧攻略》中，高贵妃唱着《长生殿》的《埋玉》，跟乾隆告别，此时画外响起她最爱的《贵妃醉酒》，如她所说，“此生皆醉在戏中，从未醒来”。不管是《贵妃醉酒》还是西暖阁上的绝唱，在人物的艺术和人生终结完美契合的同时，观众也可以领略到昆曲的华丽婉转、袅娜情深。

据史料记载，乾隆年间，昆剧折子戏最盛。昆曲以曲词典雅、行腔婉转、表演细腻著称，被誉为“百戏之祖”。2001年，昆曲被联合国教科文组织列为“人类口述和非物质遗产代表作”。昆曲的唱腔具有很强的艺术性，对中国近代的所有戏剧剧种都有着巨大的影响。昆曲表演包括唱、念、做、打、舞等，《牡丹亭》《长生殿》《紫钗记》等都是昆曲中的保留剧目。

刺绣

女主角魏璎珞初入宫，便在绣坊任宫女。剧集用大篇幅、多细节展示了刺绣这一非物质文化遗产，手推绣、打籽绣、盘金绣、盘绳绣、珠绣、圈金等多种刺绣工艺均包含其中。

京绣又称为宫绣，构图、用料、针法都有固定程式和规范。绣的方法上讲究慢工出细活，绣品需平、光、齐、韵、和、顺、细、密；图案精细秀丽、形象逼真，内容上要求“图必有意，纹必吉祥”。

此外，锦州满族民间刺绣在剧中也有体现。魏璎珞用满绣技法绣云霞，“红霞蓝天，相映成趣”，折服了绣坊上下。据悉，满绣是指整幅作品均以绣线铺满，不留空隙。一幅满绣作品，从设计到一针一针完成，短则一月，长则需耗时数月。

缂丝

剧中的扇子和服饰都用到了缂丝工艺。作为从宋朝以来皇家的御用织物之一，缂丝有“一寸缂丝一寸金”的说法。清宫织绣类团扇以缂丝最为精美，如太后所握团扇，仿制了清朝沙面贴绢仙鹤桃树图团扇；高贵妃所用之扇，仿制了清朝红色缂丝乌木雕花柄团扇。

2006年，苏州缂丝织造技艺入选第一批国家级非物质文化遗产名录；2009年，缂丝又作为中国蚕桑丝织技艺入选世界非物质文化遗产名录。《延禧攻略》请来苏州缂丝织造技艺传承人顾建东作为指导。顾建东透露，缂丝技术与大家熟悉的刺绣有本质的区别，它是通过通经断纬，一丝一丝织就的，在完成一个成品之前还要经过好几道复杂的工序，而在这个过程中只要有任何一点差错，整件产品就意味着作废，所以，每一件成品都是独一无二的。

绒花

《延禧攻略》中，秦岚扮演的富察皇后的打扮可以用朴素来形容，她头上佩戴的绒花引来网友关注。根据史料记载，富察皇后“平居冠通草绒花，不御珠玉”。其实，绒花是极具地方特色的传统工艺，在唐代甚至被列为皇室贡品，而且在康熙、乾隆年间达到了鼎盛，而且鉴于其与“荣华”谐音，所以有吉祥祝福之意，备受后宫佳丽喜爱。

2006年，南京绒花被列为江苏省非物质文化遗产。南京的绒花非遗传承人赵树宪在接受媒体采访时透露:“剧组一共预订了19款绒花发饰，我和徒弟们用了将近一个月的时间才做好。”富察皇后那款“摇钱树”造型是其中最复杂的，用了一个星期才完成。《延禧攻略》的大火，使得南京绒花一时声名大噪，订单暴增。

打树花

《延禧攻略》中还可以看到距今已有500余年历史的非物质文化遗产——“打树花”

技艺，这也是首部将这一具有民族特色的“古老节日社火”带到观众视野的影视作品。

李白曾有“炉火照天地，红星乱紫烟”的诗句赞美秋夜冶炼盛景，因此，在《延禧攻略》中“打树花”被称作“万紫千红”，是高贵妃为了取悦太后而精心准备的节目。

打树花是河北省级非物质文化遗产之一。据说当年张家口蔚县暖泉镇有好多铁匠作坊，每逢年节，铁匠们同样渴望热闹喜庆，他们从打铁时四溅的火花中得到灵感，把熔化的铁水泼洒到古堡城门上方的砖墙上，好似朵朵烟花盛开。这种特别的“烟花”吸引了越来越多的老百姓，其热闹喜庆的氛围不输给烟花。

表演时匠人身着厚重羊皮袄，用新出炉 1 600 多摄氏度的铁水泼洒到古城墙上，迸溅形成万朵火花，因形状犹如枝繁叶茂的树冠而被称为“树花”，场面十分壮观。负责这场“打树花”戏表演的匠人们不辞辛苦参与拍摄，只为能够把文化传承下来。一位老匠人说：“希望通过电视剧，让大家看到非物质文化遗产到底有多美。”

在广东，非遗还有很多现代化的表现

除了电视剧，非遗还有很多其他的活化手段。在“非遗新造物——新中式生活美学创新展”中，非遗跟现代科技结合起来，吸引了大批广州观众驻足。

3D 打印磁悬浮狮子头

《狮来运转》的起源是国家级非遗的佛山狮头。这个狮头灯的造型，灵感来自电影《黄飞鸿之狮王争霸》。广东“黎家狮”第六代传人欧琦辉把狮子头与 3D 打印和磁悬浮这样的高科技联系在一起，于是，就有了这样一件既有意头，又有科技含量，更有很深文化意蕴的桌面艺术品。

粤绣嫁衣

曾经跟随广州黄埔古村的老艺人罗炽荣学习“罗氏广绣技艺”的设计师 MOON 以粤绣为基础，再融合法式钩针刺绣，在婚纱上对古老非遗进行创新。加上来源于电视剧《三生三世十里桃花》的灵感，让这件高贵典雅的白色小褂裙成了诸多女生在婚礼上梦寐以求的礼服。

潮绣也是 MOON 的设计来源。一件婚纱礼服的“小褂皇”，采用潮绣中的盘金绣工艺，由一位绣娘耗时半年纯手工完成。一件龙凤褂只能经手一位绣娘，这是规矩，也是意头，在古代象征“从一而终”，在如今则象征“一心一意”。

金属剪纸

佛山剪纸是非物质文化遗产。这次展览中出现的“金属剪纸”，用的是佛山剪纸传人饶宝莲的图案，但整体设计成饰品的样子，不论是做成胸针，还是做成耳环，都闪亮全场。

专家意见：绿色香云纱裙子“说不通”

很多观众应该都记得剧中的开篇一幕：魏璎珞和其他宫女初入宫，吉祥被锦绣一碰不小心打翻了水桶，弄湿了秀女乌雅青黛那一身华贵的绿色裙子。乌雅青黛说那条裙子的面料是江南过来的香云纱，非常贵重。

香云纱，亦称莨纱，是岭南地区一种古老的手工织造和植物染整的特色面料。香云纱具有凉爽宜人、轻薄柔软、遇水快干、不易起皱等特点。2008年，香云纱染整技艺入选第二批国家非物质文化遗产名录。

除了《延禧攻略》里的香云纱裙子外，不久前，岭南活力非遗艺术馆“非遗新造物——新中式生活美学创新展”的一批设计新颖的香云纱时装登场，也惊艳了广州观众。这些时装作品的作者著名设计师、华南农业大学艺术学院教授金憓介绍，香云纱从明清时期开始就是奢侈品面料，是目前世界上唯一用植物染料加手工制作而成的丝绸面料，素有“软黄金”的美誉。香云纱工艺过程复杂，其步骤古人概括有“三蒸九煮十八晒”之多。

不过，说到《延禧攻略》里乌雅青黛的香云纱裙，金憓则认为应该遵照史实。“广东是香云纱的原产地，乌雅青黛说自己的香云纱是江南过来的。她穿的绿色香云纱裙子，显然就不对。因为传统香云纱正面是黑色的，反面是黄褐色，这是由于涂抹塘泥时只涂抹并暴晒一面的结果，其他颜色是近年厂家创新的成果。如果是清代的戏，那么穿一条绿色香云纱的裙子，是说不通的。”

不过，《延禧攻略》让更多年轻观众认识非遗技艺、了解古老文化，这在专家看来是很好的尝试。“非遗新造物”展览策展人、岭南活力非遗艺术馆负责人杨逸认为，能让年轻观众通过热播剧接触非遗，让大家直观地感受到非遗的魅力，是一件特别有价值的事情。“随着社会的发展，许多古老的手工艺由于生产技艺复杂、生产周期过长而被人们渐渐遗忘，但这并不代表它们本身不好。通过热播剧这种时尚的载体，让年轻人重新感受非遗之美，重新看待非遗与生活的关系。了解非遗、喜欢非遗的人多了，它的传承与活化就有新的希望。”

总制片人于正：戏在文化里，文化在戏里

近年来，随着《我在故宫修文物》《如果国宝会说话》等文化类节目的热播，中华传统文化与非物质文化遗产证明了自身的价值，也得到了年轻观众的喜爱。当《延禧攻略》通过各种层面，把非遗文化融入电视剧中，受到年轻网友追捧自然是顺理成章。

《延禧攻略》总制片人于正在接受媒体采访时表示：“整部戏，戏在文化里，文化在戏里。让观众可以看到更多，这是我想传达给观众的。”

于正透露，自己参考了大量的史实资料，小到一耳三钳、“小两把头”发型、绛唇妆，大到服装设计、场景道具的陈设等，都力求贴近史实。对于昆曲、刺绣、打树花、缂丝技术等非物质文化遗产在剧中的展现，于正表示：“匠人们对于传统文化的传承，都会有自己的一些期许，保护和传承中国的非物质文化遗产，是我们应尽的义务。通过影视剧这个形式，能让更多的人了解和关注我们的非物质文化遗产，是我觉得最应该、最值得做的一件事。”

回顾近几年于正的作品，无论《凤囚凰》，还是《朝歌》，都有东方神韵传统文化的体现，此次的《延禧攻略》也秉承这种风格，继续将“中国元素”进行到底。对此，于正表示：“我对传播中国文化有一种执念，在这部剧中我希望做到最大地‘还原’，但全部还原还是不可能的，我们只能无限地、用自己最大的努力接近它。”

（资料来源：《广州日报》）

> 写作要点：

（1）写事件通讯要找准“聚焦点”。事件通讯主要报道具有一定社会意义和新闻价值的典型事件，这些都有其特定的新闻价值和历史价值。

（2）事件通讯要求事件完整，主线清晰，抓住重点，突出关键，以小见大，内涵深刻。

一、通讯的概念

通讯是一种运用叙述、描写、抒情、议论等多种表现方法，对国内外近期出现的具有新闻意义的典型人物和典型事件比较详细、生动地进行报道的新闻体裁。通讯是记叙文的一种，是报纸、广播电台、通讯社常用的文体。

二、通讯的分类

根据通讯的内容，可以把通讯分为如下四类。

1. 人物通讯

人物通讯是报刊、广播、电视上最为常见的通讯形式之一，它以人物的新近行动为新闻，重在表现人物的品质、性格和精神面貌，通过个别显示一般，通过平凡突出伟大，达到揭示时代特征、感染并且教育读者的目的。人物通讯中的人物当然要具有新闻性。从实际报道的情况看，这些能够进入通讯中充当主角的人，大致上有这样几种类型：

（1）各行各业的英雄模范人物，如雷锋、焦裕禄、王进喜、张海迪、孔繁森、徐虎、李素丽等，都是由人物通讯向全社会推出的楷模。这样的人物通讯，社会影响最为广泛、深远。

（2）人们普遍关心的社会名流，如著名科学家、社会活动家、爱国人士、运动员、演员等。这样的通讯在报刊上常占有相当多的数量，有些报刊甚至可以通过报道这样的人物来吸引读者，提高报刊的发行量。

（3）在平凡的生活和工作中体现了某种人生价值，或者为人民做出贡献的普通人。这是近年人物通讯题材发展的一个新趋向。

（4）某些对社会有警示作用的反面人物，通过他们告知人们某种道理。

2. 事件通讯

事件通讯是详细报道社会上发生的、有普遍教育意义的、典型的新闻事件。这种通讯重在记述和再现新闻事件发生、发展的相对完整的过程，显示事件内在的逻辑和社会意义。

事件通讯以事件为中心，它既可以反映现实生活中重大、振奋人心的典型事件和突出事件；又可以从某一新闻事件中截取一个或若干个片段，进行细致详尽的描述，揭示事件的深刻含义；还可以是对若干事件的综述。

3. 工作通讯

工作通讯就是报道工作中的新鲜经验、探讨工作中的新鲜问题的通讯，是深度报道重要的新闻体裁之一。工作通讯的类型一般有以下两种：

（1）报道型工作通讯。报道型工作通讯主要是向受众报道工作中的新鲜经验，或涉及政治、经济、党风、官风、民风的重要问题。

（2）研究型工作通讯。研究型工作通讯重点在于探讨问题的成因，研究解决问题的办法。一般是针对涉及全局性、有普遍意义的问题提出解决的办法。

4. 概貌通讯

概貌通讯，也称风貌通讯，是勾勒某一地区、某条战线或某个单位面貌变化的一种通讯。报刊上标以“见闻”“巡礼”“侧记”“纪行”一类字眼的通讯文章，大体皆属概貌通讯。概貌通讯是以报道神州大地新风貌为主要内容的通讯，它呈现给读者的是某地的新变化、新气象、新面貌，能开阔读者的视野，振奋读者的精神。

三、通讯的格式

通讯由标题、开篇、主体和结尾四部分组成。

（一）标题

1. 直述新闻事实

这样的写法不加雕琢，符合“最高技巧是无技巧”的说法，如《领导干部的楷模——孔繁森》。

2. 设置悬念

在标题中制造悬念，新闻性较强，更能引起读者强烈关注的兴趣。

3. 提出问题，引人思考

用一个问题做标题，如果所报道的内容是常让读者感到困惑的社会现象，那么就会很容易引起人们的关注和思索，如《谁是最可爱的人》。

4. 含蓄点化主题

采用比喻、双关等修辞手法含蓄地点化通讯的主题，一般有较浓的感情色彩，如《人民日报》2002 年 5 月 15 日的通讯标题主标：《狂飙劲扫日月明》（副题：陕西 2002 年“严打”整治斗争形势喜人）。

5. 标出通讯的基本内容

这类标题最多，新闻性也最强，如《人民日报》2002 年 5 月 14 日的通讯标题主标：《长留欢笑在人间》（副题：追忆德艺双馨的人民艺术家叶景林）。

6. 引用口语

直接引用新闻当事人的口语做标题，也是一种活泼新颖的写法。

（二）开篇

1. 开端进入情节

开端就叙述事实的写法在一些事件通讯和人物通讯中常常见到。处于开端位置的可以是整个事件的开端，或者是事件的结局或某一个精彩段落。这样写可以强化通讯的情节性，读者会被生动的故事所吸引。

2. 引经据典开篇

引用典故、诗词、谚语、名人名言来作为通讯的开头，会有较强的文学意味。

3. 先作抒情议论

入篇先作一番抒情或议论，给读者以情绪的感染或理性的启迪，可以为下文叙述的新闻事实定好一个基调。

4. 场景描写在先

人物、情节、环境是记叙文的基本内容。通讯也可以从环境着手切入，然后铺展开事件和人物。

5. 起笔刻画人物

在人物通讯中，常常一开始就展开对人物形象的刻画，先让笔下的人物给读者一个清晰的印象，有利于下文的铺开。

（三）主体

主体是通讯的主要部分，它材料丰富、头绪众多，是通讯写作时安排结构、理清思路、重点着力的地方。要写好主体，就要处理好段落、层次、过渡、疏密、照应等几个问题。

1. 段落

段落在行文中造成小的停顿，使人有时间回想前面的部分；段落的停顿还有加强语气、加重感情色彩的作用。因而段落划分时要考虑内容的意义单位，使其有相对的完整性，还要考虑内容的感情色彩和节奏快慢的需要。

2. 层次

层次是文章中的结构段，直接体现主题思想，在写作时，一定要把意思一层一层地说完，不能任意安排。

3. 疏密

疏密是指材料的详略。有疏有密文章才有韵味，有起有伏主题才能突出。要根据表现主题的需要，做到有疏有密，详略得当。

4. 过渡

过渡就是指上下文之间的连接和转换。过渡要自然、紧凑，结构才会显得严谨，主题也才会更加突出。

（四）结尾

通讯的结尾要简短有力，耐人寻味，卒章显志，寄深送远。通讯的结尾大致有三种基本类型。

1. 自然收束

这是一种客观化的结尾。新闻事实说完了，通讯自然结尾。采用自然收束的方式，干净利落，是一种很好的结尾方式。

2. 卒章显志

在文章的最后揭示主题思想或写作目的，使整篇文章有一个思想的落脚点。这种写法符合从物质到认识、从现象到思想的认知规律。

3. 补上一笔

补上一笔即有意将一些新闻事实留到最后再作补充交代，当事实似乎已经说尽的时候补上一笔，从而使文章“清音有余”、韵味无穷。

能力培养与训练

【观】观看一些与通讯写作相关的书籍，如钱永红的《通讯写作学》。

【说】说说要写出优秀的通讯作品要具备哪些条件。

【读】阅读一些自己喜欢的报纸，如《广州日报》，借鉴优秀通讯作品的写作经验。

【写】自拟题目，写一篇通讯稿，要求格式正确，内容积极向上，不少于600字。

拓展阅读

1. 新闻与传播：新闻承载价值，传播改变世界。
2. 新闻与写作：了解传媒动态，把握写作要领。

第六章
微信软文

目标考核

1. 了解微信软文的概念及分类，掌握微信软文的写作格式；

2. 根据学习、工作、兴趣爱好的需要，学会写作微信软文，学会如何营销自己，提升自己的写作能力。

导语

你爱玩微信吗？你每天都刷朋友圈吗？你喜欢读微信软文吗？什么样的微信软文会吸引你呢？你想尝试自己写微信软文吗？那你知道什么是微信软文吗？本章就教你如何写微信软文。

案例阅读

牛郎与织女、董永与七仙女，你能分清吗？

文 / 赵九九

“七夕”是中国古代的一个传统节日，东晋葛洪《西京杂记》说，汉朝的少女们常常于农历七月七日在开襟楼拿丝线比赛穿针孔，当时的人们纷纷效仿，南朝梁宗谋的《荆楚岁时记》也记载了南朝妇女七夕穿针乞巧的民俗。五代王仁裕《开元天宝遗事》记载说，到了七夕，宫中嫔妃们要祭祀牛女二星，并对月比赛穿针，民间百姓也效仿他们。元陶宗仪《元氏掖庭录》也说，七夕，宫女们比赛穿针引线，先完成的就是“巧者”，大家要凑钱奖励巧者。随着社会的发展，七夕“乞巧”的习俗已经逐渐消失了，但它却更多了爱情的味道。

如今，“七夕”被誉为中国的“情人节”，而一说到古代的爱情故事，大家往往都会想到牛郎与织女，或者董永与七仙女，有的人对这两个故事往往分不清楚，那么“七夕”究竟与这两对情人中的谁有关系呢？

汉代以前，牛郎织女只是天上的两个星座，并无关系。汉代的时候，牛郎与织女“结婚了”，开始成为爱情神话故事：传说天帝的女儿住在天河的东边，她忙于织布而耽误了自己的终身大事，天帝看她可怜，就把她嫁给了天河西边的牵牛。织女出嫁后，荒废了织布的工作，天帝很生气，就又把织女带回了天河东边，只允许他们夫妻一年见一次。每年七月，就会有很多喜鹊来天河搭桥，夫妻踩着喜鹊相见——这就是为什么我们见到的喜鹊，头上的毛如同脱了而变成了白色。

董永七仙女的故事也产生于汉代，但较牛郎织女故事稍晚，是说有一个家贫的孝子董永，他的孝顺感动了一位仙女，仙女下凡帮他织布卖钱偿还债务。晋代干宝的《搜神记》中把天上的牛郎与织女双星，说成是汉代孝子董永夫妇的故事。牛郎与织女、董永与七仙女的故事开始合流交错：汉朝有一个叫董永的，年少时就死了母亲，他和父亲相依为命，后来父亲也死了，他没有钱安葬，就打算卖身为奴换钱办丧事。一个有钱人知道他是孝子，就给了他一万钱，但没有让他当自己的仆人。董永埋葬了父亲，守丧三年后，打算回到那个有钱人家做苦力，以报答他的恩情。结果路上碰到一个女子，说自己会织布，她愿意做董永的妻子，她用十天时间织了一百匹布，替董永偿还了债务，董永重新获得了自由。女子自称是天帝的女儿，因为董永孝顺，天帝特意派她来帮助他，说完，女子就飞天不见了，再也没有回来。

《搜神记》中董永与妻子织女的故事，显然是脱胎于牛郎织女的神话。但牛郎与织女已经结合了，那么《搜神记》中董永遇到的也是织女，这个问题怎么解决呢？到了宋代，人们终于解决了这个难题，《董永遇仙传》说汉代提出“独尊儒术”的董仲舒是董永的儿子，董仲舒想去寻母，道士严君平指点道：“难得这般孝心。我与你说，可到七月七日，你母亲同众仙女下凡太白山中采药，那第七位穿黄的便是。”织女一下子变成了七位，董永所遇的仙女第一次成了七仙女，从此，明清以来的各种地方戏中，董永所遇的仙女都叫七仙女了，织女与七仙女不相混同，牛郎织女传说与董永传说则自然分离开了。

董永的故事在明清不断被演绎，在一些话本小说里，把原本好心帮助董永的有钱人以及天帝塑造成了反派，说七仙女偶然下凡，见到卖身葬父的董永，被他的孝行打动，就决定嫁给他。董永的主人家曹员外百般刁难董永。为了给董永赎身，七仙女请来自己的六位姐姐一起来织布，一夜织成十匹锦绢，终于使得董永重获自由。夫妻返家途中，七仙女发现自己怀有身孕了，这时候天兵天将出现，传玉帝旨意，限七仙女返回天宫，违命则将董永碎尸万段，七仙女不忍丈夫受害，只得返回天庭，后七仙女将孩子生下送给董永抚养。

董永传说与牛郎织女传说二者最大的不同就是结局，牛郎织女可以每年鹊桥相会，董永七仙女别后再也无法相见了。所以，在七夕节，我们纪念的是牛郎织女。

“牛郎织女”的故事在传统诗词中有很多表现，如汉末的《古诗十九首》：

“迢迢牵牛星，皎皎河汉女。

纤纤擢素手，札札弄机杼。

终日不成章，泣涕零如雨。

河汉清且浅，相去复几许？

盈盈一水间，脉脉不得语。”

此诗倾向于分别的意味，语调凄婉，而经过魏晋的转变，悲剧传说逐渐演变为牛郎织女鹊桥相会的喜剧故事。唐代权德舆作《七夕》曰：

“今日云骈渡鹊桥，应非脉脉与迢迢。

家人竟喜开妆镜，月下穿针拜九宵。”

宋代秦观《鹊桥仙》曰：

“纤云弄巧，飞星传恨，银汉迢迢暗度。

金风玉露一相逢，便胜却人间无数。

柔情似水，佳期如梦，忍顾鹊桥归路。

两情若是久长时，又岂在朝朝暮暮。”

我们现在过“七夕”，虽然已经失去了“乞巧”的习俗，但每到这一天，人们依旧会想起牛郎织女这个故事。如今，人们更多的是倾向于其爱情的内涵，显然，它已经成了一个爱情符号了。

（资料来源：公众号“章黄国学”）

> **写作要点：**

（1）这则微信软文的标题用了提问式的写法，并且是强调式的提问。这种提问，答案只有一个，并且不是为了得到对方的答复，而是在强调一个观点或者立场。

（2）这则微信软文帮助人们分清了经常弄混淆的“牛郎织女”和“董永七仙女”，内容通俗易懂，并且还引用了经典诗词，使得文章具有一定的内涵。

一、微信软文的概念

所谓微信软文，顾名思义就是发布在朋友圈、公众号上的文章，是基于微信平台而产生的一种文体。这种新的软文形式深受大众的喜爱，对于微信用户而言，微信不仅具有社交的功能，同时还可以获取信息，比如工作、生活、学习、购物、交通、旅游、出行等日常生活中各方各面的信息。

二、微信软文的分类

微信软文的类型有很多，不同的类型，表达效果不同，写作要求也不同。

（一）按文体形式不同分类

1. 广告宣传性软文

广告宣传性软文是软文“家族”中最重要的，也是运用最多的一个类型。纵观公众号、朋友圈的软文，这种类型的软文最多。它有着超强的宣传性，对企业品牌、企业形象的树立，产品和服务销量的扩大，消费者购买欲望的诱导都有很大的促进作用。例如，唯品会等在其微信公众号上发表的文章大都是这类软文，以直接推荐其产品、宣传促销活动为主。

2. 新闻转述性软文

有种软文一看写得像新闻，或者将新闻当作写作背景和主题，这种软文就是新闻性软文，它可以大大提高文章的时效性、权威性，从而吸引更多关心时政的读者关注和阅读。

3. 观点表达性软文

这类微信软文的一个最根本的任务就是阐述观点。简单地说，就是一个观点也可以写成一篇软文。只要能明确地表达出一个观点，并按照这个观点采取一定的方法正确论述，就能写出一篇优秀的软文。

（二）按写作内容不同分类

1. 经验分享型软文

经验分享型软文是非常常见的一种软文，在长期的实践中已经形成了一种独特的软文类型。所谓经验分享，就是软文写作者站在权威专家或者普通读者的视角，想读者之所想，有时候甚至会以读者的口吻来撰写软文。

2. 故事讲述性软文

讲故事已经成为当今营销领域中最火爆的话题之一，通过传播一个有始有终、有情感、有事实的故事，不仅可以拉近与读者之间的心理距离，还可以给用户一个良好的印象，增加自身的吸引力。

3. 情感诱导性软文

有一些软文向读者展示的不仅仅是一条信息、一个观点或一则故事，而是在向读者传达一种能够触动他们心灵的情感。现在很多企业，在进行营销和产品营销推广的时候，都讲究以人为本，在某种程度上，突出了广告中的情感因素。如果能够抓住消费者的情感，那就已经成功了一半，就会很容易俘获大部分读者的心。

三、微信软文的格式

微信软文由标题、开头和收尾三部分组成。

（一）标题

在微信软文写作中，标题是不可或缺的一部分，也是吸引读者点击、扩大阅读量最重要的一个环节。

微信软文拟写标题有以下几种方法。

1. 设悬念

在所有的标题中，首推悬念式标题，因为一个充满悬疑色彩的标题很容易激发读者的阅读兴趣。例如，《天了噜，手机已经成精了！》《万万没想到，京东还能这样玩？》就属于悬念式标题。

2. 新闻型

新闻式标题的优势在于其权威性、直白性，可以直截了当地告诉读者软文的内容，多用于企业发布重大事件、新品上市等较正式的软文，如《小米 27 号将举行发布会》《双“十二”蒙娜丽莎瓷砖让你做主爽购惠！》。

3. 讲故事

在软文写作中，故事式标题是很常用的一种标题形式，其最主要的特征之一就是在标题上要体现出故事，而且故事必须是真实的。例如，优衣库的微信软文《那些年傍晚 6 点，你在电视机前等谁?》采用的就是故事式标题。写这类标题最基本的一个模式是：人物 + 事件，也就是由什么人，做了什么事，如《那些年，我走过的弯路》。

4. 抒发情感

情感式软文是微信软文的主要类型之一，在撰写这类软文的同时要拟写格调一致的标题，也就是情感式标题。例如，立顿奶茶曾在母亲节前夕发过一篇软文《妈妈，这次换我“宠溺”你》。

5. 反情感

反情感可以理解为正常情感的逆反式，是用一种有违常人思考或理解的思想、观点去激发人的逆反心理，从而吸引注意力。拟写反情感标题的方式有：一是正话反说，反话巧说，如一些育儿公众号里的文章《孩子，有人打你，你要打他》；二是惊悚、恐吓，如一些健康公众号里的文章《高血脂，瘫痪的前兆》。

6. 作对比

在拟写软文标题时，可以用两个或两个以上相对或相近的事物作对比，让读者分清好坏、辨别是非，促使读者通过对比分析发现优势，从而最终做出选择。例如，《华为 MateBook 与小米笔记本该买哪个》就属于对比式标题。

7. 跟热门

在微信软文标题中还有一种类型，也是运用比较多的一种热门式标题，即借助当下最热门的话题、事件、明星人物、流行元素等，与标题相结合，给标题贴上热门标签，以此来吸引读者的眼球，如《明星最爱的大衣穿搭术，不学你就 OUT 了》。

8. 抓诉求

一篇文章能否抓住读者的需求，是读者决定其能否继续阅读下去的内在动力，也决定着能否使其由普通读者转化为真正的消费者。这里的需求就是一种诉求，也就是说，文章一定要抓住读者的某个诉求点。例如，苏宁易购的文章《怎样买到正品蟹，关键在这里》，就是抓住读者买正品蟹这个诉求点来拟标题。

9. 善提问

运用提问式标题，如《怎样才能让你的肌肤在雾霾下依旧光滑如初》，有利于与读者形成互动，引导读者进一步思考，而且也符合用户的搜索习惯，有利于优化文章中搜索关键词。

10. 产品 + 促销

在拟写这类标题时要遵循一个原则：直截了当，即以最直接的方式体现出促销活动的力度，让读者一看到标题就会有购买的欲望，否则就有种吃亏的感觉。例如，微信软文《逆天啦！新开航国际往返劲爆价 800 元》的标题就直接体现了促销活动力度大。

（二）开头

好文章的开头一般都被称为“凤头”，微信软文起着广告的作用，开头就更应该具有“凤头”之美。微信软文一般有四种开头方式。

1. 开门见山式

开门见山式是常用的一种开头写法，也就是一开头就用一句话或寥寥数语来点名主题，或引出主要人物、故事情节等，让读者快速、概括地了解文章的大意。例如，太平洋咖啡的一篇软文《揭秘咖啡豆的四种处理方式及其风味特质》，就开门见山地写：“本期为您介绍四种常见的咖啡豆处理方法。点击下方图片，打开咖啡世界大门。”

2. 情景导入式

情景导入式开头容易引发读者的情感共鸣。这种方式意在通过营造一种氛围，激发读者的情感和情绪，从而达到一致性效应，这种效应往往会调动读者的阅读兴趣。在运用这种形式给软文开头时，还应该注意一些技巧，如可以先设定一个情景，或者圈定一个主题，将读者引领其中，让其慢慢地感悟、体会。例如，软文《沁凉特饮 | 能回味年少时光的其乐冰（Chillino）》以“回忆童年”作为开头：“今天开始进入三伏天里的中伏了，酷暑还得冰饮配，来太平洋咖啡，品味能让你重温年少时光的其乐冰（Chillino）吧！”

3. 提出问题式

开篇提出问题可以启发读者进行思考和想象，进一步控制读者的思维，让读者顺着文章的思路走。例如，星巴克公众号的软文开头是这样写的：“想要环游世界品尝各地美食却没有时间、没有预算？小星来帮你实现梦想，现在就跟着小星来一场美食的环球之旅吧。味蕾的旅行，出发！”

4. 巧妙引用式

在软文的开头，如果能引用一些经典的、有趣的、大众喜闻乐见的资料，既可以提升软文的深度和内涵，又可以强化文章的可读性。例如，必胜客的一篇软文《必胜客给你不一样的下午茶》中写道：“在不被时间和社会束缚，幸福地填满空腹的那一瞬间，他变得随心所欲，自由自在……”

（三）收尾

一篇好文章，不仅要有好的标题和好的开头，也要有一个有趣的结尾。微信软文的结尾有五种写法。

1. 首尾呼应

首尾呼应即一篇文章的开头和结尾要相互呼应。比如，在文章开头提出了某个观点，那么，在结尾时也应该再强调一下。这样前有伏笔，后有照应，既可以让文章显得更完整，结构更加紧密严谨，主题更加突出，又可以将读者的思路再转移到开头的话题上，加深印象，唤起读者情感上的共鸣。如2016年七夕前后，必胜客在公众号上发送了软文《七夕 | 不懂她（他）的心？这台机器帮你一键翻译！》，目的是推广自己的

两款节日套餐。软文一开始这样写道：“恋爱中你是否常常搞不懂对方在想什么？”中间部分大篇幅地介绍新品比萨和团圆套餐，结尾处笔锋一转又回到开头描述的情景：“这个七夕来必胜客，搞懂她（他）的心，愉悦她（他）的胃吧！”

2. 归纳总结

总结是软文结尾运用最多的方式之一，通过前面的阐述和分析，在最后用极其简洁的语言对全文进行归纳总结，得出一个高度概括的、具有代表性的结论。这样的结尾，有深化软文主题、提升软文质量的作用，同时也能帮助读者对全文有个全面的认识，使读者得到一个清晰、明确的印象或点名题意。例如，某育儿服务机构中有一篇软文《让孩子彻底爱上阅读的 12 种小游戏》，是为推广某一本书做的。从题目看，这篇软文是介绍孩子爱玩的 12 种游戏，正文也是这样写的，从游戏 1 到游戏 12，一一介绍，结尾就对这 12 种游戏进行了归纳总结，概括性地介绍在游戏的带领下，创新思维和能力会得到大大增强。

3. 留有悬念

一篇文章可以悬念式开头，也可以悬念式结尾。但一般来讲，这些悬念不会同时出现，如果软文在标题、开头处都没有悬念，可以在结尾处巧妙设置一些悬念，给读者留有思考、回味的余地。例如，某科技公司主打项目是高科技的研发和使用，其在公众号上推出了一项与 VR 技术有关的软文《VR 眼镜的 11 项神奇的用途你都知道了吗？》，这篇软文正文分别介绍了 VR 技术的 11 项用途，图文并茂，生动而详细，使读者对这项技术有了初步的了解。而在最后却笔锋一转，向所有人提了一个问题：大家希望 VR 还有啥用途？

4. 发出号召

号召式结尾在微信软文中运用也比较多，就是在前文的基础上，向读者提出一些请求或者发出某种号召，以便带动他们做出某种行动，如参与、体验或购买，这样可以加强与读者间的互动。这种结尾方式往往具有广告性和促销性。例如，立顿茶在一篇《送给抽烟的你》的软文中就采用了这种结尾方式，在开头和中间分析了抽烟的坏处，以及喝茶的好处。讲完喝茶的好处之后，在软文的结尾处就发出了戒烟的号召：“虽然常喝茶可以一定程度上戒烟，但绝非鼓励人们去吸烟，更不能因为喝茶可缓解吸烟的危害而肆无忌惮地去吸烟。饮茶只能作为戒烟过程中的一项补救措施，以尽可能减少吸烟的危害。因此，戒烟是大势所趋，明智之举。”

5. 给出警示

微信软文中还有一种常见的结尾，就是用警告性、警示性的语言来提醒、告诫读者，引起他们的高度重视或行为改变。例如，360 安全卫士的一篇软文《扫描二维码支付，新型诈骗成灾区》，文章围绕当前比较热的一个话题“电信诈骗”展开，开头通过举例的形式，说明电信诈骗普遍存在的现象，正文根据实例进行分析，总结出电信诈骗给人造成的危害性，结尾就采用了警示性结尾的方式。

能力培养与训练

【观】观看自己关注的公众号，选择一个自己最喜欢的公众号并说明原因。

【说】说说自己喜欢的微信软文的类型。

【读】阅读一些与微信软文写作有关的书籍。

【写】写一篇微信软文，题目、内容自定，要求格式正确，内容积极向上，能够吸引人。

拓展阅读

微信软文营销实战技巧：

1. 公众号：吃喝玩乐在广州。
2. 公众号：文汇读书周报。

模块三　中国传统文化

第一章
儒家精神

目标考核

1. 了解儒家学派形成的过程；
2. 掌握儒家精神的精髓。

导语

随着生活节奏的日益加快以及高科技的飞速发展，人与人之间的关系却逐渐变得冷漠，甚至冷酷，而延续了两千多年的儒家文化，以“仁”和“恕”为精神核心，讲求“君子所以异于人者，以其存心也。君子以仁存心，以礼存心。仁者爱人，有礼者敬人。爱人者，人恒爱之；敬人者，人恒敬之”和“己所不欲，勿施于人”。因此，当代人需要不断学习儒家精神，让生活充满爱，让世界永远和平、安昌。

案例阅读

12 岁男孩 20 刀杀母

2018 年 12 月 2 日，湖南益阳沅江市泗湖山镇发生一起杀人案。小学六年级的吴某持刀将 34 岁的亲生母亲陈某杀害。当日，他在家里偷偷抽烟，被母亲无意中发现，气愤的母亲拿起了皮带就对吴某一顿狠狠的教训。结果这个年仅 12 岁、身高 1.4 米左右的孩子直接和母亲动起了手，并去厨房里拿起菜刀，接连对母亲疯狂砍了 20 多刀，母亲在绝望中倒在了血泊里。

更让人觉得可怕的是，将母亲砍死后，吴某淡定地将两岁的弟弟哄睡，然后换了一身干净的衣服，将作案的菜刀扔到了鱼塘中毁灭证据。当晚，他还接听了母亲的若干电话，代替母亲回复了微信，最后还用母亲的口吻替自己向班主任请了病假……直到外公察觉不对，翻进了二楼，才看到屋里到处都是血迹，而自己的女儿（吴某的母亲）浑身是血，躺在地上一动不动。但即使到了这时，吴某依旧镇定自若地说，母亲不是他杀的，是自杀。直到警察讯问，他才承认。在被问及为什么要杀母时，吴某神情冷漠地回复了一句：“我就是恨她。”

当吴某被问及：“你把你妈妈杀了，你认为错了没有？”吴某给予了这样的回答：“错了……但是我又没杀别人，我杀的是我妈妈。”

一、基本概况

儒家是由孔子创立、由孟子发展，并由荀子集其大成，之后延绵不断，至今仍有一定生命力的学术流派。其学派崇尚礼乐与仁义，提倡忠恕与中庸之道，并且主张德治与仁政，同时，极其重视伦理关系。儒家学说通过历代统治者的推崇，以及孔子后学的发展和传承，对中国文化的发展起了决定性的作用。在中国文化的深层观念中，处处有着儒家思想的烙印。

儒家原是先秦诸子百家之一。秦始皇“焚书坑儒”使儒家遭受重创。而后，汉武帝为了维护封建专制统治，听从董仲舒“罢黜百家，独尊儒术”的建议，对思想实施钳制，使儒家重新兴起。

儒家是中国古代从董仲舒“罢黜百家，独尊儒术”之后最具有影响力的学派。但需要说明的是，在先秦时期，儒家仅是诸子百家之一，与其他诸子百家地位平等，两者之间并没有所谓的主从关系。

二、产生背景

东周时期，中国社会经历着划时代的变革。周王室衰微，诸侯坐大，维护封建宗法等级制度的“周礼”遭到极大破坏，整个社会处于动荡之中。这时，代表各阶级利益的知识分子异常活跃，成为一支重要的社会力量，他们纷纷登上历史舞台，著书立说，提出解决社会现实问题的办法，形成了诸子百家争鸣的繁荣局面。其中影响最大的是儒家、法家、道家、墨家，它们各自为新兴的地主阶级设计了一套结束割据、实现统一的治国方案，为秦汉以后的社会治国思想的选择奠定了基础。

儒家思想是在中国文明史经历了夏、商、周近一千七百年之后的春秋末期形成的。由孔子所创立的儒家学说其实是在总结、概括和继承了夏、商、周三代尊尊亲亲传统文化的基础上形成的一个完整的思想体系。

《汉书·艺文志》认为，“儒家者流，盖出于司徒之官，助人君顺阴阳明教化者也。游文于六经之中，留意于仁义之际，祖叙尧、舜，宪章文、武，宗师仲尼，以重其言，于道为最高。”

三、发展历程

（一）先秦儒学

儒家在先秦时，与墨家一起并称为“显学”，但在秦始皇时受到重创，即遭受了“焚书坑儒”的戕害。至汉代，汉王朝以继承三代中原文化正统为其文化建设的基本路线，而这三代中原文化正体现在儒家的六经之中，孔子向来以继承华夏民族文化而著称，因而儒学自然而然地成为了被尊崇的对象。此后历代帝王皆宗经而尊儒，这便是儒家在封建时代一直受到重视的原因之一。孔子作古，“儒分为八”。其中主要有两派，一是孟子出子思一系传道，二是荀子出子夏一系传经。这便是先秦儒学的基本概况。

1. 孔子的思想

孔子（前551—前479年），名丘，字仲尼，春秋时期鲁国人，乃原初儒学之创始人。他认为，仁有三义。一曰“仁者爱人”。无论老幼贵贱，凡属人类，皆有可爱之处。爱人之道即忠恕之道。“己欲立而立人，己欲达而达人”为之“忠”；“己所不欲，勿施于人”为之“恕”。二曰“克己复礼为仁”。礼为周礼，以尊亲为本。君礼、臣忠、父慈、子孝、弟悌乃理想社会之秩序，尊卑、贵贱、亲疏、长幼乃爱人社会之规则。三曰“君子之仁”。行恭、宽信、敏惠于天下为仁。恭则不侮，宽则得众，信则人任焉，敏则有功，惠则足以使人。世传《论语》二十篇。

2. 孟子的思想

孟子（前372—前289年），名轲，字子舆，战国时期邹国人。孟子以心释仁，断言心仁必性善。他认为，“恻隐之心，人皆有之，仁也”；“善恶之心，人皆有之，义也”；“恭敬之心，人皆有之，礼也”；“是非之心，人皆有之，智也”。孟子继承并发扬了孔子的思想，对后世中国文化影响巨大，有“亚圣”之称。孟子及其门人著有《孟子》一书。

3. 荀子的思想

荀子（前313—前238年），名况，字卿，战国时期赵国人。性伪之分乃荀子理论之支柱。他认为，“凡性者，天之就也，不可学，不可事。礼义者，圣人之所生也，人之所学而能，所事而成者也。不可学，不可事而在人者，谓之性；可学而能，可事而成之在人者，谓之伪。是性伪之分也”，“故人之性恶，其善者伪也”，“故圣人化性而起伪”，“积善而不息，则通於神明，参於天地矣”。荀子以礼释仁，隆礼重法。他认为，“礼者，贵贱有等，长幼有差，贫富轻重，皆有称者矣”；“法者，治之端也”；“百吏畏法循绳，然后国常不乱”。荀子的思想与天人合一相违异，他主张“天人相分”，“人可制天”，认为“天行有常，不为尧存，不为桀亡”。著《荀子》三十二篇。

（二）独尊儒术

秦代实行了残忍的“焚书坑儒”的文化政策，圣文埃灭，志士仁人心惶意恐。直至汉武帝时期，董仲舒诸人提出“罢黜百家，独尊儒术”的主张，确定儒学之典籍《诗》《书》《礼》《易》《春秋》为士人必读之经典，始有经学之说。自此而后，儒家提倡“智信仁勇”“忠恕孝悌”“恭敛敏慧”“礼义从善”，莫不遵从，成为做人的标准。儒家学派自此德昭千古，历经两千年之久，余韵犹存，遗风未艾。

（三）郑玄通学

东汉末年，世道衰败，是时儒学与王霸杂用，儒法糅合，神道互陈，原初儒学之道几乎断绝。唯太学生郑玄（127—200年），今古文经兼通，囊括大典，网罗众家，遍注群经，使学者略知所归，世人称之为郑玄通学。但汉末以降，玄学盛行在先，儒、释、道鼎力在后，儒学独尊地位已不再。

（四）魏晋之风

魏晋之际出现的玄学用老庄思想解释儒家的《易经》，这是为士族辩护的一种消极思想，但在魏晋时期却十分流行。

（五）韩愈之见

唐朝中期的儒学大师韩愈，从维护封建统治出发，用儒家的天命论和封建纲常来反对佛道的观点，以起到保护儒家统治地位的作用。

（六）程朱理学

迨至宋明，儒学复兴，史称“新儒学”。宋明新儒学分为两支，一曰程朱理学，二曰陆王心学。程朱理学将孔孟之政治伦理思想上升到哲学高度，以人性论为起点，升华至追问世界终极存在之本体论高度，在很大程度上促成了儒学质的飞跃。宋明理学之祖师为周敦颐（1017—1073年），熔老子之无极、易传之太极、中庸之诚意、五行之克生、阴阳之调和为一炉，创制了无极而太极之本体论。程颢（1032—1085年）、程颐（1033—1107年）两兄弟，少小受业于周敦颐，自周敦颐处继承颇多，但决不拘泥。天理是二程哲学体系之核心。程颢曾言，吾学虽有所受，“天理”二字确是自家体贴出来的。万物皆只是一个天理，天下物皆可以理照。有物必有则，一物须有一理。一物之理即万物之理。至微者理也，至著者象也，体用一源，显微无间。天理人心固有，用敬涵养，致知进学，即可理心会一。人心为私欲，道心为天理，存天理而灭人欲。著有《二程全书》。

宋明新儒学中，朱熹（1130—1200年）是集大成者。朱熹乃二程四传弟子，于二程天理思想之基础上，融入北宋思想家张载之气学说，构建了一个完整独特的朱子学。理是本，气是具。未有天地之先，毕竟也只是理。有理而后有气。天下未有无理之气，亦未有无气之理。理一分殊，一多相摄。一月普现一切水，一切水月一切摄。一物两体，一分为二。化而裁之存乎变。天理人欲，同行异情，革尽人欲，复明天理。著有《晦庵先生》《朱文公文集》和《朱子语类》。

（七）陆王心学

陆九渊（1139—1193年），将儒家思孟学派之学说与佛教禅宗思想相结合，并承袭程颢“天即理”之观点，提出了“心即理”之命题，乃儒家心学之开山。陆九渊认为，四方上下曰“宇”，往古来今曰“宙”。宇宙便是吾心，吾心便是宇宙。千万世之前有圣人出焉，同此心同此理也。千万世之后有圣人出焉，同此心同此理也。著有《象山先生全集》。

王阳明（1472—1528年），深受南宋陆九渊心学之影响，集儒家心性学说之大成。他认为，“心者，天地万物之主也。天下无心外之理，无心外之物。心即良知，生天生地，成鬼成帝，皆从此生。”著《王文成公全书》。

（八）明清“异端”

李贽是明后期“异端”进步的思想家，他指责儒家经典并非“万世之至论”，揭露道学的虚伪，反对歧视妇女和压抑商人。他是中国反封建的思想先驱，他的思想在一定意义上反映了资本主义萌芽时代的要求，带有民主性色彩。

黄宗羲在明亡后，隐居著述，对封建君主专制制度进行激烈的批判，提倡“法治”，反对“人治”，反对重农抑商。他的思想震动了当时的学术界，对晚清民主思潮的兴起也有一定的影响。

顾炎武，明末清初思想家，强调“经世致用”的实际学问。主张把学术研究与解决社会问题结合起来，力图扭转明末不切实际的学风。著《天下郡国利病书》，提倡“实学”的目的在于批判理学，反对君主专制政治。顾炎武的学风对清代学者影响很大。

王夫之是一位杰出的唯物主义思想家，他认为，“气”是物质实体，“理”是客观规律；提出“气者，理之依也”和“天下惟器”的唯物主义观点，对朱熹的理学和王阳明的心学给予了批判；他还提出“静即含动，动不舍静”，否定理学家主静的形而上学思想。他用发展的观点来看待历史，认为历史发展是有规律的，他提出在政治上要“趋时更新”。王夫之的思想闪烁着革新的光芒。

四、精神实质

儒家学说为春秋时期孔丘所创，倡导血亲人伦、现世事功、修身存养、道德理性，其中心思想是恕、忠、孝、悌、勇、仁、义、礼、智、信，其核心是“仁”。

（一）仁义道德精神

儒家的著名文献《易传》说：“天地之大德曰生”，“生生谓之易”。生生不息是宇宙的自然法则，也是道德原理，是儒家最主要的道德范畴“仁”的根据。儒家创始人孔子提出了“仁”“义”等道德概念，但孔子没有对这些概念作哲学学理上的发挥。孟子从“恻隐之心，仁之端也；羞恶之心，义之端也；辞让之心，礼之端也；是非之心，智之端也”来说明“仁义”的可行性。这其实是孟子从心理学的角度来解释说明“仁义”，指出人都有“四端”，如果能进一步发展，“善推其所为”，那么，每个人都可能行仁义，进而行忠恕之道。孟子提出的“四端”学说，是为了解释人性本善的学说，而人性本善则是每个人为仁向善的发端，所以说，孟子的人性本善学说恰是对“仁”的思想的进一步发展。因为人性本善，顺其本性发展，就“人皆可为尧舜”。如果圣人为王，那么，自然会行“王道”。

如果说孟子是儒家的理想主义代表，那么，后来的荀子则是儒家的现实主义代表。荀子思想是孟子思想的对立面，他提出了人性本恶的学说。荀子认为，“人之性，恶；其善者，伪也。”虽然人性恶，但荀子又说，“涂之人也，皆可以知仁、义、法、正之质，皆有可以能仁、义、法、正之具，然则其可以为禹，明矣”。也就是说，人虽然本性是恶的，但人是有智性的，因此，人要向圣人学习，遵守礼义，讲究法制，接受教化。

后来的新儒家多继承孟子的人性本善学说，如周敦颐的《通书》解释了天道和人性之间的联系，提出“天道即人性，人性即天道”的问题。新儒家的最终目的是教人怎样成为儒家的圣人，周敦颐的回答是“主静”，因此，周敦颐提出成为圣人的方法：自然而生，自然而行。

新儒家心学派的创立人程颢在称赞张载的《西铭》时说，“学者须先识仁。仁者浑然与物同体，义礼智信皆仁也。”这是程颢给予“仁义”以形而上学的解释。

儒家的理想是将“仁道”精神加以推广。这种“爱人”的仁道理想，希望经由爱亲人，到爱邻居、爱所有人，直到爱天下万物。如何使自己具有“仁爱”思想，儒家提出了反省修身的思想。曾子曰：“吾日三省吾身。”子曰：“仁者安仁，智者利仁。”《中庸》中提出：“君子不可以不修身。”《大学》中更是提出：“自天子以至于庶人，壹是皆以修身为本。”孟子也曾言：“万物皆备与我矣。反身而诚，乐莫大焉。强恕而行，求仁莫近焉。”他还曾言：“我知言，我善养吾浩然之气。”后来的新儒家程颐则讲到“涵养须用敬，进学则在致知”的修养方法。

（二）积极入世的刚健精神

《易经》说：“天行健，君子以自强不息，地势坤，君子以厚德载物。”意思是人应该效法天地，刚健不息，积极有为，同时厚德载物，格物致知。儒家认为道德修养是建功立业的前提，具备了充分的道德资养，才能成就一番事业。孔子被嘲讽为“知其不可为而为之者”，又说自己“道之将行也与？命也。道之将废也与？命也。”这种不患得患失的“知命”思想，其实正是一种积极进取的入世精神。孟子则从性善学说出发，认为从人的本性说，人是应该有所作为的，不应该像道家那样退处山林、离群素居，仅追求个人身心的安适，而应该刚健有为。儒家的重要典籍《大学》所提出的成人之道是格物、致知、诚意、正心、修身、齐家、治国、平天下。这一成就人格的全过程，是以道德为根干，以建功立业为道德的修养和发展的结果。格物致知的目的，一方面是掌握具体事物的知识，给人的功业以知识基础；另一方面是为了认识体现在事物上的天理，以增进道德。前者是“见闻之知”，后者是“德性之知”。“德性之知”在价值上高于“见闻之知”。荀子则认为凡是善的、有价值的东西都是人努力的结果，人与天、地同样重要，所以，他说：“天有其时，地有其财，人在其治，夫是谓之能参”。荀子认为，人的职责是利用天地提供的东西，以创造自己的文化。这种天人两分而又积极改造自然的思想也正是儒家刚健有为精神的体现。

作为新儒家之一的张载则言：“生，吾顺事；没，吾宁也。”也就是说，人活着就做作为社会的一员和宇宙的一员而需要他做的事，一旦死去，他就安息了。在这里，没有全生避害，更没有避世无为，有的是对人生“生无所得，死无所丧”的觉解。

事实上，孔子面对礼崩乐坏的时代环境疾呼“正名”与复礼，孟子的“尽心、知性、知天”，荀子的明天人之分以及礼乐观，以及董仲舒吸取阴阳家的思想提出的宇宙发生论和“三纲五伦”思想，这些无不是他们对社会、对时代产生的责任感的体现，是他们积极有为的进取精神的体现。

至于新儒家能够得以复兴，更是周敦颐、朱熹、王阳明等作为文化先知，在随着佛教的传入、新道家的兴起及玄学思想的流行，而儒家的形式礼教和章句训诂开始被人诟病乃至厌弃之际，对儒学的发展和丰富，这种基于儒家基本精神之上的对儒学的新发展，也彰显了新儒家的刚健有为精神。

（三）中庸和谐精神

“和谐”“中庸”也是儒家哲学的基本精神之一。子曰：“过犹不及。”这应该是中庸思想的最初表达。“中”的真正含义是既不太过，又不不及。“庸”是一种容器，这种容器装得过多会倒，装得少也会倒，只有不多不少，方为恰到好处。“恰到好处”也就是儒家所谓的“中”。《中庸》说：“喜怒哀乐之未发，谓之中；发而皆中节，谓之和。中也者，天下之大本也；和也者，天下之达道也。致中和，天地位焉，万物育焉。”这些所谓的情感说，其所说的也适用于欲望。在个人与社会的关系中，都有些适中之点，以作为满足欲望和表达情感的恰当限度。《中庸》说：“天命之谓性，率性之谓道，修道之谓教。道也者，不可须臾离也；可离，非道也。”我们接触到的“普通而平常”的重要性的思想，是《中庸》的另一重要概念。这个概念就是《中庸》的“庸”字，意思是普通或平常。人每天都要吃喝，吃喝是人类普通而平常的活动。它们普通而平常，正由于它们重要，没有人能够没有它。而人伦和道德也是如此。维护人伦，实行道德，都是“率性”，即遵循天性。这不是别的，就是“道”。所谓“教”不过“修道”。教的作用就是使人把事实上已经不同程度地在做的事做完全。

这种“中庸”思想在社会伦理关系中的表达，如同亚里士多德提倡的“黄金中庸”。也就是说，人不能懦弱，也不能太过鲁莽，而要勇敢；不能吝啬，也不能挥霍，而要慷慨。一个人在他的一切欲望和情感都满足和表达到恰当的限度时，他的内部就和谐了，精神上也就很健康了。

《中庸》说：“万物并育而不害，道并行而不悖，大德敦化，小德川流。”这就是“诚”。诚即万物都按自己的规律运行而整体呈现和谐。而这种“和谐”包括自然界本身的和谐，人与自然的和谐，人与人的和谐及人自身身与心、肉体生命与精神生命的和谐。一个组织得很好的社会，是一个和谐的统一，在其中，各种才能、各种职业的人都有适当的位置，发挥适当的作用，人人同样地感到满意，彼此没有冲突。这也是我们当代“和谐社会”的基本理念。

这种“和谐”，不仅包括人类社会，而且弥漫全宇宙，叫作“太和”。《易·乾卦·象辞》说："大哉乾元！……保和太和，乃利贞。"因此，对于儒家来说，和谐的观念来自"天人合一"。"天人合一"是儒家从孔子到新儒家乃至当代儒家的一个重要理论特点。虽然荀子提出"天人两分"的思想，但它不是把人所居的自然界当作仅仅征服的对象，而是强调人在"天"面前应有所作为，从而达到"天人合一"。此外，新儒家的张载认为，天人皆气所构成，人与天"混然中处"，因而"万物一体"。而程朱理学派则认为，天和人皆是宇宙根本原理的表现者，因而人理即天理，人可以从天理反观人理，从人理反观天理。陆王心学派认为，天是人的价值源泉，天给人以性命之理，因而"人是天地的心"。虽然认识角度不同，但都是在肯定人和"天"和谐相处的基础上感悟到生生不息的生命精神。

人与人的和谐是儒家思想的重点。儒家学说提出的"三纲五伦"，就是在承认社会等级制度、承认人的位分的差别上，和谐人与人的关系。孟子反对墨子的兼爱说，认为他否定了人实际上存在的差别，亲疏厚薄皆平等相待，是一种不合乎人伦亲情原则的异端邪说。儒家承认人与人的社会差别，但认为人在人格上平等。宋明理学强调人的位分，人在不同的地位有不同的义务和责任，但人皆可以成就理想人格，皆可以从自己所处的位分上进行道德实践。理学家所提倡的"不离日用常行内，直造先天未画前"，就是主张追求理想人格要在日常行为中达到，人不必做轰轰烈烈的大事，人可以不逾越自己的位分而成就理想人格。

当然，儒家学说还有一些很有价值的思想，如"克己"自律、修身养性等，对儒家学说的发展和儒家精神的充盈都具有重要的影响。纵观几千年中华文明，我们都多少受儒家精神的启蒙和熏陶而葳蕤成长。在今天，提倡儒家精神，弘扬儒家思想，激励自己奋发向上，具有重要的价值和意义！

【例文】

一

《论语》一书中记载着许多孔子回答弟子们问"仁"的言论，其内容都是现实行为中所要遵循的各种具体规范和原则。如：

答樊迟问仁，一则曰："仁者先难而后获，可谓仁矣。"（《雍也》）一则曰："爱人"。（《颜渊》）

答颜渊问仁，曰："克己复礼为仁。"（《颜渊》）

答仲弓问仁，曰："出门如见大宾，使民如承大祭。己所不欲，勿施于人。在邦无怨，在家无怨。"（《颜渊》）

答司马牛问仁，曰："仁者，其言也讱。"（《颜渊》）

答子张问仁，曰："能行五者（恭、宽、信、敏、惠）于天下，为仁矣。"（《阳货》）

子曰："巧言令色，鲜矣仁。"（《学而》《阳货》）

子曰："刚、毅、木、讷，近仁。"（《子路》）

有子曰："……孝弟也者，其为仁之本与！"（《学而》）

【点评】

我们可以从以下四个方面来把握孔子的“仁”：

（1）对待“仁”的态度。孔子主张任何人都应该有一种为“仁”的愿望，应该诚心诚意去求“仁”，如果这样做了，那么，就会得到“仁”。达到“仁”的境界的根源在于自己如何去做，而不是由他人来推动，只有主体自己的主动追求，才有可能达到“仁”的理想境界。这表明孔子认为“为仁”是某种自觉的内在情感行为，任何人是无法替代的，只要自己态度端正，就可以实现“仁”的要求。孔子强调在内心的价值观念上首先要明确对“仁”的态度，孔子这种在内心深处对“仁”的价值追求的思想，被后来的孟子引申为“四端说”理论。孔子对“仁”的思想的重视，表明“仁”的思想和学说是孔子整个思想体系的价值核心。

（2）“仁”的价值内涵。从《论语》中孔子论“仁”来看，其价值内涵主要指“仁”的情感性、自得性而言。孔子的思想是一门如何处理人与人、人与社会、人与自我之间关系的学问，是一门关注人的自身发展的学问。孔子所提倡的是人在实际生活中如何达到理想人格的问题，“仁”精神价值的一个重要体现就是“己立立人，己达达人”，“己所不欲，勿施于人。”孔子认为“仁”就是“爱人”。

（3）“仁”的表现方式。以博大宽厚的胸怀来爱护民众是“仁”的一种表现方式，即“泛爱众而亲仁”。这首先是自我认知上的一种升华，是自我精神状况的内在反映。“仁”作为价值主体内在精神状态的反映，是实现理想人格过程中不可缺少的东西。只有内心以“仁”的标准来严格要求自己，用“仁”的境界来考查自己的思想，那才是达到真善美崇高境界的前提条件。孔子“仁”的表现方式还体现在时时处处以人为主，以人为研究和关注的对象，一切围绕“人”的思想行为的发展状况为主要内容。在孔子看来，一个本质上有问题、思想上有邪念的人是不可能达到“仁”的境界的。

（4）“仁”的实践价值。孔子关于“仁”的思想具有很强的实践性特征，他把关注的焦点投向社会，投向现实，时刻关注现实生活中如何实现人的全面发展问题。孔子关于“仁”的学说不是纯粹思辨性的形而上的理论体系，更多的是结合具体行为方式告诉人们应该怎么做，这不是哲学意义上的实践理性的体现，而是对一般民众人格升华、人性解放的终极关怀。孔子还认为，“志士仁人，无求生以害仁，有杀身以成仁。”为了崇高的“仁”的境界，绝不做违背最高道德准则的事，必要的时候要不惜牺牲自己来成就这一事业。以至于“杀身成仁”成为后世一些知识分子报国捐躯的行为准则，多少“仁人志士”在此原则的指引下奋不顾身地为国家、为民族事业而奋斗终生。

总之，孔子思想体系中“仁”这一重要概念的内涵是极为丰富的，有内在的如何达到“仁”的境界，有外在的如何实现“仁”的方式方法；小到个人理想人格的培养，大到治理国家的理想社会行为，是一个具有深刻内涵，包括个体及群体生活在内的思想和行为各方面的理想人格修养体系。孔子关于“仁”的思想在今天仍具有一定的合理性及适用性，这也是孔子思想的强大生命力之所在。孔子思想为后来的孟子和荀子所提倡的“内圣外王”之道提供了理论参考，其中的某些行为甚至完全被后人所吸取，成为儒家人学思想中永恒的“不灭之火”。

二

齐宣王问曰：“齐桓、晋文之事可得闻乎？”孟子对曰：“仲尼之徒无道桓、文之事者，是以后世无传焉。臣未之闻也。无以，则王乎？”曰：“德何如，则可以王矣？”曰：“保民而王，莫之能御也。”曰：“若寡人者，可以保民乎哉？”曰：“可。”曰：“何由知吾可也？”曰：“臣闻之胡龁曰，王坐于堂上，有牵牛而过堂下者，王见之，曰：‘牛何之？’对曰：‘将以衅钟。’王曰：‘舍之！吾不忍其觳觫，若无罪而就死地。’对曰：‘然则废衅钟与？’曰：‘何可废也？以羊易之！’不识有诸？”曰：“有之。”曰：“是心足以王矣。百姓皆以王为爱也，臣固知王之不忍也。”王曰：“然。诚有百姓者。齐国虽褊小，吾何爱一牛？即不忍其觳觫，若无罪而就死地，故以羊易之也。”曰：“王无异于百姓之以王为爱也。以小易大，彼恶知之？王若隐其无罪而就死地，则牛羊何择焉？”王笑曰：“是诚何心哉？我非爱其财，而易之以羊也，宜乎百姓之谓我爱也。”曰：“无伤也，是乃仁术也，见牛未见羊也。君子之于禽兽也，见其生，不忍见其死；闻其声，不忍食其肉。是以君子远庖厨也。”

王说曰：“《诗》云：‘他人有心，予忖度之。’夫子之谓也。夫我乃行之，反而求之，不得吾心。夫子言之，于我心有戚戚焉。此心之所以合于王者，何也？”曰：“有复于王者曰：‘吾力足以举百钧，而不足以举一羽；明足以察秋毫之末，而不见舆薪。’则王许之乎？”曰：“否。”“今恩足以及禽兽，而功不至于百姓者，独何与？然则一羽之不举，为不用力焉；舆薪之不见，为不用明焉；百姓之不见保，为不用恩焉。故王之不王，不为也，非不能也。”曰：“不为者与不能者之形，何以异？”曰：“挟太山以超北海，语人曰‘我不能’，是诚不能也。为长者折枝，语人曰‘我不能’，是不为也，非不能也。故王之不王，非挟太山以超北海之类也；王之不王，是折枝之类也。老吾老，以及人之老；幼吾幼，以及人之幼。天下可运于掌。《诗》云：‘刑于寡妻，至于兄弟，以御于家邦。’言举斯心加诸彼而已。故推恩足以保四海，不推恩无以保妻子。古之人所以大过人者，无他焉，善推其所为而已矣。今恩足以及禽兽，而功不至于百姓者，独何与？”“权，然后知轻重；度，然后知长短。物皆然，心为甚。王请度之！抑王兴甲兵，危士臣，构怨于诸侯，然后快于心与？”王曰：“否。吾何快于是？将以求吾所大欲也。”

曰：“王之所大欲可得闻与？”王笑而不言。曰：“为肥甘不足于口与？轻暖不足于体与？抑为采色不足视于目与？声音不足听于耳与？便嬖不足使令于前与？王之诸臣皆足以供之，而王岂为是哉？”曰：“否。吾不为是也。”曰：“然则王之所大欲可知已。欲辟土地，朝秦楚，莅中国而抚四夷也。以若所为，求若所欲，犹缘木而求鱼也。”王曰：“若是其甚与？”曰：“殆有甚焉。缘木求鱼，虽不得鱼，无后灾。以若所为，求若所欲，尽心力而为之，后必有灾。”曰：“可得闻与？”曰：“邹人与楚人战，则王以为孰胜？”曰：“楚人胜。”曰：“然则小固不可以敌大，寡固不可以敌众，弱固不可以敌强。海内之地方千里者九，齐集有其一。以一服八，何以异于邹敌楚哉？盍亦反其本矣。“今王发政施仁，使天下仕者皆欲立于王之朝，耕者皆欲耕于王之野，商贾皆欲藏于王之市，行旅皆欲出于王之涂，天下之欲疾其君者皆欲赴愬于王。其若是，孰能御之?”

王曰:“吾惛，不能进于是矣。愿夫子辅吾志，明以教我。我虽不敏，请尝试之。”

曰:“无恒产而有恒心者，惟士为能。若民，则无恒产，因无恒心。苟无恒心，放辟邪侈，无不为已。及陷于罪，然后从而刑之，是罔民也。焉有仁人在位，罔民而可为也?是故明君制民之产，必使仰足以事父母，俯足以畜妻子，乐岁终身饱，凶年免于死亡。然后驱而之善，故民之从之也轻。今也制民之产，仰不足以事父母，俯不足以畜妻子，乐岁终身苦，凶年不免于死亡。此惟救死而恐不赡，奚暇治礼义哉?王欲行之，则盍反其本矣。五亩之宅，树之以桑，五十者可以衣帛矣；鸡豚狗彘之畜，无失其时，七十者可以食肉矣；百亩之田，勿夺其时，八口之家可以无饥矣；谨庠序之教，申之以孝悌之义，颁白者不负戴于道路矣。老者衣帛食肉，黎民不饥不寒，然而不王者，未之有也。”

【选自《孟子·梁惠王上》】

【点评】

本文是孟子的代表作品之一，颇能反映孟子散文结构严谨、中心突出、论点明确、说理充分、感情激越、气势磅礴这些基本特色。本文是对话体议论文，孟子要在与齐宣王的对话中，使他接受自己的政治主张，他就必须揣摸对方的心理，诱使对方顺着自己的思路来谈话。因此本文在写作上比较曲折委婉，层层深入，说理既逻辑严密，又注意形象生动。

(1)迂回曲折，层层深入，跌宕起伏。论述问题先从侧面、远处、外围入手，逐渐引向主旨，形成了迂回曲折、波澜起伏的论辩风格。本文意在宣扬王道，却不直言王道，而以齐宣王问齐桓、晋文之事发端。这个开头既避免了平铺直叙，使文章产生了顿挫之感，又使文章形成驳辩的局面，引出孟子的一段立场鲜明的谈话。孟子的答语既表明了对霸道的态度，又机智委婉地把谈话引向王道。但下文又不正面谈王道，而以“以羊易牛”的事例肯定齐宣王有不忍之心，具备行王道的基本条件，借此打开话题，鼓起齐宣王行王道、施仁政的信心和兴趣。接着又宕开一笔，先言“百姓皆以王为爱”，再为齐宣王辩解，使谈话的气氛趋向缓和，进入谈话情境。再以“牛羊何择焉”，词锋一转，为百姓辩解。齐宣王只好无可奈何地自我解嘲。然后孟子好言安慰，以免使齐宣王失去对王道的兴趣。于是齐宣王赞孟子善察人心，悉心向孟子请教。这一段又打又拉，忽起忽落。百姓的揣度、宣王的辩解、孟子的分说，交错间杂，曲折起伏，颇有意趣，最终把齐王对齐桓、晋文之事的注意转到对“仁”的注意上。孟子仍不直说自己的仁政学说，而是以一系列比喻，说明齐宣王不行仁政非不能而是不为。要使齐王真正倾心王道，必须根除他心中以霸道得天下的大欲。对此，孟子明知齐宣王的大欲是什么，却故意不直说，欲擒故纵，先说五种不足，才引出大欲。然后以缘木求鱼和邹与楚战，说明齐王之大欲的行不通和危害。至此，水到渠成，气势充沛地引出了自己的正面观点。行文真是千回百转，摇曳生姿。

（2）气势浩然，逻辑严谨。本文铺张扬厉，纵横恣肆，各段之间又联系紧密，一气呵成。孟子散文的气势源于他坚毅的人格，他对自己的主张坚定不移的信念和广博的学问，气盛则言宜，所以谈起话来理直气壮，刚柔相济，词锋犀利。但本文不仅波澜起伏，气势磅礴，而且逻辑上十分严密，一环扣一环，表面上散漫无纪，实则始终围绕“保民而王”这一中心论点，层次清晰地步步深入，由齐宣王的不忍之心推出他有行王道的基础，进而论述不行王道是不为，而非不能。不为王道是因其心存霸欲，所以又力论霸道的不可行及其危害。至此，孟子才展开仁政蓝图，令齐王心动目眩，迫切希望实行王道，于是孟子又向齐宣王说出了实行王道的具体措施。全文如滔滔江河，水到渠成，顺理成章。

（3）取譬设喻。孟子散文长于譬喻，本篇也是如此。例如，“力足以举百钧，而不足以举一羽”“明足以察秋毫之末，而不见舆薪”“挟太山以超北海”“为长者折枝”“缘木求鱼”“邹人与楚人战”，等等，非常生动而又言简意赅地说明了道理。孟子这些比喻，并非实际存在的事物，而是凭空造说，带有寓言性和夸张性，却并不给人虚假之感，而是更显道理之真、情事之实。

此外，本文还在许多方面表现了孟子的论辩艺术和语言技巧。例如，以“以羊易牛”这种齐宣王亲身经历的事情说服齐宣王，不仅有故事性，使文章更生动形象，而且也更有说服力，更易被齐宣王所接受。同时，文中句式不断变化，大量运用排比句式，而且单句和排比句交错使用，既有引经据典之句，更多明白浅显之语，使全文笔势灵活，文词富赡。

三

人之性恶，其善者伪也。

今人之性，生而有好利焉，顺是，故争夺生而辞让亡焉；生而有疾恶焉，顺是，故残贼生而忠信亡焉；生而有耳目之欲，有好声色焉，顺是，故淫乱生而礼义文理亡焉。然则从人之性，顺人之情，必出于争夺，合于犯分乱理，而归于暴。故必将有师法之化，礼义之道，然后出于辞让，合于文理，而归于治。用此观之，人之性恶明矣，其善者伪也。

故枸木必将待檃栝、烝矫然后直；钝金必将待砻厉然后利；今人之性恶，必将待师法然后正，得礼义然后治，今人无师法，则偏险而不正；无礼义，则悖乱而不治。古者圣王以人性恶，以为偏险而不正，悖乱而不治，是以为之起礼义，制法度，以矫饰人之情性而正之，以扰化人之情性而导之也，始皆出于治，合于道者也。今人之化师法，积文学，道礼义者为君子；纵性情，安恣睢，而违礼义者为小人。用此观之，人之性恶明矣，其善者伪也。

【选自《荀子·性恶篇》】

【点评】

荀子的文章，在先秦诸子的哲理散文中是独具风格的，它既不像《老子》那样，用正反相成、矛盾统一的辩证法思想贯穿始终，又不像《墨子》那样，用严密、周详的形式逻辑进行推理；既不像《庄子》那样，海阔天空、神思飞越，富有浪漫主义色彩，又不像《孟子》那样，语言犀利、气势磅礴，具有雄辩家的特点。荀子是老老实实地讲述道理。他的文章朴实浑厚、详尽严谨，句式比较整齐，而且擅长用多样化的比喻阐明深刻道理。这一切构成了荀子文章的特色。有人曾将《荀子》一书概括为“学者之文”，这是十分恰当的评论。

《性恶篇》是《荀子》一书的第 23 篇，阐述了荀子的伦理思想，旨在批判孟子的性善论，阐明关于人性邪恶的社会观。“性恶论”是荀子思想中最著名的观点，也是其政治思想的基石。

文章先从人的物质欲望和心理要求出发，论证了“人之性恶”的道理。为了改变人性之恶，他一方面特别强调后天的教育和环境的影响，主张“求贤师”“择良友”；另一方面则特别强调政治的作用，提出了“立君上之势以临之，明礼义以化之，起法正以治之，重刑罚以禁之”的政治主张。总之，荀子认为“人之性恶”，其宗旨则在于以道德的、政治的手段去改恶为善。

四

请问为政？曰：贤能不待次而举，罢不能不待须而废，元恶不待教而诛，中庸民不待政而化。分未定也则有昭缪。虽王公士大夫之子孙，不能属于礼义，则归之庶人。虽庶人之子孙也，积文学，正身行，能属于礼义，而归之卿相士大夫。故奸言、奸说、奸事、奸能、遁逃反侧之民，职而教之，须而待之，勉之以庆赏，惩之以刑罚，安职则畜，不安职而弃。五疾，上收而养之，材而事之，官施而衣食之，兼覆无遗。才行反时者死无赦。夫是之谓天德，王者之政也。

【选自《荀子 · 王制篇》】

【点评】

本文是荀子对政治的看法。荀子认为王者之政是一种用贤罢废、诛恶化民的政治，赏罚分明，可以使人人归于礼义。处理政事要用礼和法两手。君王不要事必躬亲，要靠君子治国。另外必须明确尊卑等级，使之相互制约。荀子提出，良好的统治者应具备平政爱民、隆礼敬士、尚贤使能的品格和手段，这是他所应做的三件大事。

能力培养与训练

【观】请观看《百家讲坛之〈论语〉感悟》，你是否赞同于丹教授对《论语》的解读与评价？如果不完全赞同，那你有何见解？

【说】简要概述先秦各位儒家代表性人物思想的精髓，谈谈你更认同谁的见解。

【读】请阅读现代教育出版社 2013 年出版的《国学百家讲坛：儒学》一书。

【写】以“我之儒学观”或“我心中的儒家精神”为题，写一篇不少于 600 字的学习心得。

第二章
道家精神

目标考核

1. 了解道家思想的产生过程；
2. 掌握老子与庄子的思想精髓。

导语

道家思想讲究顺其自然，不强行违背自然规律，因此，虽然一个人若想取得成功必定要有执著的精神，但如果过分执著，超过了应有的“度”，甚至将“执著”变为了“执拗”，那就会陷入误区，以致走上歧途。所以，有时候学会放手也是一种解决问题和走向成功的方法。道家思想将教会我们如何将一些事物看开、想透，进而从另一个方面、另一个角度去认识问题、分析问题，并换一种方式去解决问题。

案例阅读

《三国演义》中有一个非常著名的故事，叫“诸葛亮三气周瑜”，即一气：智取南郡。诸葛亮和周瑜约定：让周瑜先攻，如果攻不下，就由诸葛亮去攻，谁攻下归谁。南郡是曹仁防守的地区。结果周瑜费尽心思攻下时，却已经被诸葛亮趁他不防备占领了。二气：周瑜想用美人计留下刘备，却被诸葛亮发觉，用计策将刘备夫妇接了回来，并让人在船头喊话取笑周瑜，“周郎妙计安天下，赔了夫人又折兵”。三气：周瑜想取荆州，假说想取汉中，借道荆州，趁刘备等人出来迎接时一举擒获，这是“借途灭虢”之计。最终也被诸葛亮识破，使得周瑜被围，周瑜气急又加之旧伤复发，不治身亡，吴军最后经过苦战才得以逃出，这是第三气。

周瑜没有一个正确的心态，面对一个才能和智谋都高过自己的人，他不是去讨教，而是选择了嫉妒和想方设法与之争斗甚至陷害，这种心态终究使自己心愿难遂并英年早逝。

但需要说明的是，这是《三国演义》为了凸显诸葛亮的高大形象所虚构的一段内容，历史上的周瑜是东汉末年东吴杰出的军事家，不仅通军事、善音律，还心胸宽广，深受孙权及文武百官乃至后世的敬重与怀念。

一、基本概况

道家最早可以追溯到上古时期。春秋时，老子集古圣先贤之大智慧，总结了古老的道家思想之精华，形成了道家完整的系统理论，标志着道家思想已经正式成型。其学说以“道”为最高哲学范畴，认为“道”是世界的最高真理，“道”是宇宙万物的本源，“道”是宇宙万物赖以生存的依据。

道家思想崇尚自然，有辩证法的因素和无神论的倾向，主张清静无为，反对斗争；提倡道法自然，无所不容，无为而治，与自然和谐相处。

道家思想用“道”来探究自然、社会和人生三者之间的关系。中国历史上的汉文帝、汉景帝、唐太宗、唐玄宗、宋仁宗和明太祖等皆曾以道家思想治国，使人民在前朝苛政之后得以休养生息，因此，在这些帝王统治的时期，当时社会呈现出一派繁荣昌盛的景象，历史上将这些时期分别称为文景之治、贞观之治、开元盛世、仁宗盛治、洪武之治。

道家学派的代表人物有黄帝、炎帝、老子、庄子、列子、鬼谷子等。一般以伏羲为远祖、黄帝为始祖、老子为道祖、张陵（张道陵）为教祖。

先秦各学派中，道家虽然没有儒家和墨家那么多门徒，但随着历史的发展，道家思想以其独有的宇宙、社会和人生领悟，在哲学思想上呈现出永恒的价值与生命力。

二、产生背景

（一）社会渊源（社会大背景）

统一的周王朝名存实亡，各诸侯国之间战争频繁，思想比较自由；而各诸侯国不仅有自己的政治经济制度，而且有自己独特的文化传统。这样的社会背景有利于各种文化思想的产生，当然也包括极其强调“清静无为”和“天人合一”的道家思想。

（二）思想渊源（思想根源）

道家学派产生的思想根源主要来自三个方面。第一，源自《易经》。儒家传承了《易经》的乾卦，而道家则传承了《易经》中的坤卦和谦卦，即重视“地势坤，君子以厚德载物”。第二，源自老子故国（陈）的传统文化。陈文化有两个近乎宗教式的崇拜：一是对月亮的尊崇，二是对女性的尊崇。而对女性的尊崇则重点强调尊崇女性的品德——柔情似水，以柔克刚；尊崇女性化育万物，抚育生命。第三，源自楚国的隐士文化。一是楚国隐士对于中原文化，特别是对于儒家文化采取的是批判的态度；二是和政治采取不合作的态度，宁可隐居，也不出仕为官 。以上三方面对形成道家思想具有很大影响。

（三）职业渊源

《汉书·艺文志》记载：“道家者流，盖出于史官，历记成败存亡祸福古今之道，然后知秉要执本，清虚以自得，卑弱以自持，此君人南面之术也。”可见，史官是形成道家思想的主要职业群体。

三、发展历程

（一）春秋老子

老子的思想主张是“无为”，老子的理想政治境界是“邻国相望，鸡犬之声相闻，民至老死不相往来”。《老子》以“道”解释宇宙万物的演变，“道”为客观自然规律，同时又具有“独立不改，周行而不殆”的永恒意义。其学说对中国哲学发展具有深远影响，其内容主要见《道德经》（又名《老子》）这本书。他的哲学思想和由他创立的道家学派，对我国古代思想文化的发展做出了重要贡献。

（二）战国庄子

庄子是道家学派的代表人物，老子哲学思想的继承者和发展者。他的学说涵盖着当时社会生活的方方面面，但根本精神还是归依于老子的哲学。主要思想是“天道无为”，认为一切事物都在变化。他认为，“道”是“先天生地”的，从“道未始有封”（即“道”是无界限差别的），属主观唯心主义体系。在政治上主张“无为而治”，反对一切社会制度，主张摈弃一切文化知识。

（三）西汉初年的“无为”政治

西汉初期，特别是汉文帝和汉景帝统治时期，非常重视道家思想。汉初的封建统治者鉴于秦王朝“举措暴众而用刑太极”，以致被迅速推翻的教训，大都喜好“黄老之术”，“改秦之败”，实行与民休养生息的“无为”政治，以安定社会、恢复经济、缓和阶级矛盾和统治集团内部的矛盾，一度形成黄老之学盛极一时的局面。根据当时政治社会的需要，学者们对先秦的黄老之学进行了改造，使它成为兼“采儒墨之善，撮名、法之要”，而以儒、道、法三者相互渗透为主的思想体系。但后来因汉代淮王刘安谋反，而谋反者所使用的理论武器便是黄老之学，所以，黄老之学的“无为而治”受到了严重挑战，进而致使道家思想逐渐走向落没。汉武帝独尊儒术后，道家学派从此便不再是中国古代思想中的主流。

（四）复兴、鼎盛时期

魏晋玄学是道家思想最明显的复兴思潮。魏晋玄学是魏晋时期出现的一种崇尚老庄的思潮。“玄”这一概念最早出现于《道德经》，即“玄之又玄，众妙之门”。汉代扬雄也讲“玄”，他在《太玄·玄摛》中说：“玄者，幽摛万类，不见形者也。”王弼则在《老子指略》中说：“玄，谓之深者也。”玄学即是研究幽深玄远问题的学说。魏晋时人注重《道德经》《庄子》和《周易》，称之为“三玄”，《道德经》和《庄子》还被视为“玄宗”。

唐代时期，道教被定为国教，宋元时期亦复如是，乃至明朝依旧极为重视道家，甚至在个别时期曾取代儒学地位。

四、精神实质

（一）“道法自然”

“道法自然”即人与自然和谐的生态伦理精神。《道德经》说，“道大，天大，地大，人亦大”，“域中有四大，而人居其一焉”。这就清楚地说明人和万物是平等的，人并不比其他万物具有更高的地位。道家崇尚自然，主张遵循客观规律，人应法天、法地、法自然，即“道法自然”。“道法自然”揭示了整个宇宙的特性以及生生不息的流行规律。“道”又通过“德”的外化作用，把天地间这些包罗万象的事物的属性完整地表现出来，即“观天之道，执天之行”。在道家看来，人和万物共同构成了一个有机的整体。《庄子·齐物论》上说：“天地与我并生，而万物与我为一。”所以，道法自然，要求做到无为。无为并不是指无所作为，而是反对过多的人为干涉。老子认为，人与万物都根源于“道”，“道”是人与世界的一种本原关系，它是“天地之始”“万物之母”“众妙之门”，是一切实践活动的出发点和归宿。

（二）“天人合一”

人与自然的和谐关系在于“道”，“道”的意义不仅在于自然生态和谐统一，更在于人与宇宙的和谐统一，在于生命的主体和自然的客体在生态学和美学基础之上，实现“天人合一”的生态美的合理结合。中国传统哲学里的“天人”关系实际上是指人和自然的关系。中国传统文化特别强调人与自然的亲和与协调，追求“天人合一”境界。自然界自然而然，人只有遵循自然的法则，合乎自然的要求，才能为自然界所接纳。在天之道与人之道的对比中，舍弃“人之道”，而崇尚“天之道”，保持天地自然的均衡与和谐，以获得“天人”之亲和，而人也必须遵循自然的法则才能发展。“天道”“地道”“人道”之本是“生态”之道。

（三）“致虚守静”

道家认为，身与心和谐的生命可以超越精神。道家主张把个体的自然存在和精神自由置于一切外在的附加物之上，走出人生的困境，挣脱“物役”的束缚，追求个性解放和自由人生。老子主张“返璞归真”，认为人的生命存在要与自然沟通，节制和超越物质欲望，不让尘世的喜怒哀乐扰乱自己恬淡自由、纯洁的心境，自始至终保持自己的自然天性。因此，老子提出了“致虚极，守静笃”的修道方式。庄子则认为，人生的第一要义是自由，而现实社会中的仁义道德、世俗价值、名位利禄、政教礼法等都是束缚人、奴役人的藩篱。庄子为达到“圣人无己，神人无功，圣人无名”的自由境界，明确提出“坐忘”“守道”“心对于人的问题”。

《道德经》除了讲人与宇宙的和谐统一，还讨论了人自身的和谐问题，即人自身的内在和谐。它首先阐释了生态人的内涵。人之生态首先是“无乐”“至乐无乐”。“无乐”即是不为身外的利禄、名声富贵等外物所牵累的一种平常心，是一种放弃名利、一切顺其自然的自然之情。自然之情乃人之常情，无所谓快乐与不快乐，安适、恬静、自然，“无乐”才是人的自然常态。人应恬然淡泊、清静无为、顺其自然，诗意般地生活在世上。道家提倡“见素抱朴”“粗茶淡饭”的节俭生活方式，“知足常乐”，保持内心的安宁平静，还提倡个人要与社会无害亦无争，从而在个人与宇宙自然的大范围内实现和谐交互。这种和谐思想能够对我国当前和谐社会的建设提供直接的理论借鉴。在稳定中建设和谐社会，这不仅是一个理想，也是社会发展的需要。

（四）“无为而治”

老子如是理解天道：“人法地，地法天，天法道，道法自然。”老子（《道德经》第三章）说：“为无为，则无不治。”道家提出的“无为而治”，其基本涵义一是因任自然，二是不恣意妄为。因任自然，是说统治者治理国家应当遵循自然的原则，让人民自我化育、自我发展、自我完善，政府的职责在于辅助人民，使其充分、自由自在地活动，如此，人民自然平安富足，社会自然和谐安稳。老子的理想社会是“小国寡民，使有什伯之器而不用，使民重死而不远徙；虽有舟舆，无所乘之；虽有甲兵，无所陈之；使人复结绳而用之。甘其食，美其服，安其居，乐其俗。邻国相望，鸡犬之声相闻，民至老死不相往来”。其理想的社会是一个无剥削、无压迫，按着自然规律发展的和谐社会，民众不受干扰，人间无猜忌、无矛盾、无冲突，自由平等，人民各尽其性、各安其事、各得其所，整个社会安泰和美，其乐融融。

【例文】

一

道可道也，非恒道也。名可名也，非恒名也。无名，万物之始也；有名，万物之母也。故恒无欲也，以观其妙；恒有欲也，以观其所徼。两者同出，异名同谓。玄之又玄，众妙之门。

【选自《道德经》】

【点评】

这段文字是说，“道”如果可以用言语来表述，那它就是常“道”（“道”是可以用言语来表述的，它并非一般的“道”）；“名”如果可以用文辞去命名，那它就是常“名”（“名”也是可以说明的，它并非普通的“名”）。“无”可以用来表述天地混沌未开之际的状况；而“有”，则是宇宙万物产生之本原的命名。因此，要常从“无”中去观察领悟“道”的奥妙，要常从“有”中去观察体会“道”的端倪。无与有这两者，来源相同而名称相异，都可以称之为玄妙、深远。它不是一般的玄妙、深奥，而是玄妙又玄妙、深远又深远，是宇宙天地万物之奥妙的总门（从“有名”的奥妙到达无形的奥妙，“道”是洞悉一切奥妙变化的门径）。

老子破天荒提出“道”这个概念来作为自己哲学思想体系的核心。它的涵义博大精深，可从历史的角度来认识，也可从文学的方面去理解，还可从美学原理去探求，更应从哲学体系的辩证法去思维。

哲学家们在解释“道”这一范畴时，看法并不完全一致。有的认为它是一种物质性的东西，是构成宇宙万物的元素；有的认为它是一种精神性的东西，同时也是产生宇宙万物的源泉。不过在“道”的解释中，学者们也有大致相同的认识，即认为它是运动变化的，而非僵化静止的；而且宇宙万物包括自然界、人类社会和人的思维等一切运动，都是遵循“道”的规律而发展变化。总之，在这一章里，老子说“道”产生了天地万物，但它不可以用语言来说明，而是非常深邃奥妙的，并不是可以轻而易举地加以领会的，这需要一个从“无”到“有”的循序渐进的过程。

二

天下皆知美之为美，斯恶已；皆知善之为善，斯不善已。故有无相生，难易相成，长短相形，高下相倾，音声相和，前后相随。是以圣人处无为之事，行不言之教，万物作焉而不辞，生而不有，为而不恃，功成而弗居。夫唯不居，是以不去。

【选自《道德经》】

【点评】

老子认为，天下的人都知道并喜欢美好的事物，并且努力去追求美好的事物，产生这种分别心之后，恶的东西就出来了，离道也就越来越远了；天下的人都知道慈悲善良的品德很好，并努力去追求慈悲善良，有了这种是非观念之后，不善良慈悲的品格就出现了，离道也就越来越远了。因为整个宇宙本来就没有什么美丑善恶，本来就没有是非对错；修行就要做到无眼耳鼻舌身心意，就要修行到无七情六欲、无是非善良和无分别心的境界，这样才能够真正观念体悟到“道”的无穷妙用。所以，我们应当知道，有为和无为是对立统一，但又互相转化的。困难和容易是相辅相成、有机统一的，长和短的形状包括事物的长处和短处都是相对的，并且是可以相互改变的，事物外观的高低甚至地位修为的高低都是相对而言的，并且是随时都会发生变化的，各种声音旋律相对独立但又可以互相融合组成美妙的音乐，前面和后面都是相对的，并随着观察点的不同而发生改变（后人将此称为朴素的辩证思想）。因此，圣人就用无为的方法来修行和处理事情，采用实际修行和做实事这种不用语言表达的行动来教化天下的黎民百姓。对于宇宙万事万物的发展变化，对于生活和修行中碰到的各种问题，我们都要顺其自然、自然而然。世界上任何事物的产生和成长，甚至包括我们的劳动和修行的成果，我们都不能真正拥有它们；对于我们所做的全部事情和创立的全部功业，我们修行所得的全部智慧和全部力量，我们都不要为此而感到矜持和了不起，无论事业和修行取得了怎样伟大的成功，我们都不能因此而感到满足和居功自傲。只有我们对于事业和修行所取得的任何成就都不感到满足和居功自傲，我们才能不偏离道，我们才不会离道越来越远。

这是典型的道家所推崇的“无为”和“不争”的思想。

三

秋水时至，百川灌河；泾流之大，两涘渚崖之间不辩牛马。于是焉河伯欣然自喜，以天下之美为尽在己。顺流而东行，至于北海，东面而视，不见水端。于是焉河伯始旋其面目，望洋向若而叹曰：“野语有之曰，‘闻道百，以为莫己若’者，我之谓也。且夫我尝闻少仲尼之闻而轻伯夷之义者，始吾弗信；今我睹子之难穷也，吾非至于子之门则殆矣，吾长见笑于大方之家。”

【选自《庄子·秋水篇》】

【点评】

《秋水》一文意在说明世界上的一切事物都是相对的、暂时的、变化莫测的，庄子是借这篇文章来宣扬他的相对主义和不可知论，这种认识事物的方式包含有很大程度的辩证因素。庄子在表达自己的思想时，一般很少作抽象的概述或理论性的逻辑论证，而是喜欢用寓言来说明道理，寄哲理于形象之中，让人们能够对其所述的哲理有较为深刻的理解与认识。

本段文字以河神见海神为喻，说明人的认识是极其有限的。只要不断通过开拓视野来加以比较，就能感觉出自己的不足。如果盲目地骄傲自满，就难免会贻笑大方。要始终懂得山外有山，天外有天。

四

庄子与惠子游于濠梁之上。庄子曰：“鯈鱼出游从容，是鱼之乐也。”惠子曰：“子非鱼，安知鱼之乐？”庄子曰：“子非我，安知我不知鱼之乐？”惠子曰：“我非子，固不知子矣；子固非鱼也，子之不知鱼之乐，全矣！”庄子曰：“请循其本。子曰：‘汝安知鱼乐’云者，既已知吾知之而问我。我知之濠上也。”

【选自《庄子·秋水篇》】

【点评】

本段文字轻松闲适，诗意盎然。一力辩，一巧辩；一求真，一尚美；一拘泥，一超然，让人读后会心一笑而沉思良久。

惠子好辩，重分析，对于事物有一种寻根究底的认知态度，重在知识的探讨；庄子智辩，重观赏，对外界的认识带有欣赏的态度，将主观的情意发挥到外物上而产生移情同感的作用。如果说惠子带有逻辑家的个性，那么，庄子则具有艺术家的风貌。

能力培养与训练

【观】请观看《百家讲坛之〈道德经〉》，你对其中哪一整集或哪一部分的内容印象比较深刻？为什么？

【说】请谈谈你对道家思想中所提倡的“天人合一”这一观点的看法。

【读】请阅读中华书局2012年出版的《道家的人文精神》一书。

【写】以“道家思想之我见”或“我心中的道家”为题，写一篇不少于600字的学习心得。

第三章
其他诸子百家精神

目标考核

1. 了解先秦时期诸子百家产生的时代背景；
2. 掌握诸子百家中主要学派的思想核心。

导语

中国传统文化是以儒家为核心，结合释、道为一体的综合体系。尽管儒家文化与道家思想是形成中华传统文化的主要基础，但是，中华优秀传统文化中还包括了先秦其他学派的思想与精神。其实，中华传统文化是中华文明成果最根本的创造力，是民族历史上道德传承、各种文化思想和精神观念形态的总称。它是将以老子、孔子为代表的道儒文化作为主体，是中国约 5 000 年历史中延绵不断的政治、经济、思想、艺术等各类物质和非物质文化的总和。适当了解除儒家和道家以外的先秦时期其他学派的思想，有利于大学生丰富自己的知识体系，并提升对中华优秀传统文化的理解与认识，进而加强自身的民族自尊心与自信心，使大学生乐于在专业学习中投入更大的精力，以对其专业课的学习起到推动与促进作用。

案例阅读

依法惩治网络谣言　共建法治社会

2017 年 4 月 1 日早晨，泸县太伏中学学生赵某被发现俯卧于该校男生宿舍楼外地面，经确认已死亡。当日下午，赵某家属赶到案发现场要求政府查明死因。泸县公安局随即对赵某死因展开调查，于次日通过“平安泸县”官方微信公众号发布了“赵某损伤符合高坠伤特征，现有证据排除他人加害死亡”的通报。

同月 3 日中午，唐小波来到泸县太伏中学门口及附近参与围观，用手机拍摄警察现场处置的视频，在明知“赵某是被打死的”信息不实的情况下，仍于当日 15 时许将拍摄的视频配以“太腐败了，孩子明明是打死的，非得说是跳楼摔死的”等虚假言论发表在自己的 QQ 空间，后该言论和视频被转发 13 400 次，8.7 万人点赞，评论 310 条。随后，唐小波利用其 QQ 号先后建立了三个 QQ 群，用于讨论该事件，并在 QQ 群中传播其拍摄的现场视频和虚假的评论以及其下载的用于混淆视听的其他视频。同月4日，唐小波通过“说说”编造、传播了“……孩子被5个霸凌打死在学校，公安局和学校为了掩盖事实真相而说孩子是在学校意外坠楼死亡……武警、民警、特警持铁棒殴打街上不能接受公安局及学校和政府说法的百姓”等虚假信息，借机生事并扩大影响。同月7日上午，唐小波在泸县太伏镇街上被泸县公安局民警传唤到案。

泸县太伏中学学生死亡事件发生后，由于唐小波等人在网络上传播虚假信息，致使大量不明真相的群众在太伏中学门口长时间聚集，导致太伏镇街道交通一度中断，太伏中学被迫停课两天。为维护当地的秩序，泸县公安局全员出动，并通过泸州市公安局调集了邻县区民警以及在四川警察学院的集训民警，与政府、村社干部及民兵共同配合，全力维护泸县太伏镇街道及周边社会秩序。当地政府及时向社会通报情况进行辟谣，组织大量人力、物力采取各种措施维持社会秩序，网络秩序和现场秩序才逐渐得以好转。

四川省泸县人民法院经审理认为，被告人唐小波已构成寻衅滋事罪，依法应予严惩。最终依法判处被告人唐小波有期徒刑二年六个月，并没收其作案手机、笔记本电脑、硬盘等作案工具。

近年来，国家网信办依据网络安全法相继出台《互联网新闻信息服务管理规定》和《互联网用户公众账号信息服务管理规定》等法规性文件，将自媒体管理纳入法治化、规范化、制度化轨道。任何人、任何账号违法违规发布信息危害社会、扰乱正常秩序都必将被依法依规从严查处。这将为我国构建法治社会奠定坚实的基础。

一、基本概况

诸子指的是中国先秦时期以管子、老子、孔子、庄子、墨子、孟子、荀子等为代表的学术流派的代表性人物；百家指的是儒家、道家、墨家、名家、法家等学术流派。诸子百家是后世对先秦学术思想人物和派别的总称。

春秋后期已出现颇有社会影响的法家、道家、儒家、墨家、阴阳家等不同学派，而至战国中期，许多学派纷呈，众多学说丰富多彩，为中国文化发展奠定了宽广的基础，学界一般将这一时期称为诸子百家或百家争鸣时期。一般而言，以孔子、老子、墨子为代表的三大哲学体系，形成了诸子百家争鸣的繁荣局面。

据《汉书·艺文志》记载，春秋、战国及秦汉时期数得上名字的学术流派一共有189家。其后的《隋书·经籍志》和《四库全书总目》等书则记载“诸子百家”实有上千家，但流传较广、影响较大、最为著名的不过几十家而已，而最终只有12家被发展成学派。

诸子百家之流传中最为广泛的是法家、道家、墨家、儒家、阴阳家、名家、杂家、农家、小说家、纵横家、兵家、医家。

二、产生背景

（一）经济上

井田制逐步瓦解，土地私有制逐步确立。

（二）政治上

分封制、宗法制、礼乐制以及世卿世禄制逐步瓦解，不再能很好地维持统治，中央集权的原则逐渐确立。

（三）文化上

社会经济、政治的大变革带来了文化的大繁荣。

三、发展历程

春秋时代王室衰微，诸侯争霸，学者们周游列国，为诸侯出谋划策，到战国时代已基本形成了“百家争鸣”的局面。传统上关于百家的划分，最早源于司马迁的父亲司马谈。他在《论六家要旨》中，将百家首次划分为“阴阳、儒、墨、名、法、道”六家。后来，刘歆在《七略》中，在司马谈划分的基础上，增“纵横、杂、农、小说”为十家。班固在《汉书·艺文志》中袭刘歆，并认为“诸子十家，其可观者九家而已”。后来，人们去“小说家”，将剩下的九家称为“九流”。

自此，中国古代学术界都依从班固的说法，于是，百家就成了“九流”。但今人吕思勉却在《先秦学术概论》一书中再增“兵、医”。他认为，“故论先秦学术，实可分为阴阳、儒、墨、名、法、道、纵横、杂、农、小说、兵、医十二家也”。

在中国历史上，西周以前学在官府，东周以后，学逐步走向民间。

春秋战国时代，王权衰落，诸侯争霸。为了壮大自己的实力，各国开放政权以招揽人才。这打破了本来的贵族政治体制，使得原本几乎没有资格参与政治的庶民可以发表自己的政见并参与政治决策。同时，人口的增加、土地分配困难以及社会发生剧变，也导致一些知识分子开始钻研政治，为各国诸侯的争霸和统一出谋划策。因此，这一时期有思想的知识分子面对现实的社会问题、人生问题等，提出了解决的办法和思想。由于个人利害与国家之间的利害交互运用、相互影响，于是，各种学说、思想纷纷出现。

西周的灭亡促使人们更多地转向对天下兴亡的思考，打破了“庶人不议”的观念，取而代之的是“处士横议”的活跃风气。在对人、事及社会的广泛探讨中，人们不再崇信“天道”，进而在如何统一天下、治理国家、教化民众等方面形成了各种不同的学派。这些学派的创立者和代表人物被合称为“诸子”，“百家”则指这些学派。

当时，最有影响的学派主要是儒家、墨家、道家和法家。各学派的人物针对一些社会问题或四处游说，以推行自己的政治主张，或著书立说，以宣传自己的思想理念，这使得人们的思想空前活跃，在中国文化史上形成了一个百家争鸣、空前繁荣的局面。诸子百家的学术观点反映在他们的文学作品中，也随之形成了不同的学术和文学派别。诸子散文大都观点鲜明、言辞犀利、感情充沛，表达方式灵活多样，具有很强的感染力，所以，诸子百家散文不仅具有重要的学术价值，同时也具有重要的文学价值。

四、主要学派

（一）法家

法家是战国时期的重要学派之一，因主张以法治国，“不别亲疏，不殊贵贱，一断于法”，故称为法家。春秋时期，管仲、子产即是法家的先驱。战国初期，李悝、商鞅、申不害、慎到等开创了法家学派。至战国末期，韩非综合商鞅的“法”、慎到的“势”和申不害的“术”，以及法家思想学说之大成，成为法家学派的代表人物。

在中国传统法治文化中，齐国的法治思想独树一帜，被称为“东方法家”或“齐法家”。齐国是“功冠群公”的西周王朝开国功臣姜太公的封国，姜太公的祖先伯夷辅佐虞舜，制礼作教，立法设刑，始创立礼法并用的制度。太公封齐，简礼从俗，法立令行，礼法并用，成为齐国传承不废的治国之道。管仲辅佐齐桓公治齐，一方面将礼义廉耻作为维系国家的擎天之柱，张扬礼义廉耻道德教化的重要性；另一方面，强调以法治国，君臣上下贵贱皆从法，成为中国历史上第一个提出以法治国的人。至战国时期，齐国成为中国历史上第一次思想解放运动和百家争鸣的策源地，继承弘扬管仲思想的一批稷下先生形成了管仲学派。管仲学派兼重法教的法治思想成为先秦法家学派的最高成就。在稷下学宫“三为祭酒”、深受齐文化熏陶的荀子，还培养出韩非和李斯两位法家代表人物。先秦法家主要分为齐法家和秦晋法家两大阵营。秦晋法家主张不别亲疏，不殊贵贱，一断于法，齐法家主张以法治国，法教兼重；秦晋法家奉法、术、势为至尊与圭臬，齐法家既重术、势，又重法、教。

春秋战国时期，法家思想成为一种主要派系，他们提出了至今仍然影响深远的以法治国的主张和观念，这就足见他们对法制的高度重视，以及把法律视为一种有利于社会统治的强制性工具。这些体现法制建设的思想，一直被沿用至今，成为中央集权者稳定社会动荡的主要统治手段。当代中国法律的诞生就是受到法家思想的影响，法家思想对于一个国家的政治、文化、道德方面的约束还是很强的，对现代法制的影响也很深远。

法家学派，经济上主张废井田，重农抑商、奖励耕战；政治上主张废分封，设郡县，君主专制，仗势用术，以严刑峻法进行统治；思想和教育方面，则主张以法为教，以吏为师。其学说为君主专制的大一统王朝的建立，提供了理论根据和行动方略。法家主张“以法治国”，而且提出了一整套的理论和方法，这为后来建立的中央集权的秦朝提供了有效的理论依据。后来的汉朝继承了秦朝的集权体制以及法律体制，成为中国古代封建社会政治与法制的主要表现形式。

法家重视法律，反对儒家的“礼”，反对贵族垄断经济和政治利益的世袭特权，要求土地私有和按功劳与才干授予官职。法律的作用就是“定分止争”，也就是明确物件的所有权。“兴功惧暴”，鼓励人们立战功，而使那些不法之徒感到恐惧，兴功的最终目的是为了富国强兵，取得兼并战争的胜利。

法家反对保守的复古思想，主张锐意改革。他们认为，历史是向前发展的，一切的法律和制度都要随历史的发展而发展，既不能复古倒退，也不能因循守旧，因此，提出了“不法古，不循今”的主张。韩非则集法家大成，提出“时移而治，不易者乱”，把守旧的儒家讽刺为守株待兔的愚蠢之人。

（二）墨家

墨家是战国时期的重要学派之一，创始人为墨翟。

这一学派以“兼相爱，交相利”作为学说的基础。兼，视人如己。兼爱，即爱人如己。墨子认为，“天下兼相爱”，就可达到“交相利”的目的。他在政治上主张尚贤、尚同和非攻，在经济上主张强本节用，在思想上提出尊天事鬼。同时，他又提出“非命”的主张，强调靠自身的强力从事。

墨家有严密的组织，成员多来自社会下层，相传皆能赴火蹈刀，以自苦励志。其徒属从事谈辩者，称“墨辩”；从事武侠者，称“墨侠”；领袖称“巨（钜）子”。其纪律严明，相传“墨者之法，杀人者死，伤人者刑”。

墨翟死后，墨家分裂为三派。至战国后期，汇合成二支：一支注重对认识论、逻辑学、数学、光学、力学等学科的研究，是谓“墨家后学”（亦称“后期墨家”），另一支则转化为秦汉社会的游侠。

尚贤、尚同是墨家的基本政治纲领。墨家与儒家并称“显学”。墨家的主要观念包括以下一些内容。

伦理观：提出“兼爱”，主张爱不应有亲疏、上下、贵贱、等级的分别。他认为，天下之所以大乱，是由于人不相爱。

政治观：主张“尚贤”“尚同”，提倡选任贤才，消除阶级观念，使天下大治，主张“非攻”，反对一切侵略战争。

经济观：反对奢侈的生活，主张节俭，提出“节用”“节葬”“非乐”的思想。

宇宙观：提出“非命”，认为命运不能主宰人的富贵贫贱，强调只要通过后天的努力就可以改变。为了求福避祸，他又主张“尊天”“事鬼”。

由于墨家从创始人墨子到主要的代表人物都是社会中底层的学者，所以，墨家更能体会到战乱时期社会中劳动人民的凄惨生活，因此，相对于儒家的过分讲求“礼”，墨家更注重刻苦、节俭的生活习惯，而且不吝于做底层的劳动工作，被儒生辱为“淫巧之技”。生活上的偏差、立场上的对立和思想上比“仁爱”更难遵从的“兼爱”，使得墨家并未得到统治者的支持，日后发展不大。

（三）名家

名家是战国时期的重要学派之一，因以从事论辩“名”（名称、概念）“实”（事实、实在）为主要学术活动而被后人称为“名家”。当时人则称为“辩者”“察士”或“刑（形）名家”。代表人物为惠施和公孙龙。

名家注重辩论“名”与“实”之间的关系。名家与各家的不同之处在于“正名实”的方法。他们主要是以逻辑原理来分析事物，而辩的内容，又多半是与政治实务无关的哲学问题。因此，名家的理论在中国五千年来的学术沿革里，一直被冠上一个“诡辩”的恶名。

名家的没落，除了因为不受上位者的支持之外，也因为弟子们并不能提出超越前人的创新主张。

（四）阴阳家

阴阳家是战国时期的重要学派之一，因提倡阴阳五行学说，并用它来解释社会人事而得名。这一学派，当源于上古执掌天文历数的统治阶层，代表人物为战国时的齐人邹衍。

阴阳学说认为，阴阳是事物本身具有的正反两种对立和转化的力量，可用以说明事物发展变化的规律。五行学说认为，万物皆由木、火、土、金、水五种元素组成，其间有相生和相胜（尅）两大定律，可用以说明宇宙万物的起源和变化。邹衍综合二者，根据五行相生相胜说，把五行的属性释为“五德”，创“五德终始说”，并以之作为历代王朝兴废的规律，为新兴的大一统王朝的建立提供理论根据。

《汉书·艺文志》著录此派著作 21 种，已全部散佚。成书于战国后期的《礼记·月令》，有人说是阴阳家的作品。《管子》中有些篇亦属阴阳家之作，《吕氏春秋·应同》《淮南子·齐俗训》《史记·秦始皇本纪》中都保留了一些关于阴阳家的材料。

在自然观上，阴阳家利用《周易》经传的阴阳观念，提出了宇宙演化论；又从《尚书》的“九州划分”进而提出“大九州”说，认为中国为赤县神州，内有小九州，外则为“大九州”之一。

在历史观上，阴阳家把《尚书》的五行观改造为“五德终始”，又称“五德转移”。“五德”指五行的属性，即土德、木德、金德、水德、火德。按阴阳家的说法，宇宙万物与五行对应，各具其德，而天道的运行、人世的变迁、王朝的更替等，则是“五德转移”的结果，其目的是为当时的社会变革进行论证。

在政治伦理上，阴阳家认为，“止乎仁义节俭，君臣上下六亲之施”，赞成儒家仁义学说，同时强调“因阴阳之大顺”，其中包含若干天文、历法、气象和地理学的知识，有一定的科学价值。

汉初，阴阳家还存在，而汉武帝罢百家后，其学派的部分内容融入了儒家思想体系，又有部分内容为原始道家思想，于是，作为独立学派的阴阳家便不存在了。

（五）纵横家

纵横家的代表人物为苏秦、张仪，创始人为鬼谷子，主要言论传于《战国策》。

纵横家是中国战国时以纵横捭阖之策游说诸侯，从事政治、外交活动的谋士。列为诸子百家之一。

战国时，南与北合为纵，西与东连为横，苏秦力主燕、赵、韩、魏、齐、楚合纵以拒秦，张仪则力破合纵，连横六国分别事秦，纵横家由此得名。“纵”指“合纵”，“横”指“连横”。他们的活动对于战国时政治、军事格局的变化有重要的影响。

《战国策》对纵横家的活动有大量的记载。据《汉书·艺文志》记载，纵横家曾有著作“十六家百七篇”。

苏秦和张仪为最著名的纵横家，没有苏、张，就不存在合纵与连横，自然也就不会有所谓纵横学和纵横家。后来的主父偃也是纵横家的代表。纵横家的著作，如苏秦的《苏子》，张仪的《张子》等，大部分在汉朝前已亡佚。现世仅存的《鬼谷子》是纵横家唯一的议论著作。

（六）杂家

杂家是战国末期的综合学派。因“兼儒墨、合名法”，“于百家之道无不贯综”而得名。秦相吕不韦聚集门客编著的《吕氏春秋》，是一部典型的杂家著作集。

严格说来，“杂家”并不是一门有意识、有传承的学派，所以，它也并不自命为“杂家”。自从《汉书·艺文志》第一次把《吕氏春秋》归入“杂家”之后，这个学派才正式被定名。

春秋战国时代，百家争鸣，各家都有自己的对策与治国主张。为了打败其他流派，各学派或多或少地吸收其他流派的学说，或以攻诘对方，或以弥补自己学说的缺陷。然而，任何一个流派也都有其特色与长处，而“杂家”便是充分地利用这个特点，博采众议，形成了一套在思想上兼容并蓄却又切实可行的治国方针。

（七）农家

农家是战国时期的重要学派之一，因注重农业生产而得名。此派出自上古管理农业生产的官吏，他们认为，农业是衣食之本，应放在一切工作的首位。《孟子·滕文公上》记有许行（农家的代表性人物）其人，“为神农之言”，提出贤者应“与民并耕而食，饔飧而治”，表现了农家的社会政治理想。此派也特别注意对农业生产技术和成功经验的记录与总结。《吕氏春秋》中的《上农》《任地》《辩土》《审时》等篇，被认为是研究先秦农家的重要资料。

农家者流，出于农稷之官。其言多重播百谷，劝农桑，以足衣食。连孔子亦曰：“所重民食”，故可见此为其所长。

农家主张与民同耕，进而论及君民并耕，此可说是一个很大的自由平等之观念，故不免引起重视“正名”的儒者之反对，认为这是弃君臣之义，徇耕稼之利，而乱上下之序。

农家书多为农圃之技，而非学理，但其最高之理想为与民同耕，虽为一平等阶级口号，但亦不容于儒者，是故其著多亡佚。

（八）小说家

小说家，先秦九流十家之一，乃采集民间传说议论，借以考察民情风俗。《汉书·艺文志》云："小说家者流，盖出于稗官。街谈巷语，道听途说者之所造也。"

小说家者之起源，当盖出于稗官，即出于以说故事为生者。其意多为街谈巷语，道听途说者之所造。传载舆人之诵，诗美询于刍荛。

古时之人以圣人在上，史为书，瞽为诗，工诵箴谏，大夫规诲，士传言而庶人多以之谤之。而至孟春，徇木铎以求歌谣，巡省观人诗，以知风俗。过则正之，失则改之，道听途说，靡不毕纪。

小说家者能代表平民社会之四方风俗。然亦因其之小道，而不为世人所重，终致弗灭。

（九）兵家

兵家是中国古代对战略家与军事家的通称，又特指先秦对战略与战争研究的派别。

兵家重点在于指导战争，在不得不运用武力达到目的时，怎么样去使用武力。创始人是孙武，兵家又分为兵权谋家、兵形势家、兵阴阳家和兵技巧家四类。

兵家主要代表人物包括春秋末期的孙武、司马穰苴；战国时期的孙膑、吴起、尉缭、魏无忌、白起等。今存兵家著作有《黄帝阴符经》《六韬》《三略》《孙子兵法》《司马法》《孙膑兵法》《吴子》《尉缭子》等。其中，孙武的《孙子兵法》被誉为兵家的集大成者。各家学说虽有异同，但其中都包含丰富的朴素唯物论与辩证法因素。兵家的实践活动与理论对当时及后世影响甚大，为我国古代宝贵的军事思想遗产。因此，中国自古以来兵家一直是受到重视的。

（十）医家

中国医学理论的形成，是在公元前五世纪下半叶到公元三世纪中叶，共经历了七百多年。公元前五世纪下半叶，中国开始进入封建社会。从奴隶社会向封建社会过渡，到最终封建制度确立，这在中国历史上是一个大动荡的时期。社会制度的变革，促进了经济的发展，意识形态、科学文化领域也随之出现了新的变化，其中便包括医学的发展。医家泛指所有从医的人。代表人物是扁鹊。

【例文】

一

国无常强，无常弱。奉法者强，则国强；奉法者弱，则国弱。荆庄王并国二十六，开地三千里；庄王之氓社稷也，而荆以亡。齐桓公并国三十，启地三千里；桓公之氓社稷也，而齐以亡。燕襄王以河为境，以蓟为国，袭涿、方城，残齐，平中山，有燕者重，无燕者轻；襄王之氓社稷也，而燕以亡。魏安釐王攻燕救赵，取地河东；攻尽陶、魏之地；加兵于齐，私平陆之都；攻韩拔管，胜于淇下；睢阳之事，荆军老而走；蔡、召陵之事，荆军破；兵四布于天下，威行于冠带之国；安釐王死而魏以亡。故有荆庄、齐桓公，则荆、齐可以霸；有燕襄、魏安釐，则燕、魏可以强。今皆亡国者，其群臣官吏皆务所以乱而不务所以治也。其国乱弱矣，又皆释国法而私其外，则是负薪而救火也，乱弱甚矣！

故当今之时，能去私曲就公法者，民安而国治；能去私行行公法者，则兵强而敌弱。故审得失有法度之制者，加以群臣之上，则主不可欺以诈伪；审得失有权衡之称者，以听远事，则主不可欺以天下之轻重。今若以誉进能，则臣离上而下比周；若以党举官，则民务交而不求用于法。故官之失能者其国乱。以誉为赏，以毁为罚也，则好赏恶罚之人，释公行，行私术，比周以相为也。忘主外交，以进其与，则其下所以为上者薄也。交众、与多，外内朋党，虽有大过，其蔽多矣。故忠臣危死于非罪，奸邪之臣安利于无功。忠臣之所以危死而不以其罪，则良臣伏矣；奸邪之臣安利不以功，则奸臣进矣。此亡之本也。若是，则群臣废庆法而行私重，轻公法矣。数至能人之门，不一至主之廷；百虑私家之便，不一图主之国。属数虽多，非所尊君也；百官虽具，非所以任国也。然则主有人主之名，而实托于群臣之家也。故臣曰：亡国之廷无人焉。廷无人者，非朝廷之衰也；家务相益，不务厚国；大臣务相尊，而不务尊君；小臣奉禄养交，不以官为事。此其所以然者，由主之不上断于法，而信下为之也。故明主使法择人，不自举也；使法量功，不自度也。能者不可弊，败者不可饰，誉者不能进，非者弗能退，则君臣之间明辩而易治，故主仇法则可也。

【选自《韩非子·有度》】

【点评】

有度，就是有法度。其实法度不论哪个国家都有，关键是掌握法度的人。所以韩非举了上面几个例子，就是想说明谁真正掌握住法度，谁就能强大。韩非在这里把“依法治理”看得高于一切，确实，在春秋战国时期，混乱了数百年的中原大地，不依靠法治，任何国家都不可能生存下去。周朝传下来的淳厚的民风民俗，被膨胀的、畸形发展的私有制冲得一塌糊涂。失去了行为规范的人们只顾着眼前利益而不知道应该怎样行事。所以，韩非认为，只有以法治国，用法来约束人们的社会行为，国家才能强大。

另外，在选拔任用人才的问题上，不能仅凭自己的感觉，而要用一定的法度。用规定的法度、客观的事实来衡量人才，才能真正做到公平。公平地使用人才，才能使各级官员各司其职，为国家着想。

二

今有一人，入人园圃，窃其桃李，众闻则非之，上为政者，得则罚之，此何也？以亏人自利也。至攘人犬豕鸡豚，其不义又甚入人园圃窃桃李。是何故也？以亏人愈多，其不仁兹甚，罪益厚。至入人栏厩，取人马牛者，其不仁义，又甚攘人犬豕鸡豚，此何故也？以其亏人愈多。苟亏人愈多，其不仁兹甚，罪益厚。至杀不辜人也，拖其衣裘，取戈剑者，其不义，又甚入人栏厩取人马牛。此何故也？以其亏人愈多。苟亏人愈多，其不仁兹甚矣，罪益厚。当此，天下之君子皆知而非之，谓之不义。今至大为攻国，则弗知非，从而誉之，谓之义。此可谓知义与不义之别乎？

杀一人，谓之不义，必有一死罪矣。若以此说往，杀十人，十重不义，必有十死罪矣；杀百人，百重不义，必有百死罪矣。当此，天下之君子皆知而非之，谓之不义。今至大为不义攻国，则弗知非，从而誉之，谓之义，情不知其不义也，故书其言以遗后世。若知其不义也，夫奚说书其不义以遗后世哉？

今有人于此，小见黑曰黑，多见黑曰白，则必以此人为不知白黑之辩矣；少尝苦曰苦，多尝苦曰甘，则必以此人为不知甘苦之辩矣。今小为非，则知而非之；大为非攻国，则不知非，从而誉之，谓之义。此可谓知义与不义之辩乎？是以知天下之君子也，辩义与不义之乱也。

【选自《墨子·非攻》】

【点评】

“非攻”是墨家针对当时诸侯间的兼并战争而提出的反战理论。墨子认为，战争是天下的“巨害”，无论对战胜国还是战败国都将造成巨大损害，因之既不合于“圣王之道”，也不合于“国家百姓之利”。在篇中，他对各种为攻战进行辩护的言论做出了批驳，并进一步将大国对小国的“攻”与有道对无道的“诛”区别开来。

三

苏秦始将连横，说秦惠王曰：“大王之国，西有巴、蜀、汉中之利，北有胡貉、代马之用，南有巫山、黔中之限，东有肴、函之固。田肥美，民殷富，战车万乘，奋击百万，沃野千里，蓄积饶多，地势形便，此所谓‘天府’，天下之雄国也。以大王之贤，士民之众，车骑之用，兵法之教，可以并诸侯，吞天下，称帝而治，愿大王少留意，臣请奏其效。”

秦王曰：“寡人闻之，毛羽不丰满者不可以高飞；文章不成者不可以诛罚；道德不厚者，不可以使民；政教不顺者，不可以烦大臣。今先生俨然不远千里而庭教之，愿以异日。”苏秦曰：“臣固疑大王不能用也。昔者神农伐补遂，黄帝伐涿鹿而禽蚩尤，尧伐驩兜，舜伐三苗，禹伐共工，汤伐有夏，文王伐崇，武王伐纣，齐桓任战而伯天下。由此观之，恶有不战者乎？古者使车毂击驰，言语相结，天下为一；约从连横，兵革不藏；文士并饰，诸侯乱惑，万端俱起，不可胜理；科条既备，民多伪态；书策稠浊，百姓不足；上下相愁，民无所聊；明言章理，兵甲愈起；辩言伟服，战攻不息；繁称文辞，天下不治；舌弊耳聋，不见成功；行义约信，天下不亲。于是，乃废文任武，厚养死士，缀甲厉兵，效胜于战场。夫徒处而致利，安坐而广地，虽古五帝、三王、五伯，明主贤君，常欲坐而致之，其势不能，故以战续之。宽则两军相攻，迫则杖戟相橦，然后可建大功。是故兵胜于外，义强于内；武立于上，民服于下。今欲并天下，凌万乘，诎敌国，制海内，子元元，臣诸侯，非兵不可！今不嗣主，忽于至道，皆惛于教，乱于治，迷于言，惑于语，沉于辩，溺于辞。以此论之，王固不能行也。”说秦王书十上而说不行。黑貂之裘弊，黄金百斤尽，资用乏绝，去秦而归。羸縢履蹻，负书担橐，形容枯槁，面目犁黑，状有愧色。归至家，妻不下纴，嫂不为炊，父母不与言。苏秦喟叹曰：“妻不以我为夫，嫂不以我为叔，父母不以我为子，是皆秦之罪也！”乃夜发书，陈箧数十，得《太公阴符》之谋，伏而诵之，简练以为揣摩。读书欲睡，引锥自刺其股，血流至足。曰：“安有说人主不能出其金玉锦绣，取卿相之尊者乎？”期年，揣摩成，曰：“此真可以说当世之君矣！”

于是乃摩燕乌集阙，见说赵王于华屋之下，抵掌而谈。赵王大悦，封为武安君，受相印。革车百乘，绵绣千纯，白璧百双，黄金万溢，以随其后，约从散横，以抑强秦。故苏秦相于赵而关不通。

当此之时，天下之大，万民之众，王侯之威，谋臣之权，皆欲决苏秦之策。不费斗粮，未烦一兵，未战一士，未绝一弦，未折一矢，诸侯相亲，贤于兄弟。夫贤人在而天下服，一人用而天下从。故曰：式于政，不式于勇；式于廊庙之内，不式于四境之外。当秦之隆，黄金万溢为用，转毂连骑，炫熿于道，山东之国，从风而服，使赵大重。且夫苏秦特穷巷掘门桑户棬枢之士耳，伏轼撙衔，横历天下，廷说诸侯之王，杜左右之口，天下莫之能伉。

将说楚王，路过洛阳，父母闻之，清宫除道，张乐设饮，郊迎三十里。妻侧目而视，倾耳而听；嫂蛇行匍伏，四拜自跪而谢。苏秦曰：“嫂，何前倨而后卑也？”嫂曰：“以季子之位尊而多金。”苏秦曰：“嗟乎！贫穷则父母不子，富贵则亲戚畏惧。人生世上，势位富贵，盖可忽乎哉！”

【选自《战国策·秦策》】

【点评】

本文是写战国纵横家代表人物苏秦的发迹小史。他先是只身赴秦，劝说秦惠王以连横对付六国，“书虽十上”而“说不行”，备受冷遇。于是，他转身以合纵抗秦之策说动赵王，拜为赵相，进而“并相六国”。文中写苏秦两次回家时的不同遭遇和情状，对比鲜明，刻画细致传神，人物形象呼之欲出。其妻、嫂、父母前后态度的强烈反差，更是炎凉世态的经典写照，给人以深刻印象。

四

孙子曰：夫用兵之法，全国为上，破国次之；全军为上，破军次之；全旅为上，破旅次之；全卒为上，破卒次之；全伍为上，破伍次之。是故百战百胜，非善之善者也；不战而屈人之兵，善之善者也。

故上兵伐谋，其次伐交，其次伐兵，其下攻城。攻城之法为不得已。修橹轒辒，具器械，三月而后成，距堙，又三月而后已。将不胜其忿而蚁附之，杀士三分之一而城不拔者，此攻之灾也。

故善用兵者，屈人之兵而非战也，拔人之城而非攻也，毁人之国而非久也，必以全争于天下。故兵不顿而利可全，此谋攻之法也。

故用兵之法，十则围之，五则攻之，倍则分之，敌则能战之，少则能逃之，不若则能避之。故小敌之坚，大敌之擒也。

夫将者，国之辅也。辅周，则国必强；辅隙，则国必弱。

故君之所以患于军者三：不知军之不可以进而谓之进，不知军之不可以退而谓之退，是谓“縻军”；不知三军之事，而同三军之政，则军士惑矣；不知三军之权，而同三军之任，则军士疑矣。三军既惑且疑，则诸侯之难至矣，是谓“乱军引胜”。

故知胜有五：知可以战与不可以战者胜，识众寡之用者胜，上下同欲者胜，以虞待不虞者胜，将能而君不御者胜。此五者，知胜之道也。

故曰：知彼知己，百战不殆；不知彼而知己，一胜一负；不知彼，不知己，每战必殆。

【选自《孙子兵法·谋攻篇》】

【点评】

《孙子兵法》的核心是先胜而后战，《谋攻篇》的核心是教人如何在战争开始前判断战争的胜负。第一是知己，这个是最难的，在生活中就可以有深刻体会，认清自己，往往比认清别人更难。第二是知彼，只有知道对方的强弱之处，才能明了切入点。知己知彼了，才会知道什么可为，什么不可为。客观的对比，是判断的关键。然而，一切战争都必须服从于利益，与一国交战，是为了从他国得到利益，那么，既然要得到利益，不战而屈人之兵，不费一兵一卒而占人城池，就是利益的最大化。所以，时刻看清自己，客观地评价自己，是一切竞争或生存的基础；探查、分析出他人的强弱，据此判断能否出击；时刻明确做事的目的，从而通过改变行事方法来获得最大利益。

能力培养与训练

【观】请观看《百家讲坛之先秦诸子百家争鸣》，在诸子百家中，你最喜欢哪一家或几家的思想？为什么？

【说】对战国纵横家在当时政治和文化中的捭阖纵横，你怎么看？你对这一家学派的思想和做法有什么样的看法？

【读】请阅读上海辞书出版社 2013 年出版的《诸子百家名篇鉴赏辞典》(新一版)一书。

【写】以“我最喜欢的诸子百家——× 家”或“我心中的诸子百家”或“我心中的 × 家”为题，写一篇不少于 600 字的学习心得。

第四章
传统节日

目标考核

1. 熟悉中国传统节日的由来与各个节日的习俗；
2. 掌握传统节日的饮食等习俗特点。

导语

近年来，越来越多的国人开始崇尚过西方的“洋节”（如圣诞节、情人节、感恩节、愚人节和万圣节等），而中国的传统节日则渐渐遭受“冷遇”，于是，有国人开始“炮轰”洋节，抵制洋节的声音不绝于耳。其实，这并无必要。纵观中华五千年历史，吸收外来文化的例子比比皆是，东汉时期吸收佛教文化，丝绸之路带来了伊斯兰文化，近代吸收西方文化，国人开始睁眼看世界。多种文化的兼收并蓄，融会贯通，这才有了多元而深刻的中华文化。中国传统节日有其深刻的内涵，具有特有的文化传承与厚重历史，注重家庭观念，对维系亲情具有重要意义。我们应该从我国传统节日本身入手，去其糟粕、留其精华，丰富和发展传统文化的内涵，使其能符合时代潮流，适应当下的需要。这样将有利于国人重视中国传统节日，并使得中国传统节日不断升温，激发出国人尤其是年轻人无限的热情。

案例阅读

西安一高校平安夜封校：谁过圣诞节处分谁

2014年12月24日，西北大学现代学院封校禁止学生过平安夜。这不仅引起了学生的争议，也在网上引起激烈争论……

当日下午6时左右，有网友在微博发布消息称，西北大学现代学院在校园内挂出标语，内容包括“国人慎对圣诞节，走出文化集体无意识，挺立中国文化主体性”“争做华夏优秀儿女，反对媚俗西方洋节”“抵御西方文化扩张”等，其中有宣传标语落款为共青团西北大学现代学院委员会、西北大学现代学院学生会。

有网友透露，学校在平安夜，将全体学生组织到教室，集体观看有关中华传统文化的宣传片。“教室门口有老师把守，谁过圣诞就处分谁。”

校方称，并没有“抵制”西方节日的意思，而是呼吁学生重视祖国传统文化，不要过度崇拜洋节日。

当晚，认证为“共青团西北大学现代学院委员会官方微博”的账号发布消息回应称，“很多国人都开始越来越重视西方节日，祖国传统节日所蕴含的文化正逐渐消失。我们不能忘记我们祖国的优良传统，应当发扬光大”。

无独有偶，禁止圣诞节的除了西北大学现代学院外，当日，浙江温州市教育局也发文要求各学校“不在校园内举行任何与圣诞有关的活动”。

温州市教育局基教处相关工作负责人说：“以往我们就已经在对圣诞节这类的洋节日进行引导，今年是第一次发出更明确的通知。”该负责人直言，发这个通知的最根本目的还是希望学校能重视传统节日，而非现在这般只是一味推崇西方节日，“我们也不是一味打压，而是希望学校能进行平衡，西方节日我们可以了解，但不宜太热衷。”

一、中国传统节日的基本概况

中国的传统节日形式多样，内容丰富，是中华民族悠久历史文化的一个组成部分。一般而言，传统节日的形成过程是一个民族或国家的历史文化长期积淀凝聚的过程，因此，中国古代的这些节日大多数与原始信仰、天象物候、历法、数学以及后来划分出的节气有关。从远古先民时期发展而来的中华传统节日清晰地记录着中华民族丰富而多彩的社会生活文化内容，是中华民族特有的特色节日。

二、中国传统节日的发展历程

大部分节日在先秦时期，就已初露端倪，但是，其中风俗内容的丰富与流行，还是有一个漫长的发展过程。最早的风俗活动是和原始崇拜、生活禁忌有关，同时，神话传奇故事也为节日平添了几分浪漫色彩，所有这些都逐渐融合和凝聚在节日的内容里，使中国的节日有了深沉的历史感。

到了汉代，中国主要的传统节日都已经定型，因此，人们常说这些节日起源于汉代。汉代是中国统一后第一个大发展时期，政治经济稳定，科学文化有了很大发展，这为节日的最后形成提供了良好的社会条件。

节日发展到唐代，已经从原始祭拜、禁忌等神秘的气氛中解放出来，转为娱乐礼仪型，成为真正的佳节良辰。从此，节日变得欢快喜庆、丰富多彩，许多体育、享乐的活动内容出现，并很快成为一种时尚流行开来，这些风俗一直延续发展，经久不衰。

三、中国传统节日简介

中国的传统节日一般包括春节、元宵节（上元节）、上巳节、寒食节、清明节、端午节、七夕节、中元节、中秋节、重阳节、寒衣节、下元节、腊八节、冬至节、祭灶节、除夕。

传统的节日文化是民族文明的精华之一，是一个民族共同创造的、共同享受的一种文化，这种文化会自然形成一个民族的凝聚力，具有巨大的精神影响力。在这里，我们着重介绍七个传统节日。

（一）普天同庆新春至——春节

春节在农历正月初一，是中华民族第一大节。春节为寒冬将尽、春阳萌动之时，其源头可追溯至上古时代的“腊祭”，据说，原是神农氏时代“索鬼神而祭祀”“合聚万物而索享之”的年终祭祀习俗，感谢百神赐予，祈求来年风调雨顺、五谷丰登。春节这一节日萌芽于先秦，定型于汉，在唐代以后逐渐从祭神转向娱人，明清时期开始转型，礼仪性和应酬性加强。因正月初一离立春很近，故称为春节。春节时，全家大团圆，除夕守岁，通宵不眠，零点钟声敲过，竞相燃放烟花爆竹，辞旧迎新；年长者给年幼者“压岁钱”；屋里屋外贴门神、对联、年画、福字；初一早上出门，相互拜谒，馈赠礼品；北方人喜欢吃饺子，南方人多食汤圆与年糕。

元日

〔宋〕王安石

爆竹声中一岁除，
春风送暖入屠苏。
千门万户曈曈日，
总把新桃换旧符。

（二）火树银花不夜天——元宵节

元宵节在农历正月十五。元宵意指一年中第一个月圆之夜，因此，又称为“上元节”。元宵节起源于汉朝，元宵节燃灯的习俗起源于“三元说”，农历正月十五日为上元节，七月十五日为中元节，十月十五日为下元节，主管上、中、下三元的分别为“天”“地”“人”三宫，天公喜乐，故上元节要燃灯。“猜灯谜”又叫“打灯谜”，最早出现在宋朝。随着时间的推移，元宵节的活动越来越多，不少地方节庆时增加了耍龙灯、耍狮子、踩高跷、划旱船、扭秧歌、打太平鼓等活动。此外，元宵节老百姓家家户户都吃元宵。

生查子·元夕

〔宋〕欧阳修

去年元夜时，花市灯如昼。
月上柳梢头，人约黄昏后。
今年元夜时，月与灯依旧。
不见去年人，泪湿春衫袖。

青玉案·元夕

〔宋〕辛弃疾

东风夜放花千树，更吹落，星如雨。
宝马雕车香满路。凤萧声动，玉壶光转，一夜鱼龙舞。
蛾儿雪柳黄金缕，笑语盈盈暗香去。
众里寻他千百度，蓦然回首，那人却在，灯火阑珊处。

（三）寒食东风御杨柳——清明节

清明节在阳历四月四日或四月五日。清明节是唯一以节气兼节日的民俗大节，主要指自然节气，后来成为祭祀祖先的重要节日，真正成为民俗节日是在唐宋之后。祭祖扫墓是清明节的重点，后由单纯的祭祀活动演化为同时游春访胜的踏青活动，打秋千、放风筝也成为游艺性节目。清明前一日为寒食节，有吃寒食的风俗。

清明

〔唐〕杜牧

清明时节雨纷纷，路上行人欲断魂。
借问酒家何处有？牧童遥指杏花村。

（四）艾符蒲酒话升平——端午节

端午节在农历五月初五。“端午节”这一名称始于魏晋时期，其起源说法颇多，流传最广的是为纪念屈原。赛龙舟、吃粽子、挂艾叶是端午节的习俗。形成这些习俗的原因是：公元前 278 年，被流放的楚国贤臣屈原因秦将白起攻占楚国都城郢城而于农历五月初五投汨罗江自杀。当时楚人因急于营救，于是有许多人划船追赶打捞，他们争先恐后，追至洞庭湖，但仍不见踪迹，是为龙舟竞渡之起源，后每年农历五月初五划龙舟以纪念之。另外，为防止水里的鱼吃掉屈原的尸体，楚人便煮糯米饭或蒸粽糕投入江中，以保证打捞出的屈原尸体是完好的，当时主要是用竹筒盛糯米饭掷下，以后渐用粽叶包米代替竹筒。后来，还在农历五月初五这一天将艾叶、菖蒲插于门楣，认为这样做有驱魔除鬼之神效。

端午

〔唐〕文秀

节分端午自谁言，万古传闻为屈原。
堪笑楚江空渺渺，不能洗得直臣冤。

节令门·端阳

〔清〕李静山

樱桃桑椹与菖蒲，更买雄黄酒一壶。
门外高悬黄纸帖，却疑账主怕灵符。

（五）年年乞于人间巧——七夕节

七夕节在农历七月初七，是中国古代的情人节，也有人称为“乞巧节”或“女儿节”。七夕乞巧，这个节日起源于汉代，穿针乞巧是七夕中女子们的节目之一。东晋葛洪的《西京杂记》有“汉彩女常以七月七日穿七孔针于开襟楼，人俱习之”的记载，这便是我们于古代文献中所见到的最早的关于乞巧的记载。七夕节始终和牛郎织女的传说相连。七夕坐看牛郎织女星，是民间的习俗。相传，每年的这个夜晚是织女与牛郎在鹊桥相会之时。织女是一个美丽聪明、心灵手巧的仙女，凡间的妇女便在这一天晚上向她乞求智慧和巧艺，也少不了向她求赐美满姻缘，所以，七月初七被称为乞巧节。应节食品以巧果最为出名。

古诗十九首之十

〔汉〕佚名

迢迢牵牛星，皎皎河汉女。
纤纤擢素手，札札弄机杼。
终日不成章，泣涕零如雨。
河汉清且浅，相去复几许。
盈盈一水间，脉脉不得语。

鹊桥仙

〔宋〕秦观

纤云弄巧，飞星传恨，银汉迢迢暗渡。
金风玉露一相逢，便胜却人间无数。
柔情似水，佳期如梦，忍顾鹊桥归路。
两情若是久长时，又岂在朝朝暮暮。

（六）月到中秋分外明——中秋节

中秋节在农历八月十五，是仅次于春节的第二大传统节日。我国的中秋节是在上古秋分和月神祭拜的基础上发展而来的，最后固定在每年农历八月十五，古代就有“秋暮夕月”的习俗。夕月，即祭拜月神。直到唐初，中秋才成为固定的节日，宋朝盛行，至明清时已与元旦（古代称春节为“元旦”）齐名。中秋节时，人们都尽可能和家人团聚，共话丰收，人月双圆，故又叫“团圆节”。主要的活动是赏月和吃月饼。中秋节的传说以嫦娥奔月最为著名。

水调歌头·明月几时有

〔宋〕苏轼

丙辰中秋，欢饮达旦。大醉，作此篇，兼怀子由。

明月几时有？把酒问青天。
不知天上宫阙，今夕是何年。
我欲乘风归去，又恐琼楼玉宇，高处不胜寒。
起舞弄清影，何似在人间。
转朱阁，低绮户，照无眠。
不应有恨，何事长向别时圆？
人有悲欢离合，月有阴晴圆缺，此事古难全。
但愿人长久，千里共婵娟。

中秋月

〔宋〕苏轼

暮云收尽溢清寒，银汉无声转玉盘。
此生此夜不长好，明月明年何处看。

（七）把酒赏菊倍思亲——重阳节

重阳节在农历九月初九。重阳之意源于《易经》。古代民间在该日有登高的风俗，所以，重阳节又叫“登高节”，在唐代被官方正式确立。重阳节的习俗有出游赏景、登高远眺、观赏菊花、遍插茱萸、吃重阳糕、饮菊花酒等活动。现在我国又将九月初九定为敬老节。

九月九日忆山东兄弟

〔唐〕王维

独在异乡为异客，每逢佳节倍思亲。
遥知兄弟登高处，遍插茱萸少一人。

醉花阴·薄雾浓云愁永昼

〔宋〕李清照

薄雾浓云愁永昼，瑞脑销金兽。
佳节又重阳，玉枕纱橱，半夜凉初透。
东篱把酒黄昏后，有暗香盈袖。
莫道不销魂，帘卷西风，人比黄花瘦。

采桑子·重阳

毛泽东

人生易老天难老，岁岁重阳。
今又重阳，战地黄花分外香。
一年一度秋风劲，不似春光。
胜似春光，寥廓江天万里霜。

能力培养与训练

【观】请观看《百家讲坛之〈红楼梦〉中的节日》，你最喜欢哪个传统节日？

【说】你觉得现代人要过传统节日吗？我们需要适当恢复传统节日的一些做法吗？请说明理由。

【读】请阅读中华书局有限公司2019年出版的《节日里的诗歌盛宴——中国传统节日诗词选》一书。

【写】以“传统节日之我见”为题，写一篇不少于600字的学习心得。

第五章 广府文化

目标考核

1. 了解广府文化的渊源、发展与广府习俗；
2. 掌握广府文化的突出特点与积极影响。

导语

党的十九大报告中指出："文化是一个国家、一个民族的灵魂。文化兴则国运兴，文化强则国运强。"作为软实力的文化，是一个国家、一个民族发展的精神源泉，用无形的内在力量可以超越时空集合同一文化背景下的人群，感召着每个个体，从而决定着一个国家和一个民族的历史发展和基本品质，更决定着一个国家、一个地区的经济发展生态环境的优劣和经济发展的繁荣与否。广府文化是岭南文化中的先进代表，是广东省的旗帜性文化。无论过去，还是现在，广府文化都以其2 000多年的文化历史培养出了良好的文化生态，对经济发展具有巨大促进作用，足以给今天提升文化软实力提供有益的经验启示。

案例阅读

广州有"西关小姐，东山少爷"一说法。西关，今属荔湾区，明清时期为南海县管辖，因地处广州城西门外而得名。明清时期，西关一带是南海县乃至整个广东省的商务贸易中心。清朝中后期，广州成为通商口岸之一，西关经济更趋繁荣，逐渐聚居了当地的富贵人家。

因此，清末民初至20世纪30年代，广州西关一带，出身于富裕商贾家庭，受过教育，接受进步开放思想洗礼的年轻女性，因其打扮入时，气质优雅，知书达理，思想进步，既摩登时尚又温婉贤淑的独特气质，在当代女性群体中出类拔萃，久而久之更得出"西关小姐"这个雅称。

广府经济较为繁荣，西关小姐家庭条件优越，讲究生活，注重保养打扮，因而普遍身材苗条，身形姣好。她们追求时尚，在穿着打扮上大胆前卫，把清朝硬襟宽袍改良为凸显身材的修身旗袍。更有不少受西方审美影响，身穿各种洋服、高跟鞋。而且，她们会到发廊美发，做各种时尚发型，使用洋化妆品、香水，追求品牌等。西关小姐外在形象时尚优雅，风姿绰约。

西关小姐是较早觉醒的女性群体之一。她们独立自主，追求婚姻平等自由，不再是只会待在家中对父亲、丈夫惟命是从的旧女性。不少西关小姐通过学习职业技能，成为参与社会工作的新女性。同时她们热心慈善公益事业，尽己之力去救助有需要的人。抗战时期，更有西关小姐投身革命事业，参与妇女解放运动、反帝反封建运动，为社会解放做贡献。

“西关小姐”被称为“广府文化的明珠，岭南文化的经典”，反映了20世纪初广府女性的出众风采，时至今日依然魅力不减。现今活跃于歌坛的广州本土歌手东山少爷演唱的粤语歌曲《西关小姐》，旋律朗朗上口，歌词尽展西关小姐风采。《西关小姐》一曲在粤语方言地区广为传唱，大受欢迎。而2012年，音乐剧《西关小姐》则以音乐舞台剧的形式全方位展现西关小姐的风采节气，在国内演出，大受欢迎。“西关小姐”是一个独特的群体，是20世纪初广府文化的一张亮丽名片，展现出广府女性的风采，时至今日仍然极具文化价值。

一、广府文化的基本概况

广府文化，即汉族广府民系的文化，是指以广州、香港为核心，以珠江三角洲为通行范围，以广东、广西、海南为流行区域的粤语文化。广府文化是中华文明重要一脉，是具有两千年历史的岭南文化的本源。广府文化发源于古代中原，现在由于粤语区有着庞大的海外移民，所以，广府文化也在北美洲、英国、北欧、澳洲、新西兰、东南亚等区域广泛流行。总之，广府民系文化以珠江三角洲区域文化最为突出，既有古南越遗传，更受中原汉文化哺育，又受西方文化及殖民地畸形经济因素影响，具有多元的层次和构成因素。

广州作为岭南政治、经济和文化的中心，前后历经两千二百多年，被誉为“岭南古都”，是岭南文化和粤语等的发祥地。广府文化是中华汉文明的重要组成部分，它从属于岭南文化，表现为粤语、粤剧、粤曲。广府文化在建筑、艺术、宗教、戏剧、音乐、文学、绘画、工艺、饮食、园林、风俗等各个文化领域表现出悠久的历史渊源和鲜明的个性，给人以多层次、立体的和丰富的感受，使广府文化在广东各民系文化中占有主导地位。

由于广府文化在广东民系文化中的突出地位，因此，广府文化在各个领域中常被作为粤文化的代称。例如，广州话称为“粤语”，广州方言歌统称为“粤讴”；广州戏剧音乐分别称为“粤剧”“粤曲”“广东音乐”；广东饮食文化体系中虽有广州菜、潮州菜、客家菜之分，但“粤菜”常用以指广州菜；广州工艺品的重要品类被称为“粤绣”“广彩”“广雕”等。

在广府、客家与潮汕三大民系中，广府人最具开放性，比较易于接受外来新事物，敢于吸收、摹仿和学习西方物质文明和精神文明，并将传统文化与之相互融合。广府人还具有敢于探索和尝试的拼搏精神，视野较为宽广，思路较为开阔，商品意识和价值观念较强，精明能干，善于计算，创造了珠江三角洲多元化农业商品经济，以广府人为主干的“广帮商人”清中期就已驰名全国。广府人由于最早受到海外，尤其是近代西方先进文化思想的影响，得风气之先，加上强悍的民性和冒险、创新的气质，因而反抗性和斗争性也特别强烈，在中国近代史上，在推翻封建帝制、建立新中国以及改革开放、发展经济中，有一种“敢为天下人先”的最为宝贵的性格特征。

二、广府文化的渊源与发展

广府文化的起源可以追溯到公元前219年。秦始皇统一六国之后，派任嚣、赵佗率领五十万大军平定岭南，四年后完成平定岭南大业，设立了南海郡、桂林郡、象郡三郡，任嚣被委任为南海郡尉，赵佗为龙川县令。秦军在番禺（今广州）筑城建、置郡治，所统治的岭南三郡史称任嚣城。

赵佗上书朝廷要求从中原迁五十万居民到岭南，数十万岭北中原人把中原先进的技术与文化带到岭南地区，促进了岭南地区的发展。其后经过两晋、两宋、明末三次移民高潮（来自中原地区，还包括楚、吴越、闽等岭北地区），逐渐形成了广府、客家与潮汕三大汉族民系及少数民族。

灵渠开通后，岭南文化逐步受到中原文化的影响，秦始皇派数十万汉人移居岭南，特别是汉代时中原大批铁制工具沿着灵渠输入岭南。秦汉时期，岭南造船技术及航海技术的提高促进了岭南科技与其他科技文化的交融，经历了魏晋时期北方先进生产技术的引入、隋唐五代海外医药与建筑技术的传入、宋元时期纺织染制技术的发展及明清岭南农业技术的迅猛发展。秦亡之际，南海郡尉任嚣嘱咐赵佗为南海郡尉，后赵佗自封为南越武王，建立南越国政权，南越国历时近百年，古番禺作为“国都”以中原汉语为主，又融入了南越族的语言而形成一种新的交流语，最早期的粤语就诞生在古番禺。

汉元鼎五年（前112年）汉武帝派兵平定南越之后，设立广信，统领南方九郡的交趾刺史部三百多年之久，广信（今封开、梧州）亦成为岭南古都。西汉时南海郡治所仍在番禺，东汉献帝建安八年（203年），交趾部改称交州，州治仍在广信。建安二十二年（217年）迁交州治所到番禺。此后，番禺重新成为岭南政治、经济、文化中心。到三国时期，吴黄武五年（226年）交广分治，跨粤桂二省建州，名曰广州。至两宋，更以广信为界，以东为广南东路，以西为广南西路，从而形成日后广东、广西之分的格局。从此以后，广州的中心地位持续了一千多年，粤语的发展成熟便主要在广州一带。

三、广府文化的“活化石”——镬耳建筑群

岭南气候炎热，风雨常至，通风与阴凉的要求是岭南建筑的共同特点。最能体现广府文化的“活化石”莫过于那些林立于乡间村落的镬耳建筑群了。镬耳屋是岭南传统民居的典型代表，以广府风格的民居建筑为主要代表，因其在屋的两边墙上筑起两个像镬耳一样的挡风墙而得名。在明清时期的广府民居中，一般是出过高官的村落，

才有资格在屋顶竖起镬耳封火山墙。

镬，是古代的一种大铁锅。“镬耳屋”因其山墙状似镬耳，故称“镬耳屋”。其建筑特点是瓦顶建龙船脊和山墙筑镬耳顶，用于压顶挡风。“镬耳屋”一般为砖木结构，青砖（麻石）砌墙，阶砖铺地，红、白石板铺天井。潮汕、客家的民居建筑亦有类似镬耳山墙，粤北客家等地称为“云墙”或者是“茶壶环”。从正面看两边高耸的墙体呈镬耳形，从侧面看就像一个“凸”字，屋两边的镬耳，其结构从檐口至顶端用两排瓦筒压顶并用灰塑封固，处理收口的工艺，是整座建筑工程难度最高、造价最贵的地方。镬耳的山墙可挡风入巷，让风通过门、窗流入屋内；火灾时，高耸的山墙可阻止火势蔓延和侵入。

镬耳屋象征着官帽两耳，具“独占鳌头”之意，有功名的乡绅方能采用，也是家境殷实的象征。明清两代，只要是发了财的村民，都会建造一所镬耳屋以显示其富有与气派。

四、广府文化的“名片”——陈家祠

陈家祠，又称陈氏书院，俗称陈家祠，位于广州市中山七路。陈氏书院筹建于清光绪十四年（1888 年），光绪二十年（1894 年）落成。陈氏书院是广东规模最大、装饰华丽、保存完好的传统岭南祠堂式建筑，被誉为“岭南建筑艺术明珠”，它集广东民间建筑装饰艺术之大成，巧妙运用木雕、砖雕、石雕、灰塑、陶塑、铜铁铸和彩绘等装饰艺术，是一座民间装饰艺术的璀璨殿堂，是广东民间工艺博物馆，是国家一级博物馆，也是全国重点文物保护单位。

21 世纪以来，陈氏书院以“古祠流芳”之名两度入选“新世纪羊城八景”，被誉为“广州文化名片”，是岭南地区最具文化艺术特色的博物馆和著名的旅游景点，是集岭南历代建筑艺术之大成的典型代表。早在 20 世纪二三十年代，德、英、日等国的建筑专著《世界建筑艺术》《中国南方建筑》中，便盛赞它为“中国南方建筑艺术的典范”。1959 年，郭沫若以一位考古学家和文物鉴赏家的慧眼，写诗赞道：“天工人可代，人工天不如，果然造世界，胜读十年书。”

五、广府文化的习俗简介

（一）广府文化的节日习俗

在节日习俗方面，最能体现广州地方特色的是除夕花市。它在南汉时就已有之，到 19 世纪中叶，花市例定在除夕前几天举行。花木涌入城市，十里长街，市民结伴“行花街”，热闹非凡，截至 2017 年越办越旺，发展到珠江三角洲的许多城市都有此俗。番禺的飘色游艺活动，珠江三角洲各地的生菜会（取发财之谐音）、波罗诞、郑仙诞、金花诞、何仙姑诞、日娘诞、盘古王母诞、鱼花诞、田了节、龙母诞等，内容多与祭祀本地神仙以及发财致富、出航平安等主题有关，反映了广东风俗文化的深层品格。

（二）广府文化的舞狮习俗

舞狮，又称“狮子舞”“狮灯”“舞狮子”，多在年节和喜庆活动中表演。狮子在中国人心目中为瑞兽，象征着吉祥如意，从而在舞狮活动中寄托着民众消灾除害、求吉纳福的美好意愿。

舞狮是广东南海、佛山的传统民俗文化，其历史久远，现在，在世界上，有华人的地方就有舞狮表演与比赛，舞狮已经成为中华民族优秀的非物质文化遗产与民间体育艺术。民间普遍认为舞狮可以驱邪辟鬼，是民间体育艺术的典型代表，更是华人筚路蓝缕、昂扬向上和奋发进取精神的写照。龙舟和南狮，在南海有着深厚的群众基础。每逢节庆或有重大活动，必有敲锣打鼓，舞狮子助兴，自古至今，长盛不衰。改革开放以来，这种富有喜庆色彩的民间活动更加兴旺，特别是得到港澳和海外同乡的传承和发扬。

（三）广府文化的饮食习俗

广州的饮食文化享誉海内外。粤菜是我国的四大菜系之一，粤菜由广州菜（也称广府菜）、潮州菜（也称潮汕菜）、东江菜（也称客家菜）三种地方风味组成，三种风味各具特色。广府菜范围包括珠江三角洲和肇庆、韶关、湛江等地，用料丰富，选料精细，技艺精良，清而不淡，鲜而不俗，嫩而不生，油而不腻。广府菜以小炒见长，要求火候和油温恰到好处，还兼容了许多西菜做法，讲究菜的气势、档次。

总的来说，粤菜的特点是丰富精细的选材和清淡的口味。粤菜可选原料多，自然也就精细。粤菜讲究原料的季节性，“不时不吃”。

吃鱼，有“春鳊秋鲤夏三犁（鲥鱼）隆冬鲈”；

吃蛇，则是“秋风起三蛇肥，此时食蛇好福气”；

吃虾，“清明虾，最肥美”；

吃蔬菜，要挑“时菜”，是指合季节的蔬菜，如菜心为“北风起菜心最甜”。

除了选原料时注重最佳肥美期之外，粤菜还特别注意选择原料的最佳部位。粤菜味道讲究“清、鲜、嫩、滑、爽、香”，追求原料的本味、清鲜味，粤菜调味品种类繁多，遍及酸、甜、苦、辣、咸、鲜，但只用少量姜葱、蒜头做“料头”，而少用辣椒等辛辣性佐料，也不会大咸大甜。这种追求清淡、追求鲜嫩、追求本味的饮食特色，既符合广东的气候特点，又符合现代营养学的要求，是一种科学的饮食文化。

六、广府文化的艺术表现

（一）粤剧

粤剧，又称“广东大戏”“大戏”，是广东传统戏曲之一，源自南戏，流行于岭南等粤人聚居地，以粤方言演唱，是广东流行最广、影响最大的地方戏曲剧种。粤剧自明朝嘉靖年间开始在广东、广西出现，是糅合唱念做打、乐师配乐、戏台服饰、抽象形体的表演艺术。粤剧每一个行当都有各自独特的服饰打扮。

粤剧的行当其实就是戏剧的角色。粤剧的行当分为一末（老生）、二净（花面）、三正生（中年男角）、四正旦（青衣）、五正丑（男女导角）、六员外（大花面反派）、七小（小生，小武）、八贴（二帮花旦）、九夫（老旦）、十杂（手下、龙套之类），合称十大行当。

粤剧是由多种外来戏曲声腔和本地土戏、民间说唱艺术不断融合而形成、发展起来的。以后又在伴奏乐器上大胆采用了一些西洋乐器，大大增强了烘托唱腔和戏剧动作的效果。20 世纪三四十年代，著名粤剧演员有被称为“粤剧四大家”的薛觉先、马师曾、白驹荣、廖侠怀等。红线女所创的“红腔”近半个世纪以来影响最大。粤剧是我国第一批 518 项国家级非物质文化遗产。2009 年 10 月 2 日，由广东、香港和澳门联合申报，粤剧成功跻身世界非物质文化遗产名录。

（二）音乐

广东音乐发源于广州及珠江三角洲一带，流传、发展于珠江三角洲以及粤西广府方言区，是在广东民间曲调和某些粤剧音乐、牌子曲的基础上逐渐形成的、纯器乐演奏的、具有岭南特色韵味的民间音乐，也称粤乐。广东音乐是吸收了中国古代，特别是江南地区民间音乐的养料，经过近 300 年的孕育，完善和发展起来的地方民间音乐。它中西古今并蓄，自成一格，具有开放性和兼容性，旋律亮丽、节奏明快、结构独特。

19 世纪 60 年代起，严老烈等代表性人物运用带规律性的装饰音和“加花”的旋律发展法，创作改编出《旱天雷》《倒垂帘》《连环扣》《饿马摇铃》《雨打芭蕉》等具有独特风格和地方色彩的著名乐曲，标志着广东音乐乐种的形成。

广东音乐是一种标题音乐，结构上以简驭繁，它以器乐的丰富和宽广的音域，以及表现手法的丰富多变为特点，写景、抒情、状物，因而地方色彩浓郁，有特殊的艺术魅力。广东音乐擅长于生活小境的描摹，对传统的生活情趣无不流露着关注。

（三）美术

广东画坛从明清起有较大发展，人才辈出，风格独特，技法纷呈，求新求变。例如，南海林良工于写意花鸟，东莞张穆画马著称，新会高俨擅长山水，顺德黎简诗书画皆绝，顺德苏六朋、苏仁山尤擅人物，番禺居巢、居廉工花卉草虫，重视取法自然，创造了“撞水”“撞彩”技法。

20 世纪初，在广东产生了“岭南画派”，其创始人高剑父、高奇峰、陈树人均为番禺人，简称“二高一陈”。他们在中国画的基础上融合东洋、西洋画法，自创一格，着重写生，多画中国南方风物和风光，章法、笔墨不落陈套，色彩鲜艳，学者甚众。岭南画派与京津派、海派三足鼎立，成为 20 世纪主宰中国画坛的三大画派之一。岭南画派以倡导艺术革命、建立现代国画为宗旨，以折衷中西、融会古今为途径，以形种兼备、雅俗共赏为审美标准，以兼工带写、彩墨并重为艺术手法，独树一帜，成为在国内外都具有影响力的美术流派。

岭南画派的主要精神包括革命精神、时代精神、兼容精神、创新精神四个主要方面。革命精神是“岭南画派”的思想基础；时代精神是“岭南画派”大胆革新、永葆青春的原因；兼容精神是“岭南画派”最重要的主张，也是“岭南画派”革新的途径；创新精神是“岭南画派”前进的动力，也是“岭南画派”历久不衰的奥秘。只有创新，它才有生命力，而创新本身既是目标，也是这个画派发展的动力。“岭南画派”之所以能够不断地发展、壮大，就是因为有创新精神作为推动力。

（四）工艺

广府民系的工艺美术，品类繁多，有的在国内外享有崇高的声誉，如肇庆端砚，广州的象牙雕刻、玉器、红木家具、积金彩瓷、朱义盛首饰和广绣等，佛山陶瓷、木版年画、剪纸、金银铜锡箔、染色纸、狮头、彩扎灯色，新会葵扇，东莞和南海烟花炮竹以及各地在建筑装饰中的木雕、泥塑、灰塑、砖雕等，其中以端砚、粤绣、雕刻最具特色。

端砚是中国四大名砚之一，与甘肃洮砚、安徽歙砚、山西澄泥砚齐名。它出产于唐代初期端州（今广东肇庆市东郊的端溪），故名端砚，距今已有一千三百多年的历史。在中国所产的四大名砚中，尤以广东省端砚最为著称。端砚以石质坚实、润滑、细腻、娇嫩而驰名于世，用端砚研墨不滞，发墨快，研出之墨汁细滑，书写流畅不损毫，字迹颜色经久不变。端砚若佳，无论是酷暑还是严冬，用手按其砚心，砚心湛蓝墨绿，水气久久不干，故古人有“呵气研墨”之说。

粤绣是广州刺绣（广绣）和潮州刺绣（潮绣）的总称，是中国四大名绣之一。粤绣至今已有一千多年的历史。唐代苏颚《杜阳杂编》中就已有南海（今广州）少女卢眉娘“工巧无比，能于尺绢绣《法华经》七卷”的记载。唐玄宗时，岭南节度使张九皋进献精品刺绣给杨贵妃而获加官三品。明代，广东海外贸易兴盛，明正德九年（1514 年），一葡萄牙商人在广州购得龙袍绣片回国，并将绣袍献给国王，得到重赏，粤绣从此扬名海外。

广雕是广府雕塑的简称，是指以广州为代表的具有岭南传统文化特色的雕刻工艺及其制品。广雕中最负盛名的是牙雕、玉雕和木雕。雕刻艺术在中国有悠久的历史，按雕刻的质体分类，可分为牙雕、玉雕、木雕、石雕、砖雕、骨雕等。广州牙雕兼有浓郁的民族色彩和精雕细刻的岭南风格，多以花木、山石、龙舟、宝塔、蟹笼等岭南山水景物为题材，擅长独特的镂空技艺，其中以镂雕象牙球、画舫著称，尤以镂刻精细多层象牙球最负盛名。广州玉雕在品种、工艺、用料等方面具有自己独特的风格，其原料多选自粤西信宜的“南方玉”。广州木雕以半立体通雕、满屏雕和多层次雕刻相结合的风格著称，陈家祠就集中了木雕艺术的精华，特别是清代潮州金漆木雕神亭、香炉罩等更体现了广州木雕工艺精巧、玲珑的独特风格，著名的广州红木家具的雕刻工艺就源于广州木雕工艺。榄雕主要是以广东地区所产之乌榄核为材精雕而成，榄雕

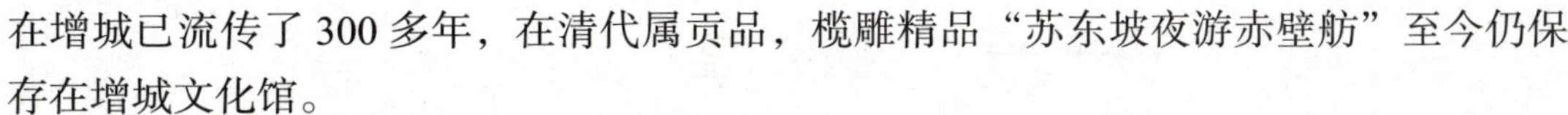

在增城已流传了300多年，在清代属贡品，榄雕精品“苏东坡夜游赤壁舫”至今仍保存在增城文化馆。

能力培养与训练

【观】请观看《广府文化记录片》，你所生活地区的习俗与广府文化习俗相比，有什么异同？

【说】请你谈谈你印象中的广府文化，并说说哪种广府文化的艺术形式是你最喜欢的，为什么？

【读】请阅读广东人民出版社2018年出版的《话说广府》一书。

【写】请比较广府文化镬耳建筑与陈家祠建筑的异同。

第六章

书法鉴赏

目标考核

1. 了解书法鉴赏的特点、基础与方法；

2. 理解书法鉴赏的境界，掌握楷书笔画的特点与写法。

导语

书法鉴赏是整个书法创造活动的一项重要内容，它是鉴赏者面对书法作品（历代书法、优秀创作）所进行的一种审美感受活动。在这一审美感受过程中，鉴赏主体（鉴赏者）与鉴赏客体（作品）之间，始终贯穿着情感交流的因素。

南朝书法家王僧虔在《笔意赞》中说："书之妙道，神采为上，形质次之，兼之者方可绍于古人。"他所强调的是以形写神，形神兼备。在读作品之前，首先要明确书法鉴赏的特点，这是正确进行书法鉴赏的基础。其次，要掌握书法欣赏的方法，这是进行书法鉴赏的关键所在。最后是要知道书法鉴赏的境界，这是进行书法鉴赏的独特规律。

案例阅读

杜牧与张好好的爱情故事——《张好好诗并序》书法鉴赏

杜牧和湖州名妓张好好是在南昌沈传师的府上认识的。当时的杜牧尚未成家，风流倜傥，而张好好美貌聪慧，琴棋书画皆通。参加宴会后两个人经常见面，张好好倾慕杜牧的才情，杜牧爱上张好好的色艺双绝。他们湖中泛舟，执手观落日，才子佳人，自是无限美好。本应该留下一段佳话，但让人没想到的是，沈传师的弟弟也看上了张好好，很快纳她为妾。张好好作为沈传师家中的一名家妓，根本无力掌控自己的命运，杜牧亦官位低微，只好一任落花流水空余恨，就此互相别过。

张好好出嫁时写给杜牧的诗："孤灯残月伴闲愁，几度凄然几度秋；哪得哀情酬旧约，从今而后谢风流。"诗里有爱，爱中含愁，愁中又透着决然。张好好留下此诗，从此一入侯门。后杜牧在长安抑郁而死，张好好闻之悲痛欲绝，瞒了家人到长安祭拜，想起相爱与别离的万般凄楚，竟自尽于杜牧坟前。

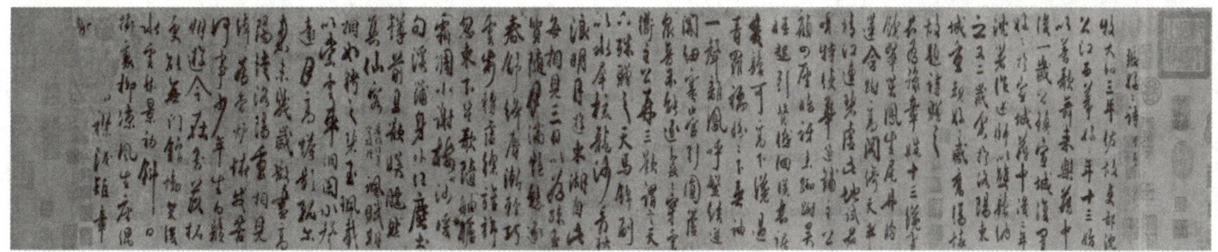

杜牧《张好好诗并序》书法鉴赏

一、书法鉴赏的基础

书法的审美标准是书法鉴赏的基础。这主要包括“形”与“神”两个方面。一般来说，“形”包括点画线条与空间结构，“神”则主要指书法的神采意味。

（一）书法的点画线条

书法的点画线条具有无限的表现力，它本身抽象，所构成的书法形象也无所确指，却要把全部美的特质包容其中。这样，对书法的点画线条就提出了特殊的要求，点画线条要求具有力量感、节奏感和立体感。

1. 力量感

点画线条的力量感是线条美的要素之一。它是一种比喻，指点画线条在人心中唤起的力的感觉。早在汉代，蔡邕《九势》就对点画线条做出了专门的研究，他指出“藏头护尾，力在字中”，“令笔心常在点画中行”，“点画势尽，力收之”，要求点画要深藏圭角，有往必收，有始有终，便于展示力度。需要注意的是，我们强调藏头护尾，不露圭角，并不是说可以忽略中间行笔。中间行笔必须取涩势中锋，以使点画线条浑圆淳和，温而不柔，力含其中。但是，点画线条的起止并非都是深藏圭角、不露锋芒的，大篆、小篆均须藏锋。书法中往往根据需要藏露结合，尤其在行书和草书中，千变万化。欣赏时，既要注意起止的承接和呼应，又要注意中段是否浮滑轻薄。

2. 节奏感

节奏本指音乐中音符高低、强弱、长短的有规律的变化。书法由于在创作过程中运笔用力大小以及速度快慢不同，产生了轻重、粗细、长短、大小等不同形态的有规律的交替变化，使书法的点画线条产生了节奏。汉字的笔画长短、大小不等，更加强了书法中点画线条的节奏感。一般而言，静态的书体如篆书、隶书、楷书节奏感较弱，动态的书体如行书、草书节奏感较强，变化也较为丰富。

3. 立体感

立体感是中锋用笔的结果。中锋写出的笔画，“映日视之，画之中心，有一缕浓墨，正当其中，至于折处，亦当中无有偏侧”。这样，点画线条才能饱满圆实，浑厚圆润。因而，中锋用笔历来很受重视。但是，我们不难发现，在书法创作中侧锋用笔也随处可见。除小篆以外，其他书体都离不开侧锋。尤其是在行书和草书中，侧锋作为中锋的补充和陪衬，更是随处可见。

（二）书法的空间结构

书法的点画线条在遵循汉字的形体和笔顺原则的前提下交叉组合，分割空间，形成书法的空间结构。空间结构包括单字的结体、整行的行气和整体的布局三部分。

1. 单字的结体

单字的结体要求整齐平正，长短合度，疏密均衡。这样，才能在平正的基础上注意正欹朽生，错综变化，形象自然，于平正中见险绝，险绝中求趣味。

2. 整行的行气

书法作品中字与字上下或前后相连，形成“连缀”，要求上下承接，呼应连贯。楷书、隶书、篆书等静态书体虽然字字独立，但笔断而意连。行书、草书等动态书体可字字连贯，游丝牵引。此外，整行的行气还应注意大小变化、欹正呼应、虚实对比，以及由此而产生的节奏感。这样，才能使行气自然连贯，血脉畅通。

3. 整体的布局

书法作品中集点成字、连字成行、集行成章，构成了点画线条对空间的切割，并由此构成了书法作品的整体布局。要求字与字、行与行之间疏密得宜，计白当黑；平整均衡，欹正相生；参差错落，变化多姿。其中，楷书、隶书、篆书等静态书体以平正均衡为主，行书、草书等动态书体变化错综，起伏跌宕。

（三）书法的神采意味

神采本指人面部的神气和光彩。书法中的神采是点画线条及其结构组合中透出的精神、格调、气质、情趣和意味的统称。“神采为上，形质次之，兼之者方可绍于古人”，说明神采高于“形质”（即点画线条及其结构布局的形态和外观），形质是神采赖以存在的前提和基础，因此，书法艺术神采的实质是点画线条及其空间组合的总体和谐。追求神采，抒写性灵始终是书法家孜孜以求的最高境界。

书法中神采的获得，一方面依赖于创作技巧的精熟，这是前提和基础；另一方面，只有创作心态恬淡自如，创作中心手双畅，物我两忘，才能写出真情至性，融进自己的知识修养和审美趣味。

二、书法鉴赏的方法

书法鉴赏同其他艺术欣赏一样，需要遵循人类认识活动的一般规律。由于书法艺术的特殊性，又使书法鉴赏在方法上表现出独特性。一般来说，我们可以从以下几个方面进行。

（一）从整体到局部，再由局部到整体。书法鉴赏时，应首先统观全局，对其表现手法和艺术风格有一个大概的印象。进而注意用笔、结字、章法、墨韵等局部是否法意兼备，生动活泼。局部鉴赏完毕后，再退立远处统观全局，校正首次观赏获得的

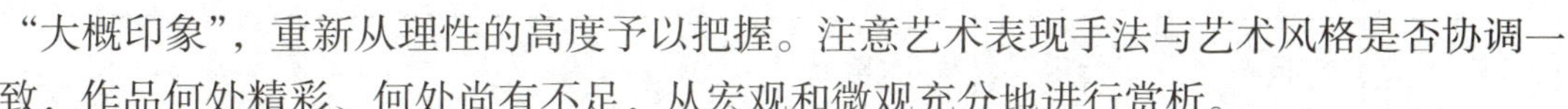

“大概印象”，重新从理性的高度予以把握。注意艺术表现手法与艺术风格是否协调一致，作品何处精彩、何处尚有不足，从宏观和微观充分地进行赏析。

（二）把静止的形象还原为运动的过程。书法作品作为创作结果是相对静止不动的。鉴赏时应随作者的创作过程，采用“移动视线”的方法，依作品的前后语言、时间顺序，想象作者创作过程中用笔的节奏、力度以及作者感情的不同变化，将静止的形象还原为运动的过程。也就是摹拟作者的创作过程，正确把握作者的创作意图、情感变化等。

（三）从书法形象到具体形象，正确领会作品意境。在书法鉴赏过程中，将书法形象与现实生活中相类似的事物进行比较，使书法形象具体化。再由与书法形象相类似事物的审美特征，联想到作品的审美价值，从而领会作品意境。例如，欣赏颜真卿楷书，可将其书法形象与“荆卿按剑，樊哙拥盾，金刚眩目，力士挥拳”等具体形象类比联想，从而可以得出体格强健、有阳刚之气、富于英雄本色、庄严不可侵犯的特征，由此联想到颜真卿楷书端庄雄伟的艺术风格。

（四）了解作品创作背景，正确把握作品的情调。任何一件书法作品都是某种文化、历史的积淀，都是特定历史文化背景下的产物，因而，了解作品的创作背景包括创作环境，弄清作品中所蕴含的独特的文化气息和作者的人格修养、审美情趣、创作心境、创作目的等，对于正确领会作者的创作意图，正确把握作品的情调大有裨益。清王澍《虚舟题跋·唐颜真卿告豪州伯父稿》云：“《祭季明稿》心肝抽裂，不自堪忍，故其书顿挫郁屈，不可控勒。此《告伯文》心气和平，故客夷婉畅，无复《祭侄》奇崛之气。所谓涉乐方笑，言哀已叹。情事不同，书法亦随而异，应感之理也。”可见，不论是作者的人格修养、创作心境，抑或是创作环境，都对作品情调有相当的影响。加之书法作品受特定时代的书风和审美风尚的影响，更使书法作品折射出多元的文化气息，这无疑增加了书法鉴赏的难度，同时更使书法鉴赏妙趣横生。

总之，书法鉴赏过程受个性、心理的影响，使鉴赏的方法没有一个固定的模式。上面介绍的仅是书法鉴赏的一种方法，鉴赏过程中还必须综合运用各种书法技能、技巧和书法理论知识，极大限度地挖掘自己的审美评价能力，尽力按作者的创作意图体味作品的意境。当然，掌握了正确的鉴赏方法以后，多进行欣赏，是提高欣赏能力的重要途径。扬雄谓，“能观千剑，而后能剑；能读千赋，而后能赋”，说的正是这个意思。

三、楷书笔画的特点与写法

（一）横。横画要写平稳，因为横在一个字中起平衡作用，横不平，则字不稳。横有长横、短横，还有左尖横、右尖横、腰粗横等形态，其形态变化之多成就了横形态的丰富、生动性。由于人视觉的错觉，横画不能写成水平，而应写成左低右高，收笔时稍按一下笔，这样，看起来才显得平稳。人们常说的“横平竖直”，不是指横水平书写，而是要求看上去平稳的意思。

笔画	起笔	行笔	收笔	字例			
一	·	一	一	上	下	五	土

（二）竖。竖画要写垂直，因为竖画在一个字中往往起着关键的支撑作用，竖有垂露、悬针和短竖之分。

笔画	起笔	行笔	收笔	字例			
丨	丶	丨	丨	个	川	末	木

笔画	起笔	行笔	收笔	字例			
丨	丶	丨	丨	十	平	丰	半

笔画	起笔	行笔	收笔	字例			
丨	丶	丨	丨	口	四	田	白

（三）撇。撇有斜撇、竖撇、短撇、平撇之分。

笔画	起笔	行笔	收笔	字例			
丿	丶	丿	丿	人	八	入	友

笔画	起笔	行笔	收笔	字例			
丿	丶	丿	丿	月	用	舟	风

笔画	起笔	行笔	收笔	字	例		
丿	·	丿	丿	生	禾	失	朱

（四）捺。捺画粗细分明，书写难度较大。捺有斜捺和平捺之分。

笔画	起笔	行笔	收笔	字	例		
㇏	·	丶	㇏	大	夫	火	木

笔画	起笔	行笔	收笔	字	例		
㇏	·	㇏	㇏	之	边	这	近

（五）点。点画有左点、右点、挑点和长点之分。

笔画	起笔	行笔	收笔	字	例		
丿	·	丿	丿	小	怕	安	农

笔画	起笔	行笔	收笔	字	例		
丶	·	丶	丶	主	义	六	文

笔画	起笔	行笔	收笔	字	例		
丶	·	丶	丶	以	头	不	食

（六）提。提画写法是：下笔较重，由重到轻向右上行笔，收笔要出尖。提画在不同的字中角度和长短略有不同。

笔画	起笔	行笔	收笔	字例			
㇀	丶	㇀	㇀	江	地	级	虫

（七）钩。竖钩、竖弯钩 、戈钩 、卧钩。

笔画	起笔	行笔	收笔	字例			
亅	丶	丨	亅	小	水	寸	示

笔画	起笔	行笔	收笔	字例			
亅	丶	丨	亅	了	子	手	象

笔画	起笔	行笔	收笔	字例			
㇂	丶	㇏	㇂	民	氏	成	我

笔画	起笔	行笔	收笔	字例			
㇃	丶	㇃	㇃	心	必	志	思

（八）横折与横折钩（两种形态变化）。

笔画	起笔	行笔	收笔	字例			
㇆	一	一	㇆	日	只	回	田

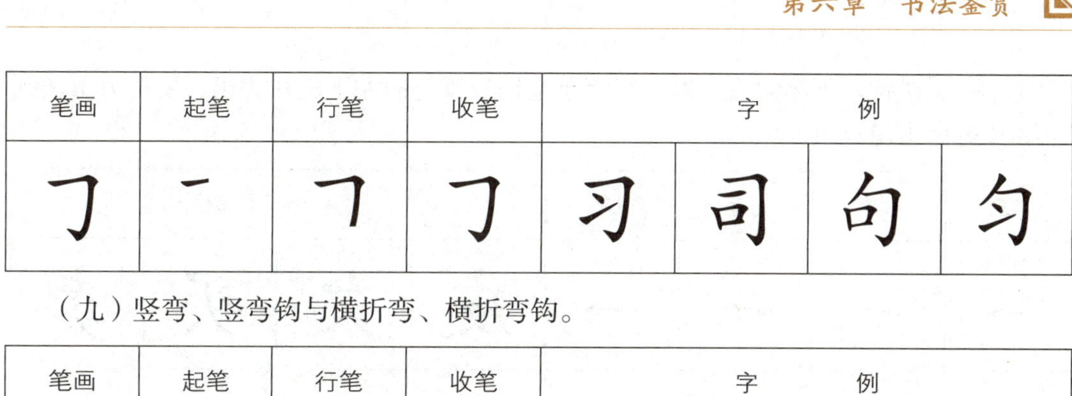

笔画	起笔	行笔	收笔	字例			
				习	司	句	匀

（九）竖弯、竖弯钩与横折弯、横折弯钩。

笔画	起笔	行笔	收笔	字例			
				四	酉	西	尊

笔画	起笔	行笔	收笔	字例			
				儿	元	见	也

笔画	起笔	行笔	收笔	字例			
				铅	船	设	没

笔画	起笔	行笔	收笔	字例			
				九	几	凡	旭

（十）竖提。下笔写竖，到适当处略顿笔向右上斜提，一笔写成，提的收笔处出尖。

笔画	起笔	行笔	收笔	字例			
				长	民	良	衣

（十一）横钩。下笔向右写横，行笔至起钩处顿笔向左下轻快钩出，要把力量送到笔尖。（避免出现双角）

笔画	起笔	行笔	收笔	字　例			
				皮	欠	买	卖

（十二）横撇、撇折、撇点。

笔画	起笔	行笔	收笔	字　例			
				又	水	永	承

笔画	起笔	行笔	收笔	字　例			
				去	云	参	私

笔画	起笔	行笔	收笔	字　例			
				女	始	如	好

（十三）竖折、竖折折钩、横折提。

笔画	起笔	行笔	收笔	字　例			
				山	凶	画	区

笔画	起笔	行笔	收笔	字　例			
				弓	马	鸟	引

笔画	起笔	行笔	收笔	字例			
				说	语	词	诗

（十四）横折折撇、横撇弯钩、横折折折钩。

笔画	起笔	行笔	收笔	字例			
				及	延	廷	建

笔画	起笔	行笔	收笔	字例			
				除	院	都	那

笔画	起笔	行笔	收笔	字例			
				乃	奶	仍	扔

（十五）竖折撇。下笔写斜竖，略顿笔折向右写短横，再顿笔向左下撇出，要出尖。

笔画	起笔	行笔	收笔	字例			
				专	传	砖	转

从上面介绍的八种基本笔画及其衍生笔画的书写方法可以看出，汉字笔画书写的运笔规律一般是：横、竖、撇的起笔较重，点的起笔较轻；转折处要略顿笔，稍重、稍慢；提和钩，开始要略顿笔、稍重，然后逐渐转为轻快，收笔出尖；撇、挑都要出尖。所有笔画都是一笔写成，不能重描。这些笔画在组成汉字时，有的形状会略有变化，因此，在书写时，要注意多观察，把笔画形状写准确。

四、当代名家启功与赵朴初的书法鉴赏

（一）启功（1912—2005 年），曾任国家文物鉴定委员会主任委员、中央文史研究

馆馆长、中国书法家协会主席、西泠印社社长等职，是当代著名的教育家、古典文献学家、书画家、文物鉴定家。

启功早年学赵书《胆巴碑》，继习董香光，后学欧之《九成宫碑》，此为其学书的基础。其后杂临碑帖以及历代名家墨迹，以习智永《千字文》墨迹用力最勤。楷书得力于《玄秘塔碑》。有评者认为启功书法有一种洵洵儒雅的书卷气和恬淡从容的古典气息，可以用“雅、清、简、静”四个字概括。

（二）赵朴初（1907—2000 年），安徽太湖人。曾任中国佛教协会会长、政协全国委员会副主席、北京市书学研究会会长、中国书法家协会副主席、西泠印社社长等职，乃卓越的佛教领袖、著名的社会活动家、伟大的爱国主义者。

启功先生曾在《赵朴初诗词手迹选》后记中说：“朴翁擅八法，于古人好李泰和、苏子瞻书，每日临池，未曾或辍，乃知八法功深，至无怪乎书韵语之罕得传为家宝者矣。”赵朴老一生临池不辍，早期书法由楷书入手，学柳公权、李北海，晚岁又于帖学之外参习魏碑，并始研习草书。有评“赵体”者云：“博涉坟籍，沉精篇翰，通晓诗文群经，兼之人品高旷，故神韵超逸，婉丽遒逸，疏秀有致。得荒率之致，出神入化，有崩岩坠石之奇、鸾舞蛇惊之势。能得其运腕之法，而转笔处古劲藏锋，似拙实巧。”

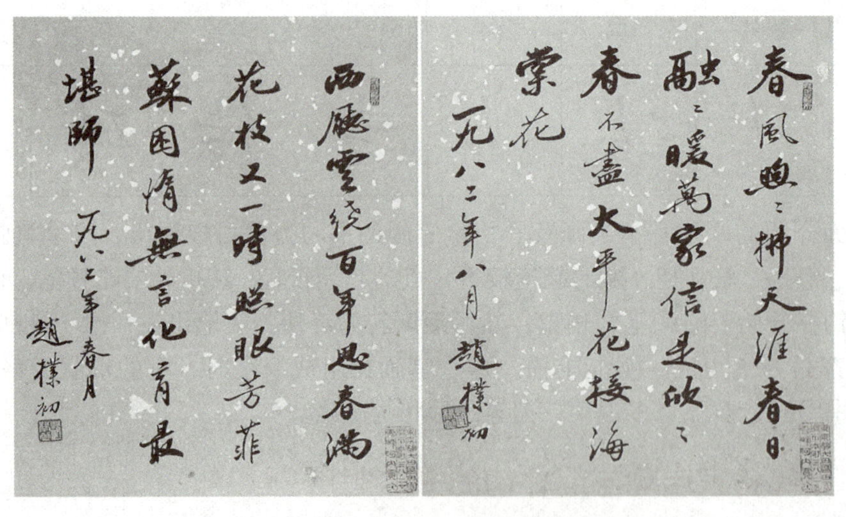

赵朴初书法（日本书法家河内雪峰先生旧藏）

附：硬笔书法两幅

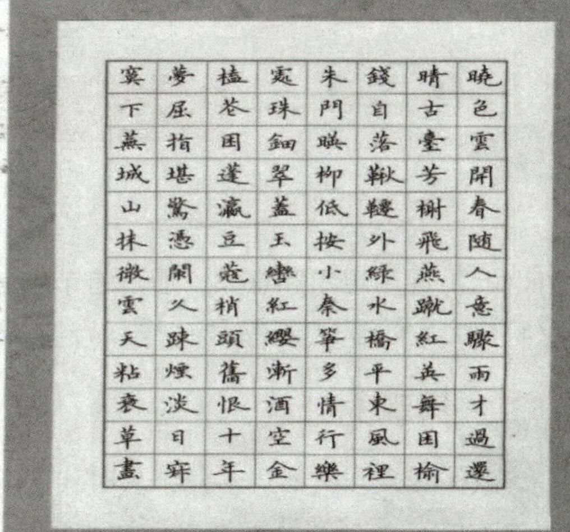

曉色雲開，春隨人意，驟雨才過還晴。古臺芳榭，飛燕蹴紅英。舞困榆錢自落，鞦韆外、綠水橋平。東風裡，朱門映柳，低按小秦箏。多情，行樂處，珠鈿翠蓋，玉轡紅纓。漸酒空金榼，花困蓬瀛。豆蔻梢頭舊恨，十年夢、屈指堪驚。憑闌久，疏煙淡日，寂寞下蕪城。山抹微雲，天粘衰草，畫

角聲斷譙門。暫停征棹，聊共引離尊。多少蓬萊舊事，空回首、煙靄紛紛。斜陽外，寒鴉萬點，流水繞孤村。銷魂當此際，香囊暗解，羅帶輕分。漫贏得青樓，薄幸名存。此去何時見也？襟袖上、空惹啼痕。傷情處，高城望斷，燈火已黃昏。

宋秦觀詞滿庭芳兩首　賓鵬圓珠筆

寒雨連江夜入吳，平明送客楚山孤。洛陽親友如相問，一片冰心在玉壺。昨夜風開露井桃，未央前殿月輪高。平陽歌舞新承寵，簾外春寒賜錦袍。朝辭白帝彩雲間，故人西辭黃鶴樓，煙花三月下揚州。孤帆遠影碧空盡，惟見長江天際流。故園東望路漫漫，雙袖龍鍾淚不乾。馬上相逢無紙筆，憑君傳語報平安。空山不見人，但聞人語響。返影入深林，復照青苔上。

七言絕句五首　庚寅秋

能力培养与训练

【观】观看《启功书法讲座》系列视频，感受书法艺术之美。

【说】什么叫书法鉴赏？书法鉴赏有哪些特点？为什么说书法鉴赏是一个再创造与再评价的过程？

【读】请阅读中华书局2017年出版的《书法常识》一书。

【写】书法练习：用“米字格”书法练习纸，每人每周练硬笔书法一幅。

模块四　中外文学作品欣赏

一、诗歌的概念

诗歌是运用想象和意象，通过有节奏韵律的语言以及高度浓缩、跳跃的结构形式来反映社会生活、抒发情感的一种文学体裁。

二、诗歌的分类

诗歌体裁众多，形式多样，从时代上分为古典诗歌（古诗）和现代诗歌（新诗）；按表达方式分为抒情诗、叙事诗和哲理诗；从内容上分为山水诗、田园诗、边塞诗、爱情诗、励志诗等；从结构上分为自由诗和格律诗；从艺术风格上分为讽喻诗、朦胧诗、现代派诗等。

（一）古典诗歌

古典诗歌包括诗、词、曲等。古典诗歌从形式上可以分为古体诗和近体诗。

1. 古体诗

古体诗指的是隋唐以前的诗歌以及后人的仿制之作。它又有四言古诗（如《诗经》）、五言古诗、七言古诗、杂言古诗等形式。

2. 近体诗

近体诗是指隋唐时期出现的比较讲究音韵格律的诗歌，又称“格律诗”。它大致可以分为律诗和绝句。二者又各有五言和七言之分。近体诗对诗的句数有限定：律诗四联八句，绝句四句，对音韵格律也都有严格要求。

（二）现代诗歌

现代诗歌是指“五四运动”至中华人民共和国成立以来的诗歌，又称“新诗”，它是适应时代的要求，以接近群众的白话语言反映现实生活、表现科学民主的革命内容，以打破旧体诗格律形式束缚为主要标志的新体诗。“现代诗”的名称于 1953 年纪弦创立“现代诗社”时确立。

三、诗歌的意象

诗歌中富有典型意义，渗透着作者情感和意蕴的形象，被称为意象。意象往往具有高度概括的特点。诗歌意象有的是景，有的是物，有的是事，有的是人，有的是单一的，有的是多个的。

意象往往有丰富的内涵和情感，如中国的菊花和兰草，外国的云雀和夜莺，几乎成了万古常新的诗题，因为这些事物本身具有浓厚的诗意内涵，能够触发不同时代诗人的不同感慨。

诗词中的“意象组合”很常见，意象组合可以构成“意境”，如马致远的《天净沙·秋思》中的“枯藤老树昏鸦，小桥流水人家。古道西风瘦马，夕阳西下……”，用多个意象构成了一种凄凉悲苦的意境。

热爱[1]生命

汪国真

汪国真（1956—2015年），祖籍福建厦门，生于北京。当代诗人、作曲家、书画家。1982年毕业于暨南大学中文系。曾任中国艺术研究院文学艺术创作中心主任。

他的诗青春、励志、温暖，深深影响了一代人。作品连续二十多年畅销不断，并被广为传抄。他是中国当代诗坛的一个奇迹，是新中国成立后出生的诗人中为人们所欣赏的诗人，曾连续获得过三届全国图书“金钥匙”奖，被誉为“中国诗歌最后辉煌的诗人”“中国当代诗坛的王子”。

代表作品有《嫁给幸福》《山高路远》《爱情像一杯清茶》《跨越自己》《我微笑着走向生活》《年轻的潇洒》等。

我不去想是否能够成功
既然选择了远方
便只顾风雨兼程

我不去想能否赢得爱情
既然钟情于玫瑰
就勇敢地吐露真诚

我不去想身后会不会袭来寒风冷雨
既然目标是地平线
留给世界的只能是背影

[1] 汪国真的诗中热爱的不是最终的成功和未来的美好结局，不是爱情的获得和奋斗目标的实现。诗作里溢出的热爱，其实是一个过程，是一种追求。

我不去想未来是平坦还是泥泞
只要热爱生命
一切都在意料中

导学提示

《热爱生命》是汪国真的代表作之一，整首诗表达了对生命、生活和一切有意义的事的热爱，以及对于生命的一种不屈服、不退缩、勇敢面对的精神。

全诗分四节，每节三行，每节都以“我不去想”开头，前三节的第二行都以“既然”开头，相同词句有规律地反复使用，是诗歌的格律所独有的。其次，节与节之间大致相同的语法结构，使得诗节之间形成一种诗歌独有的对称关系。四个段落分别以“成功”“爱情”“奋斗历程”和“未来”为意象进行分析和回答。这四个意象不难懂，不故弄玄虚，不生僻难解，完全区别于朦胧诗的特点。

能力培养与训练

【读】课后阅读杰克·伦敦的《热爱生命》、蒙田的《热爱生命》、食指的《热爱生命》、张晓风的《敬畏生命》、陆幼青的《生命的留言》。

【说】说说你所了解的古今中外热爱生命的人的故事。

【观】欣赏“中国达人秀”中刘伟参赛的视频。

【写】请以“读《热爱生命》有感”为题，写一篇不少于600字的作文。

拓展阅读

普希金[1]的《假如生活欺骗了你》[2]。

[1] 普希金（1799—1837年）：俄国伟大的诗人、小说家，现代俄国文学的创始人，19世纪俄国浪漫主义文学主要代表，同时也是现实主义文学的奠基人、现代标准俄语的创始人，被誉为“俄罗斯文学之父”“俄罗斯诗歌的太阳”“青铜骑士”。

[2]《假如生活欺骗了你》是普希金于1825年被流放南俄敖德萨时创作的一首哲理抒情诗，诗歌表达了一种积极乐观而坚强的人生态度。

中国结[1]

余光中

余光中（1928—2017 年），祖籍福建泉州，生于南京。当代著名作家、诗人、学者、翻译家。1952 年毕业于台湾大学外文系。1959 年获美国爱荷华大学艺术硕士。先后任教于台湾东吴大学、台湾师范大学、台湾大学、台湾政治大学、香港中文大学、台湾中山大学，还曾赴美国多所大学任客座教授。

他上承中国文学传统，横涉西洋文学艺术，涉猎广泛，被誉为“艺术上的多妻主义者”。2012 年 4 月，84 岁的余光中受聘为北京大学“驻校诗人”。2015 年 7 月，获得第 13 届花踪世界华文文学大奖。

著有诗集《白玉苦瓜》《藕神》《太阳点名》等；散文集《逍遥游》《左手的缪斯》《听听那冷雨》《青铜一梦》等；评论集《蓝墨水的下游》《举杯向天笑》等；翻译《理想丈夫》《不要紧的女人》《老人和大海》等；主编《中国现代文学大系》《秋之颂》等。

墙上有一串典雅的中国结
是她用触目的红丝带
一针一针委婉的钩成
还缀着古玉，垂着穗尾
守护着床头，成为吉兆
肚里另一个中国结，却不知道
是谁啊打的，从何年何月
只知道割盲肠没有割掉
透视底片上也难以寻找
却绞在最敏感的一段回肠
像是先民怕忘记什么似的
打一个结在绳上，每到清明
或是中秋，就隐隐地牵痛
会做噩梦，会消化不良
派陈年的花雕轰然下肚
掀起悲壮的火攻，也不见效

[1] 中国结就是中国情结。中国情结是余光中诗作的灵魂。本诗是余光中先生创作的两首《中国结》之一。

这么下去恐怕会闹出结石
你说吧，大夫，该怎么了断
用凛冽的海峡做手术刀
一挥两断吗？痛，是够痛了
只怕未必是痛快，而伤口
未必能够干脆的收口
据说记忆有多长，肠，就多长
一结未了，会长出新结
这种恶性瘤怕很难消灭
照武侠小说的说法，大夫
旧愁宜解不宜结，你就一寸一寸
探回患处，轻轻地，为我解吧
正是，噢，最敏感的一段了，请你
轻轻地提起，轻轻地放，为了
这一头是岛的海岸线
曲折而缠绵，靠近心脏
那一头是对岸的青山
脐带隐隐，靠近童年……

导学提示

余光中思想中最执着的主导因素是“家国情怀”。表达对祖国的热爱是余光中诗歌的一个恒定主题，中国结对于余光中先生，更多的是代表着中国情怀。爱中国是先生无法割舍的情结，系着他的旧梦新愁。余光中自己也说：“无论我的诗是写于海岛或是半岛或是新大陆，其中必有一主题是托根在那片厚土，必有一基调是与滚滚的长江同一节奏，这汹涌澎湃，从厦门的少作到高雄的晚作，从未断绝。”

这首诗文字简约，意蕴深沉；比喻形象生动，化抽象为具体；处处流露出赤子的思乡之情。诗在前面做很长的描述与铺垫，在结尾处用有着极强的诗歌节奏感的语句点明诗中最深刻、最核心的情感，让人眼前一亮，回味无穷。

能力培养与训练

【听】余光中的很多诗歌由作曲家引入歌中，被广为传唱，课后请听一听《昨夜你对我一笑》《拒绝融化的冰》《乡愁四韵》《民歌》等。

【说】通过阅读余光中的其他作品，你觉得他的诗歌红遍两岸三地的原因有哪些？

【读】认真领会《中国结》的感情基调和节奏变化，并大声朗读。

【写】余光中的家国情怀为什么感动我们？请举例说明。

拓展阅读

余光中的《乡愁》。

长干行

李白

李白（701—762 年），字太白，号青莲居士，唐代伟大的浪漫主义诗人，有“诗仙”之称。祖籍陇西成纪（今甘肃省秦安县），生于碎叶城（今吉尔吉斯斯坦的托克马克市），4 岁随父迁至剑南道绵州（今四川江油）。

李白二十岁时出川，拜谒社会名流，希望得到引荐，得登高位。天宝元年（742 年），因道士吴筠的推荐，李白被召至长安，供奉翰林。在京仅三年，终因“安能摧眉折腰事权贵”，被赐金放还。756 年，因参加永王李璘幕府，兵败受累，被流放夜郎（今贵州境内），途中遇赦。晚年漂泊东南一带。762 年病逝于安徽当涂。

豪放飘逸是李白诗歌的主要特征。其诗想象丰富，语言流转自然，音律和谐多变。唐朝文宗御封李白的诗歌、裴旻的剑舞、张旭的草书为“三绝”。李白存世诗文千余篇，有《李太白集》传世，代表作有《望庐山瀑布》《行路难》《蜀道难》《将进酒》《早发白帝城》等。

妾发初覆额，折花门前剧。
郎骑竹马来，绕床[1]弄青梅。
同居长干里[2]，两小无嫌猜[3]，
十四为君妇，羞颜未尝开[4]。
低头向暗壁[5]，千唤不一回。
十五始展眉[6]，愿同尘与灰[7]。
常存抱柱信[8]，岂上望夫台[9]。
十六君远行，瞿塘[10]滟滪堆[11]。

---

[1] 床：井栏，后院水井的围栏。
[2] 长干里：在今南京市，当年系船民集居之地，故《长干曲》多抒发船家女子的感情。
[3] 嫌猜：猜疑；嫌忌。
[4] 羞颜未尝开：害羞得没有露出过笑脸。
[5] 暗壁：墙壁的暗处。
[6] 展眉：舒展眉头。形容心情喜悦的样子。
[7] 愿同尘与灰：愿意永远和你在一起。
[8] 抱柱信：典出《庄子·盗跖篇》，写尾生与一女子相约于桥下，女子未到而突然涨水，尾生守信而不肯离去，抱着柱子被水淹死。
[9] 岂上望夫台：怎么能想到会走上望夫台。
[10] 瞿塘：瞿塘峡，在四川省奉节县东五公里。
[11] 滟（yàn）滪（yù）堆：江心突起的巨石，在瞿塘峡峡口。农历五月涨水没礁，船只易触礁翻沉。

五月不可触[1]，猿声天上哀[2]。
门前迟行迹[3]，一一生绿苔。
苔深不能扫，落叶秋风早[4]。
八月蝴蝶来，双飞西园草。
感此伤妾心，坐愁红颜老。
早晚[5]下三巴[6]，预将书报家。
相迎不道远[7]，直至长风沙[8]。

导学提示

《长干行》是汉乐府的旧题，属于《杂曲歌辞》调名。这首《长干行》是李白以乐府古题创作的两首诗中的第一首。此诗为李白初游金陵时所作，时间在唐玄宗开元十三年（725 年）秋末之后不久。全诗以一位居住在长干里的商妇自述的口气，叙述了她的爱情生活，倾吐了对于远方丈夫的殷切思念。

这首诗描绘了商妇各个生活阶段的各个生活侧面，塑造出了一个对理想生活执着追求和热切向往的商贾思妇的艺术形象。开头六句，婉若一组民间孩童嬉戏的风情画卷。“十四为君妇”以下八句，又通过心理描写生动细腻地描绘了小新娘出嫁后的新婚生活。在接下来的诗句中，更以浓重的笔墨描写闺中少妇的离愁别绪，诗情到此形成了鲜明转折。“门前迟行迹”以下八句，通过节气变化和不同景物的描写，将一个思念远行丈夫的少妇形象，鲜明地跃然于纸上。最后两句则透露了李白特有的浪漫主义色彩。

能力培养与训练

【听】听一听名家朗诵的李白的《三五七言》、杜甫的《佳人》等爱情诗，并学习朗诵的技法。

【说】读完课文后，说一说你对爱情有什么憧憬？

【读】课后阅读张大春的《大唐李白·将进酒》和孟（yú）斜阳的《绣口一吐，就是半个盛唐：李白诗传》等关于李白的人物传记。

[1] 五月不可触：五月水涨时，滟滪堆不可相触。
[2] 猿声天上哀：两岸猿猴的啼叫声传到天上。哀一作“鸣”。
[3] 门前迟行迹：门前是你离家时徘徊的足迹。迟一作“旧”。
[4] 苔深不能扫，落叶秋风早：绿苔太厚，不好清扫，树叶飘落，秋天早早来到。
[5] 早晚：多早晚，犹何时，无论什么时候。
[6] 三巴：地名，即巴郡、巴东、巴西，在今四川东部地区。
[7] 相迎不道远：迎接你不怕道路遥远。
[8] 长风沙：地名，在今安徽省安庆市的长江边上，距南京约 700 里。

【写】联系今天所学的知识，以“爱情”为主题，自选角度、自拟题目，写一篇文章。

拓展阅读

卓文君[1]的《白头吟》[2]。

[1] 卓文君：西汉临邛（今四川邛崃）冶铁巨商卓王孙之女，姿色娇美，精通音律，善弹琴，有文名。

[2] 白头吟：乐府《楚调曲》调名。据传说，司马相如发迹后，渐渐耽于逸乐，日日周旋在脂粉堆里，直至欲纳茂陵女子为妾。卓文君忍无可忍，因此作了这首《白头吟》，呈递相如。

朗诵光明 [1]

梁芒

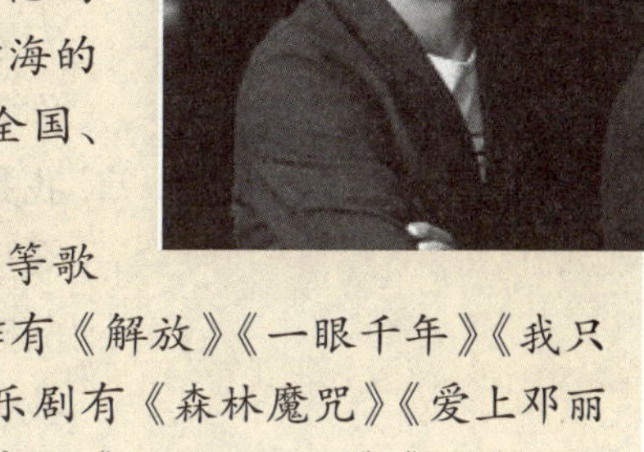

梁芒（1968— ），四川达州人，词作家，诗人，音乐剧的台词总监。历任成都军区战旗歌舞团、四川省歌舞剧院创作室专业作家。

1981 年，这位年仅 13 岁的天才少年就出版了他的第一本诗集《灯海和星海》。16 岁时创作的诗歌《看海的日子》还入选了高二《语文》教科书。其作品曾获全国、省、市级各种奖数项。

梁芒是国内著名词作者，为那英、孙楠、羽泉等歌手以及春晚、电视剧、电影创作了大量的词。代表作有《解放》《一眼千年》《我只喜欢你》《山河》《相濡以沫》《山水中国美》等；音乐剧有《森林魔咒》《爱上邓丽君》《犹太人在上海》《妈妈再爱我一次》等；著有诗集《灯海和星海》《风筝与鸽子》《花期恋情》等。

是你陪我在人海中迎浪游泳
看我往前移动你目不转睛
你随时待命 终身为我执勤
我一有险情你就奋不顾身
命运欺负我时你来打抱不平
大雨的半途中出现了像你的树荫
你那一巴掌真用劲 我如梦初醒
咬牙起身接着再和岁月打拼
父亲 父亲
我一人独自穿过冬季
钢筋的丛林
不管世界多么的寒冷
不管城市多么的生硬
有你的家夜幕未降临
就灯火通明
父亲 请放心
我身上有你奔放的血型

[1] 朗诵光明：是梁芒作词的歌曲之一。

和坚强的基因
自由的天性
命运欺负我时你来打抱不平
大雨的半途中出现了像你的树荫
你那一巴掌真用劲 我如梦初醒
咬牙起身接着再和岁月打拼
父亲 父亲
我不知如何才能感恩
安慰我的心
你是我最宽阔的草坪
我是你延续着的生命
今生做你孩子就是最大的荣幸
父亲 父亲
我多想忘了不惑的年龄
回到那曾经
我就像那晕车的孩子
看着窗外摇晃的风景
懒懒在你怀抱里一切就风平浪静
我的父亲
我的父亲
如今的我也当了父亲
才知道个中滋味和艰辛
但我学会了 沉默是金
我也教会孩子 朗诵光明
我也教会孩子 朗诵光明

导学提示

《朗诵光明》这首诗是梁芒2016年参加四川卫视原创诗歌文化类节目“诗歌之王”“亲情”主题的竞演时所作的。

《朗诵光明》这首诗表达了梁芒对父亲梁上泉至真至诚的情感。全诗用叙述的口吻把父亲对自己的影响娓娓道来，于平淡、质朴中诠释出父爱的深沉。

能力培养与训练

【听】课后请听一听梁芒创作的《拯救》《春暖花开》《兄弟》等歌曲。

【说】通过阅读梁芒的其他作品，你觉得他的诗打动人们的原因有哪些？

【读】认真领会《朗诵光明》的感情基调和节奏变化，并大声朗读。

【写】你最喜欢梁芒创作的哪首诗或填写的歌词？为什么？

拓展阅读

梁芒的《唱给父亲》。

世界上最远的距离 [1]

泰戈尔

泰戈尔（1861—1941 年），印度著名诗人、作家、艺术家和社会活动家。生于加尔各答市的一个富有哲学和文学艺术修养的家庭。8 岁写出第一首小诗，13 岁即能创作长诗和颂歌体诗集，14 岁将莎士比亚的名剧《麦克白》译成孟加拉文，17 岁赴英国留学，19 岁回国专门从事文学活动。1884 年至 1911 年担任梵社秘书，1921 年创办国际大学。1941 年写作控诉英国殖民统治和相信祖国必将获得独立解放的著名遗言《文明的危机》。

泰戈尔共写了五十多部诗集，被称为"诗圣"，写了 12 部中长篇小说，一百多篇短篇小说，二十多部剧本及大量文学、哲学、政治论著，并创作了一千五百多幅画，谱写了难以统计的众多歌曲。1913 年，泰戈尔以《吉檀迦利》这部诗集获得诺贝尔文学奖。

主要作品有诗歌集《吉檀迦利》《园丁集》《飞鸟集》《新月集》，小说《沉船》《戈拉》等。他的作品被人当作"精神生活的灯塔"，为印度近代文学开辟了广阔的道路。

世界上最远的距离，
不是生与死的距离。
而是我就站在你面前，
你却不知道我爱你。

世界上最远的距离，
不是我站在你面前，
你却不知道我爱你。
而是爱到痴迷，
却不能说我爱你。

世界上最远的距离，
不是我不能说我爱你。
而是想你痛彻心脾 [2]，
却只能深埋心底。

[1] 世界上最远的距离：一说世界上最遥远的距离。
[2] 心脾（pí）：心脏和脾脏。

世界上最远的距离，
不是我不能说我想你，
而是彼此相爱，
却不能够在一起。

世界上最远的距离，
不是彼此相爱，却不能够在一起。
而是明知道真爱无敌，
却装作毫不在意。

世界上最远的距离，
不是树与树的距离，
而是同根生长的树枝，
却无法在风中相依。

世界上最远的距离，
不是树枝无法相依，
而是相互瞭望[1]的星星，
却没有交汇的轨迹。

世界上最远的距离，
不是星星没有交汇的轨迹，
而是纵然轨迹交汇，
却在转瞬间无处寻觅。

世界上最远的距离，
不是瞬间便无处寻觅，
而是尚未相遇，
便注定无法相聚。

世界上最远的距离，
是鱼与飞鸟的距离，
一个翱翔[2]天际，
一个却深潜海底。

---

[1] 瞭（liào）望：登高远望；向远处探看。
[2] 翱翔（áo xiáng）：在空中（常指在高空）飞行或盘旋。

导学提示

《世界上最远的距离》是泰戈尔的一首散文诗，也是一首很凄美的诗。全诗共有十节。第一节形象地写出了暗恋的感觉；第二、三节进一步讲述了这种单相思的痛苦；第四、五节对爱情作了深层的描述；从第六节开始对“世界上最远的距离”作了诠释。

全诗以爱为主线，诗人敏感的字里行间，流露着痛苦而无奈的情感，不能不令人动容。诗歌简短而整齐，全诗由四组“不是……而是……”构成，采取对比的手法，层层深入，把读者带到了那种痛苦的最遥远的距离，并把诗人的情怀感染给每位读者。

能力培养与训练

【听】欣赏《世界上最远的距离》的配乐诗朗诵。

【说】通过阅读这首诗，你觉得它让人潸然泪下的原因有哪些？

【读】课后阅读泰戈尔的《我一无所求》《飞鸟集》。

【写】你认为这首诗流行的原因是什么？请联系生活实际，谈谈你对这首诗的理解。

拓展阅读

仓央嘉措的《见与不见》。

第二章 散文

一、散文的概念

散文是指同小说、戏剧、诗歌并列的一种文学体裁。它有广义和狭义之分。广义的散文，是指诗歌、小说、戏剧以外的所有具有文学性的散行文章，包括通讯、随笔杂文、回忆录、报告文学、传记等文体。狭义的散文是指文艺性散文，它是以记叙或抒情为主，取材广泛、笔法灵活、篇幅短小、情文并茂的文学样式。

二、散文的分类

散文按照内容和性质的不同，分为以下几类。

（一）叙事散文

叙事散文是以写人记事为主的散文，分为记事散文和写人散文。记事散文以事件发展为线索，所叙述的内容可以是有头有尾的故事，也可以是几个片段。写人散文往往抓住人物的性格特征作粗线条勾勒，注重表现人物的性格和精神面貌。

（二）抒情散文

抒情散文注重表现作者的感受，抒发作者的思想感情。这类散文有对具体事物的记叙和描绘，但一般没有贯穿全篇的情节。强烈的抒情性是其突出的特点。

（三）写景散文

写景散文是以描绘景物为主的散文。这类文章多是在描绘景物的同时抒发感情，或借景抒情，或寓情于景，抓住景物的特征，按照空间的变换顺序，运用移步换景的方法，把观察的变化作为全文的脉络。

（四）哲理散文

哲理散文通常以种种形象来参悟生命的真理，从而揭示万物之间的联系，给我们一种透过现象看本质，揭示事物规律的震撼性审美效果。

三、散文的主要特点

（一）形散而神不散

“形散”是说散文的取材十分广泛自由，不受时间和空间的限制；表现手法不拘一格、变化随意；表达方式可叙，可议，可说明，可抒情，活泼自由。“神不散”是说散文所要表达的主题必须明确而集中。

（二）语言优美，富于文采

散文的语言清新明丽，生动活泼，有音乐感。寥寥数语就可以描绘出生动的形象，勾勒出动人的场景，显示出深远的意境。

（三）意境深邃，情感真挚

散文注重表现作者的生活感受，抒情性强。作者每每融情于景、托物言志、寄情于事，实现物我的统一，展现出深远的思想，使读者领会更深刻的道理。

善良

王蒙

王蒙（1934— ），祖籍河北沧州，出生于北京。当代著名作家、学者。历任中国作家协会名誉主席、文化部长、中共中央委员等职。1953年开始创作并发表作品，因短篇小说《组织部来了个年轻人》而成名。笔耕六十余年，写下45卷文集1 600万字，作品被翻译成二十多种语言在各国发行。

作品有小说《青春万岁》《活动变人形》《布礼》《蝴蝶》等；小说集有《冬雨》《坚硬的稀粥》《加拿大的月亮》等；诗集有《旋转的秋千》；散文集有《行板如歌》《王蒙漫游美文》；古典文学研究著作有《红楼梦启示录》《双飞翼》等。

曾获得第九届茅盾文学奖、意大利蒙德罗文学奖、日本创价学会和平与文化奖，约旦作家协会名誉会员等荣衔。

善良似乎是一个早就过了时的字眼。在生存竞争中，在阶级斗争中，在各种各样的人际关系中，利益原则与实力原则似乎早已代替了道德原则。

我们当然也知道某些情况下一味善良的不足恃[1]。我们听过不少关于善良即愚蠢的寓言故事。东郭先生，农夫与蛇，善良的农夫与东郭先生是多么可笑呀。故事告诉我们，如果你的对象是狼或者蛇，善良就是自取灭亡，善良就是死了活该，善良就是帮助恶狼或是毒蛇，善良就是白痴。

但我们也不妨[2]想一想，那些需要帮助的人当中，那些等待着向他们伸出善良的援助之手的冻僵者或是重伤者当中，有多大比例是毒蛇或者恶狼？我们还要问，宇宙万

[1] 恃（shì）：依赖，仗着。
[2] 不妨：最好还是；无任何害处；表示怀疑或不确定。

物中，有多大比例是毒蛇和恶狼？为了有限的毒蛇和恶狼而不惜将一切视为毒蛇和恶狼，不惜以对付毒蛇与恶狼的法则为自己的圭臬[1]，请问这是一种什么疾病？

我们还可以问一下，我们以对待毒蛇和恶狼的态度对待过的那些倒霉蛋当中又有多少人是经得住时间考验的当真的毒蛇和恶狼？如果说，面对毒蛇和恶狼而一味善良便是糊涂的农夫或东郭先生，那么面对并非毒蛇或恶狼的人却坚决以对待毒蛇或恶狼的态度对待之，我们成了什么呢？是不是我们自己有点向蛇或狼靠拢呢？

善良与凶恶相对的时候，前者显得是多么稚弱而后者显得是多么强大呀。凶恶会毫不犹豫地向善良伸出毒手，而善良却处于不设防乃至不抵抗的地位。凶恶是无所不为的，凶恶因而拥有各种各样的武器。而善良是有所不为的，善良的武器比凶恶少得多。善良常常败在凶恶手下。

然而人们还是喜欢善良、欢迎善良、向往善良。善良才有幸福，善良才能和平愉快地彼此相处，善良才能把精力集中在建设性的有意义的事情上，善良才能摆脱没完没了的恶斗与自我消耗，善良才能实现健康的起码是正常的局面，善良才能天下太平。

这就是善良的力量。善良的力量就在于它是人的。它属于人，它属于历史属于文明属于理性属于科学。它属于更文明更高尚更发展得良好的人。它属于更文明更民主更发展更富强的社会。

凶恶每“战胜”一次善良就把自己压缩了一次，因为它宣告了自己的丑恶。善良每败于凶恶一次，就把自己弘扬了一次，因为它宣扬了自己的光明。

善良也是一种智慧，是一种远见，是一种自信，是一种精神力量，是一种精神的平安，是一种以逸待劳的沉稳，是一种文化，是一种快乐，是一种乐观。

善良可以与天真也可以与成熟的超拔联系在一起。多数情况下善良之不为恶非不能也，是不为也。善良的人不是不会自卫和抗争，只是不滥用[2]这种“正当防卫”的权利罢了。往往是这样，小孩子是善良的，真正参透了人生与世界的强大的人也是善良的，而一瓶子不满半瓶子晃荡的人最不善良。

君子坦荡荡，小人常戚戚[3]。恶人更是常常四面楚歌[4]，如临大敌，其鸣也凄厉[5]，其行也荒唐，其和也寡，其心也惶惶[6]。而善良者微笑着面对现实，永远不丧失对于世界和人类、祖国、友人、理想的信心。

我喜欢善良。我不喜欢凶恶。我认为即使自以为是百分之百地代表着真理和正义也不应该滥恶[7]。滥恶本身就不是正义了。我相信，国人终归会愈来愈善良而不是相反。例如在“文化大革命”中，凶恶不是已经出尽风头了吗？凶恶不是披尽了“迷彩

[1] 圭臬（guī niè）：指圭表，比喻标准、准则和法度。
[2] 滥用：胡乱、过多地使用。
[3] 君子坦荡荡，小人常戚戚：出自《论语·述而》，意思是君子心胸开阔，小人经常忧愁。
[4] 四面楚歌：比喻被团团包围，处于孤立无援的境地。
[5] 凄厉：声音凄凉尖锐。
[6] 惶惶：恐惧不安。
[7] 滥恶：滥用恶行。

服”吗？后来又怎么样了呢？

导学提示

这是一篇议论性散文。王蒙针对新形势下人们对“善良”的一些错误认识，站在人类发展和社会发展的高度对“善良”这一道德准则作了精辟的阐述，启发人们对人性进行深刻的思考。

文章按照提出问题、分析问题、表明观点的顺序来组织全文的脉络结构，运用了大量的排比和反问，语言精辟有力，耐人寻味；论证时运用了举实例、对比法、反证法、因果法来增加文章的说服力。

能力培养与训练

【听】利用课外时间听一听王蒙的经典散文和诗歌。

【说】你的善良有没有获得过别人的感激与称赞？你的善良有没有换回料想不到的恶报与嘲讽？面对两种截然不同的结果，你是怎样想的，又是怎样做的？

【读】课后读一读王蒙的作品《王蒙自述：我的人生哲学》《行板如歌》和《王蒙漫游美文》。

【写】作者在文中表达了对善与恶的看法，你最认同哪一句（或哪一段）？请联系现实生活，举例说明。

拓展阅读

余秋雨的《善良、快乐、健康比成绩优秀更重要》。

卖白菜

莫言

莫言（1955—　），山东高密人，原名管谟业，当代作家，2012 年诺贝尔文学奖得主。莫言因一系列乡土作品充满“怀乡”“怨乡”的复杂情感，被称为“寻根文学”作家。

著有长篇小说《红高粱家族》《酒国》《丰乳肥臀》《檀香刑》《四十一炮》《生死疲劳》《蛙》；中短篇小说有《透明的红萝卜》《白狗秋千架》《师傅越来越幽默》；并著有剧作、散文多部。

除了诺贝尔文学奖，莫言及其作品还曾获得矛盾文学奖、世界华文长篇小说奖、联合文学奖、华语文学传媒大奖·年度杰出奖等国内文学大奖，以及法兰西文化艺术骑士勋章、美国纽曼华语文学奖等多种外国奖项。多部作品被译为英、法、日、德等三十余种文字在海外出版，在世界文学中产生了广泛影响。

1967 年冬天，我 12 岁那年，临近春节的一个早晨，母亲苦着脸，心事重重地在屋子里走来走去，时而揭开炕席的一角，掀动几下铺炕的麦草，时而拉开那张老桌子的抽屉，扒拉几下破布头烂线团。母亲叹息着，并不时把目光抬高，瞥一眼那三棵吊在墙上的白菜。最后，母亲的目光锁定在白菜上，端详[1]着，终于下了决心似的，叫着我的乳名，说：

“社斗，去找个篓子来吧……”

“娘，”我悲伤地问，“您要把它们……”

“今天是大集。”母亲沉重地说。

“可是，您答应过的，这是我们留着过年的……”话没说完，我的眼泪就涌了出来。

母亲的眼睛湿漉漉的，但她没有哭，她有些恼怒地说：“这么大的汉子了，动不动就抹眼泪，像什么样子！”

“我们种了一百零四棵白菜，卖了一百零一棵，只剩下这三棵了……说好了留着过年的，说好了留着过年包饺子的……”我哽咽[2]着说。

母亲靠近我，掀起衣襟，擦去了我脸上的泪水。我把脸伏在母亲的胸前，委屈地抽噎[3]着。我感到母亲用粗糙的大手抚摸着我的头，我嗅到了她衣襟上那股揉烂了的白菜叶子的气味。从夏到秋，从秋到冬，在一年的三个季节里，我和母亲把这一百零

[1] 端详：仔细地看。
[2] 哽咽（gěng yè）：不能痛快地出声哭。
[3] 委屈：心里难过。抽噎（yē）：一吸一顿地哭泣。

四棵白菜从娇嫩的芽苗，侍弄成饱满的大白菜，我们撒种、间苗[1]、除草、捉虫、收获、晾晒……每一片叶子都留下我们的手印……但母亲却把它们一棵棵地卖掉……我不由得大哭起来。

透过朦胧的泪眼，我看到了母亲把那棵最大的白菜从墙上钉着的木橛子[2]上摘了下来。母亲又把那棵第二大的摘下来。最后，那棵最小的、形状圆圆像个和尚头的也脱离了木橛子，挤进了篓子里。我熟悉这棵白菜，就像熟悉自己的一根手指。因为它生长在最靠近路边那一行的拐角的位置上，小时被牛犊或是被孩子踩了一脚，所以它一直长得不旺，当别的白菜长到脸盆大时，它才有碗口大。发现了它的小和可怜，我们在浇水施肥时就对它格外照顾。我曾经背着母亲将一大把化肥撒在它的周围，但第二天它就打了蔫[3]。母亲知道了真相后，赶紧将它周围的土换了，才使它死里逃生。后来，它尽管还是小，但卷得十分饱满，收获时母亲拍打着它感慨地对我说："你看看它，你看看它……"在那一瞬间，母亲的脸上洋溢着珍贵的欣喜表情，仿佛拍打着一个历经磨难终于长大成人的孩子。

集市在邻村，距离我们家有三四里远。母亲让我帮她把白菜送去。我心中不快，嘟哝[4]着，说："我还要去上学呢。"母亲抬头看看太阳，说："晚不了。"我还想啰嗦，看到母亲脸色不好，便闭了嘴，不情愿地背起那只盛了三棵白菜、上边盖了一张破羊皮的篓子，沿着河堤南边那条小路，向着集市，踽踽[5]而行。寒风凛冽，有太阳，很弱，仿佛随时都要熄灭的样子。我的手很快就冻麻了，以至于当篓子跌落在地时我竟然不知道。篓子落地时发出了清脆的响声，篓底有几根蜡条跌断了，那棵最小的白菜从篓子里跳出来，滚到路边结着白冰的水沟里。母亲在我头上打了一巴掌，骂道："穷种啊！"然后她就踮着小脚，乍[6]着两只胳臂，小心翼翼但又十分匆忙地下到沟底，将那棵白菜抱了上来。我看到那棵白菜的根折断了，但还没有断利索，有几绺[7]筋皮联络着。我知道闯了大祸，站在篓边，哭着说："我不是故意的，我真的不是故意的……"母亲将那棵白菜放进篓子，原本十分生气的样子，但也许是看到我哭得真诚，也许是看到了我黑黢黢[8]的手背上那些已经溃烂的冻疮，母亲的脸色缓和了，没有打我也没有再骂我，只是用一种让我感到温暖的腔调说："不中用，把饭吃到哪里去了？"然后母亲就蹲下身，将背篓的木棍搭上肩头，我在后边帮扶着，让她站直了身体。

终于到了集上。一个老太太朝着我们的白菜走了过来。她用细而沙哑的嗓音问白菜的价钱。母亲回答了她。她摇摇头，看样子是嫌贵。但是她没有走，而是蹲下，揭

[1] 间（jiàn）苗：按一定的株距留下作物的幼苗，把多余的苗除掉。
[2] 橛（jué）子：小木桩。
[3] 蔫（niān）：植物失去水分而萎缩。
[4] 嘟哝（dū nong）：自言自语。
[5] 踽（jǔ）踽：孤单行走的样子。
[6] 乍：张开起。
[7] 绺（liǔ）：量词，指一束理顺了的丝、线、须、发等。
[8] 黢（qū）：形容黑。

开那张破羊皮，翻动着我们的三棵白菜。她把那棵最小的白菜上那半截欲断未断的根拽了下来。然后她又逐棵地戳着我们的白菜，用弯曲的、枯柴一样的手指，她撇着嘴，说我们的白菜卷得不紧，母亲用忧伤的声音说："大婶子啊，这样的白菜您还嫌不紧，那您就到市上去看看吧，看看哪里还能找到卷得更紧的吧。"

我对这个老太太充满了恶感，你拽断了我们的白菜根也就罢了，可你不该昧着良心说我们的白菜卷得不紧。我忍不住冒出一句话："再紧就成了石头蛋子了！"

老太太抬起头，惊讶地看着我，问母亲："这是谁？是你的儿子吗？"

"是老小，"母亲答道，转回头批评我，"小小孩儿，说话没大没小的！"

老太太将她胳臂上挎着的柳条篼篼[1]放在地上，腾出手，撕扯着那棵最小的白菜上那层已经干枯的菜帮子。我十分恼火，便刺她："别撕了，你撕了让我们怎么卖？"

"你这小孩子，说话怎么就像吃了枪药一样呢？"老太太嘟哝着，但撕扯着的手却并不停止。

"大婶子，别撕了，放到这时的白菜，老帮子脱了五六层，成了核了。"母亲劝说着她。

她终于还是将那层干菜帮子全部撕光，露出了鲜嫩的、洁白的菜帮。在清冽的寒风中，我们的白菜散发出甜丝丝的气味。这样的白菜，包成饺子，味道该多么鲜美啊！老太太搬着白菜站起来，让母亲给她过秤。母亲用秤钩子挂住白菜根，将白菜提起来。老太太把她的脸几乎贴到秤杆上，仔细地打量着上面的秤星。我看着那棵被剥成了核的白菜，眼前出现了它在生长的各个阶段的模样，心中感到阵阵忧伤。

终于核准了重量，老太太说："俺可是不会算账。"

母亲因为偏头痛，算了一会儿也没算清，对我说："社斗，你算。"

我找了一根草帮，用我刚刚学会的乘法，在地上划算着。

我报出了一个数字，母亲重复了我报出的数字。

"没算错吧？"老太太用不信任的目光盯着我说。

"你自己算就是了。"我说。

"这孩子，说话真是暴躁。"老太太低声嘟哝着，从腰里摸出一个肮脏的手绢，层层地揭开，露出一沓纸票，然而将手指伸进嘴里，沾了唾沫，一张张地数着。她终于将数好的钱交到母亲手里。母亲也一张张地点数着。

等我放了学回家后，一进屋就看到母亲正坐在灶前发呆。那个蜡条篓子摆在她的身边，三棵白菜都在篓子里，那棵最小的因为老太太剥去了干帮子，已经受了严重的冻伤。我的心猛地往下一沉，知道最坏的事情发生了。母亲抬起头，眼睛红红地看着我，过了许久，用一种让我终生难忘的声音说：

"孩子，你怎么能这样呢？你怎么能多算人家一毛钱呢？"

"娘，"我哭着说，"我……"

"你今天让娘丢了脸……"母亲说着，两行眼泪就挂在了腮上。

---

[1] 篼篼（yuān dōu）：竹篾等编成的盛东西的器具。

这是我看到坚强的母亲第一次眼泪，至今想起，心中依然沉痛[1]。

导学提示

《卖白菜》是写人散文，莫言采用截取横断面的方法刻画了母亲可亲可敬的形象。作者以个性化的语言和细节描写着重表现了母子二人对于卖白菜的不同心理感受，折射出母亲与“我”的不同性情。

三棵白菜，卖与不卖，都是出于生活的无奈。而就在这无奈中，母亲的坚强和自尊与“我”的暴躁和狭隘，泾渭分明。

能力培养与训练

【听】欣赏莫言的优秀作品的朗诵视频或音频。

【说】史铁生的《合欢树》、莫言的《卖白菜》都刻画了母亲的形象。结合课文内容，说说这两位母亲有什么共同特点。

【读】课外阅读史铁生的《我与地坛》、老舍的《我的母亲》、胡适的《我的母亲》，并思考这些母亲的伟大之处在哪里。

【写】请以“我的母亲”为题，写一篇不少于600字的作文。要求：联系自身实际，情真意切。

拓展阅读

史铁生[2]的《合欢树》[3]。

[1] 沉痛：深切的悲痛。
[2] 史铁生：北京人，当代作家，代表作有《我与地坛》《务虚笔记》《病隙碎笔》等。
[3] 合欢树：又名绒花树、马缨花，落叶乔木，夏季开花，头状花序，合瓣花冠，雄蕊多条，淡红色。

人的高贵在于灵魂

周国平

周国平（1945— ），当代著名学者、作家。1945年出生于上海。1967年毕业于北京大学哲学系，1981年毕业于中国社会科学院研究生院哲学系。曾就职于西南政法大学。现为中国社会科学院哲学研究所研究员。

著有学术专著《尼采：在世纪的转折点上》《尼采与形而上学》；随感集有《人与永恒》《内在的从容》《把心安顿好》《人生不较劲》《风中的纸盾》；自传有《岁月与性情》《今天我活着》《爱与孤独》等；诗集有《只有一个人生》《忧伤的情欲》；译著有《尼采诗集》《偶像的黄昏》《尼采美学文选》《希腊悲剧时代的哲学》等；散文集有《各自的朝圣路》《守望的距离》《安静》《生命的本质》等。

法国思想家帕斯卡尔[1]有一句名言："人是一支有思想的芦苇。"他的意思是说，人的生命像芦苇一样脆弱，宇宙间任何东西都能致人于死地。可是，即使如此，人依然比宇宙间任何东西高贵得多，因为人有一颗能思想的灵魂。我们当然不能也不该否认肉身生活的必要，但是，人的高贵却在于他有灵魂生活。作为肉身的人，人并无高低贵贱之分。惟有[2]作为灵魂的人，由于内心世界的巨大差异，人才分出了高贵和平庸，乃至高贵和卑鄙。

两千多年前，罗马军队攻进了希腊的一座城市，他们发现一个老人正蹲在沙地上专心研究一个图形，他就是古代最著名的物理学家阿基米德[3]。他很快便死在了罗马军人的剑下，当剑朝他劈来时，他只说了一句话："不要踩坏我的圆！"在他看来，他画在地上的那个图形是比他的生命更加宝贵的。更早的时候，征服了欧亚大陆的亚历山大大帝[4]视察希腊的另一座城市，遇到正躺在地上晒太阳的哲学家第欧根尼[5]，便问他："我能替你做些什么？"得到的回答是："不要挡住我的阳光！"在他看来，面对他在阳光下的沉思，亚历山大大帝的赫赫战功显得无足轻重。这两则传为千古美谈的小故事表明了古希腊优秀人物对于灵魂生活的珍爱，他们爱思想胜于爱一切，包括自己的生命，把灵魂生活看得比任何外在的事物包括显赫的权势更加高贵。

[1] 帕斯卡尔（1623—1662年）：法国数学家、物理学家、哲学家、散文家。

[2] 惟有：只有。

[3] 阿基米德（前287—前212年），古希腊数学家、物理学家、静态力学和流体静力学的奠基人。

[4] 亚历山大大帝（前356—前323年），即亚历山大三世，马其顿王国（亚历山大帝国）的国王，世界历史上著名的军事家和政治家。

[5] 第欧根尼（前412—前324年），古希腊哲学家。

珍惜内在的精神财富甚于外在的物质财富，这是古往今来一切贤哲的共同特点。英国作家王尔德[1]到美国旅行，入境时，海关官员问他有什么东西要报关，他回答："除了我的才华，什么也没有。"使他引以自豪的是，他没有什么值钱的东西，但他拥有不能用钱来估量的艺术才华。正是这位骄傲的作家，在他的一部作品中告诉我们："世间再没有比人的灵魂更宝贵的东西，任何东西都不能跟它相比。"

其实，无须[2]举这些名人的事例，我们不妨稍微留心观察周围的现象。我常常发现，在平庸的背景下，哪怕是一点不起眼的灵魂生活的迹象，也会闪放出一种很动人的光彩。

一回，我乘车旅行。列车飞驰，车厢里闹哄哄的，旅客们在聊天、打牌、吃零食。一个少女躲在车厢的一角，全神贯注地读着一本书。她读得那么专心，还不时地往随身携带的一个小本子上记些什么，好像完全没有听见周围嘈杂的人声。望着她仿佛沐浴在一片光辉中的安静的侧影，我心中充满感动，想起了自己的少年时代。那时候我也和她一样，不管置身于多么混乱的环境，只要拿起一本好书，就会忘记一切。如今我自己已经是一个作家，出过好几本书了，可是我却羡慕这个埋头读书的少女，无限缅怀[3]已经渐渐远逝的有着同样纯正追求的我的青春岁月。

每当北京举办世界名画展览时，便有许多默默无闻的青年画家节衣缩食，自筹旅费，从全国各地风尘仆仆来到首都，在名画前流连忘返。我站在展厅里，望着这一张张热忱仰望的年轻的面孔，心中也会充满感动。我对自己说：有着纯正追求的青春岁月，的确是人生最美好的岁月。

若干年过去了，我还会常常不由自主地想起列车上的那个少女和展厅里的那些青年，揣摩他们现在不知怎样了。据我观察，人在年轻时多半是富于理想的，随着年龄增长就容易变得越来越实际。由于生存斗争的压力和物质利益的诱惑，大家都把眼光和精力投向外部世界，不再关注自己的内心世界。其结果是灵魂日益萎缩和空虚，只剩下了一个在世界上忙碌不止的躯体。对于一个人来说，没有比这更可悲的事情了。我暗暗祝愿他们仍然保持着纯正的追求，没有走上这条可悲的路。

导学提示

《人的高贵在于灵魂》是一篇说理性文章。周国平重视观照心灵的历程与磨难，寓哲理于常情中，深入浅出，表达了自己对于灵魂生活的追求。

本文的艺术特色在于：一、观点鲜明。开宗明义地提出了观点——人的高贵在于灵魂；二、列举事例，让事实说话；三、文章每列举完一个实例，都有一段精要的分析，或抒情，或议论，起到了画龙点睛的作用。

[1] 王尔德（1854—1900年）：英国诗人、剧作家、艺术家，19世纪80年代美学运动的主力和90年代颓废派运动的先驱。

[2] 无须：不必；用不着。

[3] 缅（miǎn）怀：遥念，追思。

能力培养与训练

【观】课后观看周国平的演讲视频。

【说】说说周国平的经典语录带给我们的人生启示。

【读】利用课外时间读一读周国平的《愿生命从容》《安静》《觉醒的力量》和《各自的朝圣路》。

【写】选一篇你最喜欢的周国平的作品，并写下自己的读书心得。

拓展阅读

毕淑敏的《我的五样》。

大学（节选）

《礼记》

《大学》原是《礼记》里的一篇，旧说为曾子所作，实为秦汉时的儒家作品，它是中国古代讨论教育理论的重要著作。《大学》在南宋前从未单独刊印，但因北宋程颢、程颐竭力尊崇及南宋朱熹在继承“二程”思想的基础上，把它从《礼记》中抽出来，又为其作了《大学章句》，故使得其最终与《中庸》《论语》《孟子》并称为“四书”，从此成为儒家经典。宋、元以后，《大学》成为学校官定的教科书和科举考试的必读书，对古代教育产生了极大的影响。

大学之道[1]，在明明德[2]，在亲民[3]，在止于至善。

知止[4]而后有定；定而后能静；静而后能安；安而后能虑；虑而后能得[5]。物有本末[6]，事有终始。知所先后，则近道矣。

古之欲明明德于天下者，先治其国；欲治其国者，先齐其家[7]；欲齐其家者，先修其身[8]；欲修其身者，先正其心[9]；欲正其心者，先诚其意[10]；欲诚其意者，先致其知[11]；致知在格物[12]。物格而后知至，知至而后意诚，意诚而后心正，心正而后身修，身修而后家齐，家齐而后国治，国治而后天下平。自天子以至于庶人，壹是[13]皆以修身为本。

[1] 大学之道：大学的宗旨。“大学”一词在古代有两种含义，一是“博学”的意思；二是相对于小学而言的“大人之学”。古人八岁入小学，学习“洒扫应对进退、礼乐射御书数”等文化基础知识和礼节；十五岁入大学，学习伦理、政治、哲学等“穷理正心，修己治人”的学问。所以，后一种含义其实也和前一种含义有相通的地方，同样有“博学”的意思。“道”的本义是道路，引申为规律、原则等。在中国古代哲学、政治学里，也指宇宙万物的本原、个体，一定的政治观或思想体系等，在不同的上下文环境里有不同的意思。

[2] 明明德：前一个“明”是形容词的使动用法，即“使彰明”，也就是发扬、弘扬的意思。后一个“明”作形容词，明德，也就是光明正大的品德。

[3] 亲民：根据后面的“传”文，“亲”应为“新”，即革新、弃旧图新。亲民，也就是新民，使人弃旧图新、去恶从善。

[4] 知止：知道目标所在。

[5] 得：收获。

[6] 本末：树木的根和梢，比喻事物的根源和结局，原委。

[7] 齐其家：管理好自己的家庭或家族，使家庭或家族和和美美、蒸蒸日上、兴旺发达。

[8] 修其身：修养自身的品性。

[9] 正其心：端正自己的心思。

[10] 诚其意：使自己的意念真诚。

[11] 致其知：使自己获得知识。

[12] 格物：认识、研究万事万物。

[13] 壹是：都是。

其本乱，而末治者否矣。其所厚者薄[1]，而其所薄者厚[2]，未之有也[3]！

导学提示

本文为《大学》的第一章，集中阐述了儒家关于教育的宗旨、步骤及作用的理论，鲜明地体现了儒家学派“内圣外王”的人格理想。

文章首先概括了大学教育的基本宗旨，即以“明明德”“亲（新）民”和“止于至善”为内容的所谓“三纲领”。接着，反复论述了修养的步骤及其实践结果，即所谓“八条目”（“格物”“致知”“诚意”“正心”“修身”“齐家”“治国”和“平天下”）。

能力培养与训练

【观】观看视频解析《大学》。

【说】说说你对“大学之道”中的这个“道”的理解和认识。

【读】课后利用网络资源了解一些名家对于儒家思想的阐释（如《百家讲坛：于丹<论语>心得》），以加深自己对儒家思想精髓和真谛的理解。

【写】以“我的大学目标”为题，写一篇不少于600字的文章。

拓展阅读

1.《慎独，才是一个人最高级的境界》。

2.《学习用典：大学之道，在明明德，在亲民，在止于至善》。

[1] 厚者薄：该重视的不重视。

[2] 薄者厚：不该重视的却加以重视。

[3] 未之有也：即未有之也，没有这样的道理（事情、做法等）。

像山那样思考[1]

奥尔多·利奥波德

奥尔多·利奥波德（1887—1948年），美国作家，生态学家，土地伦理学家，环境保护主义的先驱，被称为“美国新环境理论的创始者”。

1887年生于美国爱荷华州伯灵顿。1909年获得耶鲁大学林学硕士学位。曾任联邦林业局官员，威斯康星大学农业系教授，毕生从事林业和猎物管理研究，在现代环境伦理的发展与荒野保育运动中有着相当的影响。

奥尔多的自然写作以其朴素直接而闻名。他对各种曾生活或了解过多年的自然环境的描绘，展现出他对存在并发生于自然中的东西的熟悉。对他认为频繁施加给自然系统（如土地）的、缺乏文化或社会对土地基础的完全所有权意识的伤害，奥尔多都提出坦率的批评。

奥尔多一生共出版三部书和五百多篇文章。1949年，《沙郡岁月》出版，这是其最重要的著作。

一声深沉的、来自肺腑的嗥叫[2]，在四野的山崖间回响着、然后滚落山下，渐渐地隐匿于漆黑的夜色里。那是一声不驯服的、对抗性的悲鸣，是对世界上一切苦难的蔑视情感的迸发。

一切活着的生物（也许包括很多死者），都会留心倾听那声呼唤。对鹿来说，它是近在咫尺的死亡警告；对松林来说，它是预测半夜里格斗后留在雪地上的流血预言；对野狼来说，就是要来临的一种有残肉可食的允诺；对牧牛人来说，那是银行账户里透支的威胁；对猎人来说，那是獠牙抵御子弹的挑战。然而，在这些明显的而迫近的希望和恐惧之后，还隐藏着更加深奥的含义；只有山知道这个含义，只有这座山长久地活着，可以客观地去聆听狼的嗥叫。

不过，无法理解那声音所隐藏的含义者，仍知道这声嗥叫的存在，因为在整个狼群出没的地区都可以感觉到它，而且，正是它把有狼的地方与其他地方区别开来的。它使那些在夜里听到狼叫，白天去察看狼的足迹的人毛骨悚然[3]。即使看不到狼的踪迹，也听不到它的声音，它也是暗含在许多小小的事件中的：一匹驮货之马深夜里的嘶鸣，岩石滚动的刺耳声，鹿群逃命的跳跃声，以及云杉下道路的阴影。只有不堪造就的初学者才感觉不到狼是否存在，或无法察觉山对狼怀有秘密的看法。

[1] 像山那样思考：是一种诗意的表达，警示人类应该像山一样思考自身与万物之间的关系。
[2] 嗥（háo）叫：野兽吼叫。
[3] 毛骨悚（sǒng）然：毛发竖起，脊梁骨发冷。形容恐惧惊骇的样子。

我自己对这一点的认识，是从我看见一只狼死去的那一天开始的。当时，我们正在一个高耸的峭壁上吃午饭。一条湍急的河流在崖壁下蜿蜒流过。我们看见一只雌鹿——当时我们是这样认为的——它正在涉水渡过这条急流，它的胸部淹没在白色的水中。当它爬上岸朝我们走来，并甩动着尾巴时，我们才发觉我们错了：那是一只狼。另外还有六只显然是正在发育的小狼也从柳树丛中跑了出来，它们喜气洋洋地摇着尾巴，嬉戏着搅在一起。它们确确实实是一群狼，就在我们的峭壁之下的空地上蠕动着，玩耍着。

在那个年代，没有人会放过杀一只狼的机会。瞬间，子弹已经射入狼群里，但我们太兴奋了，无法瞄准，我们总是搞不清楚如何以这么陡的角度往下射击。当我们用完了来福枪的子弹时，老狼倒了下来，另外有一只狼拖着一条腿，进入山崩造成的一堆人类无法通行的岩石中去了。

我们来到老狼那里时，正好看见它眼中那令人难受的垂死时的绿光。自那时起，我明白了，那双眼睛里有某种我前所未见的东西——某种只有狼和山知道的东西。我当时年轻气盛，动不动就手痒，想扣扳机。我以为狼减少意味着鹿会增多，因此，狼的消失便意味着猎人的天堂。但是，在看了那垂死的绿光时，我明白：无论是狼，还是山，都不会同意这种观点。

自那以后，我亲眼看见一个州接一个州地消灭了它们所有的狼。我看见过许多刚刚失去了狼的山的样子。看见南面的山坡出现许多鹿刚踏出来的纷乱小径。我看见所有可吃的灌木和树苗都被吃掉，然后便衰竭枯萎，不久渐渐死去。我也看见每一棵可吃的树，在马鞍头高度以下的叶子全被鹿吃得精光。看到这样的一座山，你会以为有人送给上帝一把新的大剪刀，叫他成天只修剪树木，不做其他事情。到了最后，人们期望的鹿群因为数量过于庞大而饿死了，它们的骨头和死去的艾蒿[1]丛一起变成了白色，或者在成排只有高处长有叶子的刺柏下腐朽。

现在我猜想，就像鹿群活在对狼的极度恐惧之中，山也活在对鹿群的极度恐惧之中。而或许山的惧怕有更充分的理由，因为一只公鹿被狼杀死了，两三年后便可以得到替补；然而，一座被过多的鹿摧毁的山脉，可能几十年也无法恢复原貌。

牛群也是如此。牧牛人清除了牧场上的狼，却未意识到他正在接收狼的一项工作：以削减牛群的数目来适应牧场的大小。他没有学会像山那样来思考，因此，干旱尘暴区出现了，而河流将我们的未来冲入大海里。

我们都在努力追求安全、繁荣、舒适、长寿和平静的生活。鹿用它轻快的四肢，牧牛人用陷阱和毒药，政治家用笔，而大多数人则用机器、选票和美金。但是，这一切都只为了一件事：我们这一时代的和平。在这方面获得某种程度的成功是很好的，而且或许是客观思考的必要条件。不过，太多的安全可能产生长远的危险。当梭罗说“野地里蕴含着这个世界的救赎”时，或许他正暗示着这一点。或许这就是狼的嗥叫

[1] 蒿（hāo）：二年生草本植物，叶如丝状，有特殊的气味，开黄绿色小花，可入药。

所隐藏的内涵，山早就领悟了这个含义，只是大多数人依然没有感悟。

导学提示

《像山那样思考》是一篇耐人寻味的哲理散文。文章由“狼—鹿（牛）—草”这条生物链引发出“人的思考”和“山的思考”，揭示了在人类的愚蠢下种种短视行为背后隐藏的巨大的自然破坏和生存危机，发人深省。

文章从一声狼嗥开始起笔，继而写鹿、郊狼、牧羊人、猎人对这声狼嗥的反应，进而指出，在浅层的希望和恐惧之后，还有更深刻的、只有这座山能听懂的含义。接着写“我”是如何领悟到“山对狼怀有一种秘密”。最后作者将一种深刻的生态伦理问题以极其形象而富有诗意的语言表述出来，引起读者的关注与思考。

能力培养与训练

【听】利用课外时间听一听有关人与自然的报道。

【说】有些动物与人类的生活息息相关，并为人类做出了自己的贡献。当面对人与自然的关系时，你是怎样想的，又是怎样做的？

【读】课后读一读《中国环境污染问题十分令人堪忧》《中国生态破坏与环境污染》和《环境污染影响中国形象》等文章。

【写】你觉得保护环境有必要吗？你家乡的环境都有哪些变化？你觉得应该怎么做？

拓展阅读

梭罗[1]的《湖》。

[1] 梭罗（1817—1862年）：美国作家、哲学家，超验主义代表人物，也是一位废奴主义及自然主义者。作品有政论《论公民的不服从义务》、游记《马萨诸塞自然史》《康科德及梅里马克河畔一周》《缅因森林》和长篇散文《瓦尔登湖》。

第三章 小说

一、小说的概念

小说是作者对社会生活进行艺术概括，通过叙述人物的语言来描绘生活事件，以塑造人物形象为中心，通过完整的故事情节和具体的环境描写反映社会生活的一种文学体裁。

二、小说的分类

小说按篇幅长短可分为长篇小说、中篇小说、短篇小说和微型小说；按内容可分为历史小说、现代小说、武侠小说、言情小说、科幻小说、推理小说等；按流派可以分为古典主义小说、现实主义小说、浪漫主义小说、表现主义小说、存在主义小说、意识流小说、黑色幽默小说、新小说派小说、魔幻现实主义小说等。

三、小说的三要素

人物、情节和环境描写被称为“小说的三要素”。

（一）人物

小说一般以塑造人物形象为核心。小说中人物形象的核心是人物的思想性格。人物描写的角度有正面描写和侧面描写。正面描写，又叫细节描写，通过描写人物的外貌、行动、神态、心理来体现人物的性格特征。侧面描写，又叫间接描写，以他人言行来反映人物等。

（二）情节

情节是构成小说的重要因素。小说的人物形象总是在一定的情节中得以展现的。情节也是反映现实的重要手段。情节一般包括开端、发展、高潮、结局。有时候还有序幕和尾声。

（三）环境描写

环境描写指对人物活动的环境和事情发生的背景作描写。环境描写分为自然环境描写和社会环境描写。自然环境描写是指对人物活动的时间、地点、季节、气候及花草鸟虫的描写。社会环境描写是指对人物活动的具体背景、处所、氛围以及人际关系等作描写。

林黛玉进贾府

曹雪芹

曹雪芹（1715—1763年），名霑（zhān），字梦阮，号雪芹、芹圃、芹溪，清代小说家、文学家、诗人。

曹雪芹出身于一个“百年望族”的大官僚地主家庭：他的曾祖曹玺任江宁织造；曾祖母孙氏做过康熙帝玄烨的保姆；祖父曹寅做过康熙皇帝的伴读和御前侍卫，后任苏州、江宁织造，兼任两淮巡盐监察御使，极受康熙宠信。后因清宫内部斗争激烈，其父被株连，获罪削官，家产被抄，家道日渐衰微。曹雪芹晚年移居北京西郊，生活贫困。

在人生的最后阶段，曹雪芹以坚韧不拔的毅力，历经十年创作了《红楼梦》并专心致志地做着修订工作。《红楼梦》是他“披阅十载，增删五次”，“字字看来皆是血，十年辛苦不寻常”的成果。

且说黛玉自那日弃舟登岸时，便有荣国府打发了轿子并拉行李的车辆久候了。这林黛玉常听得母亲说过，他外祖母家与别家不同。他近日所见的这几个三等仆妇，吃穿用度，已是不凡了，何况今至其家。因此步步留心，时时在意，不肯轻易多说一句话，多行一步路，惟恐被人耻笑了他去。自上了轿，进入城中，从纱窗向外瞧了一瞧，其街市之繁华，人烟之阜盛，自与别处不同。又行了半日，忽见街北蹲着两个大石狮子，三间兽头大门，门前列坐着十来个华冠丽服之人。正门却不开，只有东西两角门有人出入。正门之上有一匾，匾上大书“敕造[1]宁国府”五个大字。黛玉想道：这必是外祖之长房了。想着，又往西行，不多远，照样也是三间大门，方是荣国府了。却不进正门，只进了西边角门。那轿夫抬进去，走了一射之地[2]，将转弯时，便歇下退出去了。后面的婆子们已都下了轿，赶上前来。另换了三四个衣帽周全十七八岁的小厮上来，复抬起轿子。众婆子步下围随至一垂花门[3]前落下。众小厮退出，众婆子上来打起轿帘，扶黛玉下轿。林黛玉扶着婆子的手，进了垂花门，两边是抄手游廊，当中是穿堂，当地放着一个紫檀架子大理石的大插屏[4]。转过插屏，小小的三间厅，厅后就是后面的正房大院。正面五间上房，皆雕梁画栋，两边穿山游廊[5]厢房，挂着各色鹦鹉、画眉等鸟雀。台矶之上，坐着几个穿红着绿的丫头，一见他们来了，便忙都笑迎上来，

[1] 敕（chì）造：奉皇帝之命建造。敕：帝王的诏书、命令。
[2] 一射之地：一箭之地。大约一百五十步。
[3] 垂花门：旧式宅第在第二道门上，搭盖官殿式的小屋顶，并加以雕绘，称为垂花门。
[4] 大插屏：放在穿堂中的大屏风，作装饰、遮挡视线用。
[5] 穿山游廊：从山墙开门接起的游廊。山，指山墙，即房子两侧的墙，形状如山，俗称山墙。

说："刚才老太太还念呢，可巧就来了。"于是三四人争着打起帘笼，一面听得人回话："林姑娘到了。"

黛玉方进入房时，只见两个人搀着一位鬓发如银的老母迎上来，黛玉便知是他外祖母。方欲拜见时，早被他外祖母一把搂入怀中，心肝儿肉叫着大哭起来。当下地下侍立之人，无不掩面涕泣，黛玉也哭个不住。一时众人慢慢解劝住了，黛玉方拜见了外祖母。——此即冷子兴所云之史氏太君，贾赦贾政之母也。当下贾母一一指与黛玉："这是你大舅母、这是你二舅母、这是你先珠大哥的媳妇珠大嫂子。"黛玉一一拜见过。贾母又说："请姑娘们来。今日远客才来，可以不必上学去了。"众人答应了一声，便去了两个。

不一时，只见三个奶嬷嬷并五六个丫鬟，簇拥着三个姊妹来了。第一个肌肤微丰，合中身材，腮凝新荔，鼻腻鹅脂，温柔沉默，观之可亲。第二个削肩细腰，长挑身材，鸭蛋脸面，俊眼修眉，顾盼神飞，文彩精华，见之忘俗。第三个身量未足，形容尚小。其钗环裙袄，三人皆是一样的妆饰。黛玉忙起身迎上来见礼，互相厮认过，大家归了坐。丫鬟们斟上茶来。不过说些黛玉之母如何得病，如何请医服药，如何送死发丧。不免贾母又伤感起来，因说："我这些儿女，所疼者独有你母，今日一旦先舍我而去，连面也不能一见，今见了你，我怎不伤心！"说着，搂了黛玉在怀，又呜咽起来。众人忙都宽慰解释，方略略止住。

众人见黛玉年貌虽小，其举止言谈不俗，身体面庞虽怯弱不胜，却有一段自然的风流态度，便知他有不足之症。因问："常服何药，如何不急为疗治?"黛玉道："我自来是如此，从会吃饮食时便吃药，到今日未断，请了多少名医修方配药，皆不见效。那一年我三岁时，听得说来了一个癞头和尚，说要化我去出家，我父母固是不从。他又说：'既舍不得他，只怕他的病一生也不能好的了。若要好时，除非从此以后总不许见哭声；除了父母之外，凡有外姓亲友之人，一概不见，方可平安了此一世。'疯疯癫癫，说了这些不经[1]之谈，也没人理他。如今还是吃人参养荣丸。"贾母道："正好，我这里正配丸药呢。叫他们多配一料就是了。"

一语未了，只听后院中有人笑声，说："我来迟了，不曾迎接远客！"黛玉纳罕道："这些人个个皆敛声屏气，恭肃严整如此，这来者系谁，这样放诞[2]无礼?"心下想时，只见一群媳妇丫鬟围拥着一个人从后房门进来。这个人打扮与众姑娘不同，彩绣辉煌，恍若神妃仙子：头上戴着金丝八宝攒珠髻，绾着朝阳五凤挂珠钗；项上带着赤金盘螭[3]璎珞[4]圈；裙边系着豆绿宫绦，双衡比目玫瑰佩；身上穿着缕金百蝶穿花大红洋缎窄褃[5]袄，外罩五彩刻丝石青银鼠褂；下着翡翠撒花洋绉裙。一双丹凤三角眼，两弯柳叶吊梢眉，身量苗条，体格风骚，粉面含春威不露，丹唇未启笑先闻。黛玉连忙起身

[1] 不经：违反常道，近乎荒诞。
[2] 放诞：放纵不羁，任意妄言。
[3] 螭（chī）：古代传说中一种没有角的龙。古建筑或器物、工艺品上常用它的形状作装饰。
[4] 璎珞（yīng luò）：古代用珠玉串成的装饰品，多用为颈饰。
[5] 褃（kèn）：衣服腋下前后相连的部分。

接见。贾母笑道："你不认得他。他是我们这里有名的一个泼皮破落户儿[1]，南省俗谓作'辣子'，你只叫他'凤辣子'就是了。"黛玉正不知以何称呼，只见众姊妹都忙告诉他道："这是琏嫂子。"黛玉虽不识，也曾听见母亲说过，大舅贾赦之子贾琏，娶的就是二舅母王氏之内侄女，自幼假充男儿教养的，学名王熙凤。黛玉忙陪笑见礼，以"嫂"呼之。这熙凤携着黛玉的手，上下细细打谅[2]了一回，仍送至贾母身边坐下，因笑道："天下真有这样标致的人物，我今儿才算见了！况且这通身的气派，竟不像老祖宗的外孙女儿，竟是个嫡亲的孙女，怨不得老祖宗天天口头心头一时不忘。只可怜我这妹妹这样命苦，怎么姑妈偏就去世了！"说着，便用帕拭泪。贾母笑道："我才好了，你倒来招我。你妹妹远路才来，身子又弱，也才劝住了，快再休提前话。"这熙凤听了，忙转悲为喜道："正是呢！我一见了妹妹，一心都在他身上了，又是喜欢，又是伤心，竟忘记了老祖宗。该打，该打！"又忙携黛玉之手，问："妹妹几岁了？可也上过学？现吃什么药？在这里不要想家，想要什么吃的、什么玩的，只管告诉我；丫头婆子们不好了，也只管告诉我。"一面又问婆子们："林姑娘的行李东西可搬进来了？带了几个人来？你们赶早打扫两间下房，让他们去歇歇。"

说话时，已摆了茶果上来。熙凤亲为捧茶捧果。又见二舅母问他："月钱[3]放过了不曾？"熙凤道："月钱已放完了。才刚带着人到后楼上找缎子，找了这半日，也并没有见昨日太太说的那样的，想是太太记错了？"王夫人道："有没有，什么要紧。"因又说道："该随手拿出两个来给你这妹妹去裁衣裳的，等晚上想着叫人再去拿罢，可别忘了。"熙凤道："这倒是我先料着了，知道妹妹不过这两日到的，我已预备下了，等太太回去过了目好送来。"王夫人一笑，点头不语。

当下茶果已撤，贾母命两个老嬷嬷带了黛玉去见两个母舅。时贾赦之妻邢氏忙亦起身，笑回道："我带了外甥女过去，倒也便宜[4]。"贾母笑道："正是呢，你也去罢，不必过来了。"邢夫人答头了一声"是"字，遂带了黛玉与王夫人作辞，大家送至穿堂前。出了垂花门，早有众小厮们拉过一辆翠幄[5]青绸车，邢夫人携了黛玉，坐在上面，众婆子们放下车帘，方命小厮们抬起，拉至宽处，方驾上驯骡，亦出了西角门，往东过荣府正门，便入一黑油大门中，至仪门前方下来。众小厮退出，方打起车帘，邢夫人搀着黛玉的手，进入院中。黛玉度其房屋院宇，必是荣府中花园隔断过来的。进入三层仪门，果见正房厢庑[6]游廊，悉皆小巧别致，不似方才那边轩峻壮丽；且院中随处之树木山石皆在。一时进入正室，早有许多盛妆丽服之姬妾丫鬟迎着，邢夫人让黛玉坐了，一面命人到外面书房去请贾赦。一时人来回话说："老爷说了：'连日身上不好，见了姑娘彼此倒伤心，暂且不忍相见。劝姑娘不要伤心想家，跟着老太太和舅母，即

[1] 泼皮破落户儿：原指没有正当生活来源的无赖。这里形容凤姐泼辣，是戏谑的称谓。
[2] 打谅：同"打量"。
[3] 月钱：按月付给的零用钱。
[4] 便（biàn）宜：便当，合宜。
[5] 幄（wò）：帐幕。
[6] 庑（wǔ）：堂下周围的走廊、廊屋。

同家里一样。姊妹们虽拙，大家一处伴着，亦可以解些烦闷。或有委屈之处，只管说得，不要外道才是。'" 黛玉忙站起来，一一听了。再坐一刻，便告辞。邢夫人苦留吃过晚饭去，黛玉笑回道："舅母爱惜赐饭，原不应辞，只是还要过去拜见二舅舅，恐领了赐去不恭，异日再领，未为不可。望舅母容谅。" 邢夫人听说，笑道："这倒是了。" 遂令两三个嬷嬷用方才的车好生送了姑娘过去。于是黛玉告辞。邢夫人送至仪门前，又嘱咐了众人几句，眼看着车去了方回来。

一时黛玉进了荣府，下了车。众嬷嬷引着，便往东转弯，穿过一个东西的穿堂，向南大厅之后，仪门内大院落，上面五间大正房，两边厢房鹿顶耳房钻山，四通八达，轩昂壮丽，比贾母处不同。黛玉便知这方是正经正内室，一条大甬路，直接出大门的。进入堂屋中，抬头迎面先看见一个赤金九龙青地大匾，匾上写着斗大的三个大字，是"荣禧堂"，后有一行小字："某年月日，书赐荣国公贾源"，又有"万几宸翰之宝[1]"。大紫檀雕螭案上，设着三尺来高青绿古铜鼎，悬着待漏随朝墨龙大画，一边是金蜼彝[2]，一边是玻璃盒。地下两溜十六张楠木交椅，又有一副对联，乃乌木联牌，镶着錾银[3]的字迹，道是：

座上珠玑昭日月，堂前黼黻[4]焕烟霞。

下面一行小字，道是："同乡世教弟勋袭东安郡王穆莳拜手书。"

原来王夫人时常居坐宴息，亦不在这正室，只在这正室东边的三间耳房内。于是老嬷嬷引黛玉进东房门来。临窗大炕上铺着猩红洋罽（jì），正面设着大红金钱蟒靠背，石青金钱蟒引枕，秋香色金钱蟒大条褥。两边设一对梅花式洋漆小几。左边几上文王鼎匙箸香盒；右边几上汝窑美人觚[5]——觚内插着时鲜花卉，并茗碗痰盒等物。地下面西一溜四张椅上，都搭着银红撒花椅搭，底下四副脚踏。椅之两边，也有一对高几，几上茗碗瓶花俱备。其余陈设，自不必细说。老嬷嬷们让黛玉炕上坐，炕沿上却有两个锦褥对设，黛玉度其位次，便不上炕，只向东边椅子上坐了。本房内的丫鬟忙捧上茶来。黛玉一面吃茶，一面打谅这些丫鬟们，妆饰衣裙，举止行动，果亦与别家不同。

茶未吃了，只见一个穿红绫袄青缎掐牙背心的丫鬟走来笑说道："太太说，请林姑娘到那边坐罢。" 老嬷嬷听了，于是又引黛玉出来，到了东廊三间小正房内。正房炕上横设一张炕桌，桌上磊着[6]书籍茶具，靠东壁面西设着半旧的青缎靠背引枕。王夫人却坐在西边下首，亦是半旧的青缎靠背坐褥。见黛玉来了，便往东让。黛玉心中料定这是贾政之位。因见挨炕一溜三张椅子上，也搭着半旧的弹墨椅袱，黛玉便向椅上坐了。王夫人再四携他上炕，他方挨王夫人坐了。王夫人因说："你舅舅今日斋戒去了，再见

[1] 万几宸（chén）翰之宝：这是皇帝印章上的文字。万几常指国家元首所治理的政务繁多。宸翰：帝王的辞文作品。

[2] 金蜼（wèi）彝：原为有蜼行团的青铜祭器。蜼：一种体形较大的长尾猴，黄黑色，尾长数尺。

[3] 錾（zàn）银：一种银雕工艺。

[4] 黼黻（fǔ fú）：衣裳绣绘的花纹。

[5] 觚（gū）：古代酒器。

[6] 磊着：层叠地放着。

罢。只是有一句话嘱咐你：你三个姊妹倒都极好，以后一处念书认字学针线，或是偶一顽笑，都有尽让的。但我不放心的最是一件：我有一个孽根祸胎，是家里的‘混世魔王’，今日因庙里还愿去了，尚未回来，晚间你看见便知了。你只以后不要睬他，你这些姊妹都不敢沾惹他的。”

黛玉亦常听得母亲说过，二舅母生的有个表兄，乃衔玉而诞，顽劣异常，极恶读书，最喜在内帏厮混；外祖母又极溺爱，无人敢管。今见王夫人如此说，便知说的是这表兄了。因陪笑道：“舅母说的，可是衔玉所生的这位哥哥？在家时亦曾听见母亲常说，这位哥哥比我大一岁，小名就唤宝玉，虽极憨顽，说在姊妹情中极好的。况我来了，自然只和姊妹同处，兄弟们自是别院另室的，岂得去沾惹之理？”王夫人笑道：“你不知道原故：他与别人不同，自幼因老太太疼爱，原系同姊妹们一处娇养惯了的。若姊妹们有日不理他，他倒还安静些，纵然他没趣，不过出了二门，背地里拿着他两个小幺儿[1]出气，咕唧一会子就完了。若这一日姊妹们和他多说一句话，他心里一乐，便生出多少事来。所以嘱咐你别睬他。他嘴里一时甜言蜜语，一时有天无日，一时又疯疯傻傻，只休信他。”

黛玉一一的都答应着。只见一个丫鬟来回：“老太太那里传晚饭了。”王夫人忙携黛玉从后房门由后廊往西，出了角门，是一条南北宽夹道。南边是倒座三间小小的抱厦厅[2]，北边立着一个粉油大影壁[3]，后有一半大门，小小一所房室。王夫人笑指向黛玉道：“这是你凤姐姐的屋子，回来你好往这里找他来，少什么东西，你只管和他说就是了。”这院门上也有四五个才总角[4]的小厮，都垂手侍立。王夫人遂携黛玉穿过一个东西穿堂，便是贾母的后院了。于是，进入后房门，已有多人在此伺候，见王夫人来了，方安设桌椅。贾珠之妻李氏捧饭，熙凤安箸，王夫人进羹。贾母正面榻上独坐，两边四张空椅，熙凤忙拉了黛玉在左边第一张椅上坐了，黛玉十分推让。贾母笑道：“你舅母你嫂子们不在这里吃饭。你是客，原应如此坐的。”黛玉方告了座，坐了。贾母命王夫人坐了。迎春姊妹三个告了座方上来。迎春便坐右手第一，探春左第二，惜春右第二。旁边丫鬟执着拂尘、漱盂、巾帕。李、凤二人立于案旁布让。外间伺候之媳妇丫鬟虽多，却连一声咳嗽不闻。寂然饭毕，各有丫鬟用小茶盘捧上茶来。当日林如海教女以惜福养身，云饭后务待饭粒咽尽，过一时再吃茶，方不伤脾胃。今黛玉见了这里许多事情不合家中之式，不得不随的，少不得一一改过来，因而接了茶。早见人又捧过漱盂来，黛玉也照样漱了口。盥手毕，又捧上茶来，这方是吃的茶。贾母便说：“你们去罢，让我们自在说话儿。”王夫人听了，忙起身，又说了两句闲话，方引凤、李二人去了。贾母因问黛玉念何书。黛玉道：“只刚念了《四书》。”黛玉又问姊妹们读何书。贾母道：“读的是什么书，不过是认得两个字，不是睁眼的瞎子罢了！”

---

[1] 小幺（yāo）儿：身边使唤的小仆人。幺：幼小。
[2] 抱厦厅：围绕在堂屋后侧的小房子。
[3] 影壁：大门内或屏门内的做屏蔽的墙壁。
[4] 总角：古代未成年的人把头发扎成髻，代指儿童时代。

一语未了，只听外面一阵脚步响，丫鬟进来笑道："宝玉来了！"黛玉心中正疑惑着："这个宝玉，不知是怎生个惫懒[1]人物，懵懂顽童？"——倒不见那蠢物也罢了。心中想着，忽见丫鬟话未报完，已进来了一位年轻的公子：头上戴着束发嵌宝紫金冠，齐眉勒着二龙抢珠金抹额；穿一件二色金百蝶穿花大红箭袖，束着五彩丝攒花结长穗宫绦[2]，外罩石青起花八团倭缎排穗褂；登着青缎粉底小朝靴。面若中秋之月，色如春晓之花，鬓若刀裁，眉如墨画，面如桃瓣，目若秋波。虽怒时而若笑，即瞋视而有情。项上金螭璎珞，又有一根五色丝绦，系着一块美玉。黛玉一见，便吃一大惊，心下想道："好生奇怪，倒像在哪里见过一般，何等眼熟到如此！"只见这宝玉向贾母请了安，贾母便命："去见你娘来。"宝玉即转身去了。一时回来，再看，已换了冠带：头上周围一转的短发，都结成小辫，红丝结束，共攒至顶中胎发，总编一根大辫，黑亮如漆，从顶至梢，一串四颗大珠，用金八宝坠角；身上穿着银红撒花半旧大袄，仍旧带着项圈、宝玉、寄名锁、护身符等物；下面半露松花撒花绫裤腿，锦边弹墨袜，厚底大红鞋。越显得面如敷粉，唇若施脂；转盼多情，语言常笑。天然一段风骚，全在眉梢；平生万种情思，悉堆眼角。看其外貌最是极好，却难知其底细。后人有《西江月》[3]二词，批宝玉极恰，其词曰：

无故寻愁觅恨，有时似傻如狂。纵然生得好皮囊，腹内原来草莽。潦倒不通世务，愚顽怕读文章。行为偏僻[4]性乖张，那管世人诽谤！

富贵不知乐业，贫穷难耐凄凉。可怜辜负好韶光，于国于家无望。天下无能第一，古今不肖无双。寄言纨袴与膏粱：莫效此儿形状！

贾母因笑道："外客未见，就脱了衣裳，还不去见你妹妹！"宝玉早已看见多了一个姊妹，便料定是林姑妈之女，忙来作揖。厮见毕归坐，细看形容，与众各别：两弯似蹙[5]非蹙罥烟眉[6]，一双似喜非喜含情目。态生两靥之愁，娇袭一身之病[7]。泪光点点，娇喘微微。闲静时如姣花照水，行动处似弱柳扶风。心较比干多一窍，病如西子胜三分。宝玉看罢，因笑道："这个妹妹我曾见过的。"贾母笑道："可又是胡说，你又何曾见过他？"宝玉笑道："虽然未曾见过他，然我看着面善，心里就算是旧相识，今日只作远别重逢，亦未为不可。"贾母笑道："更好，更好，若如此，更相和睦了。"宝玉便走近黛玉身边坐下，又细细打谅一番，因问："妹妹可曾读书？"黛玉道："不曾读，只上了一年学，些须认得几个字。"宝玉又道："妹妹尊名是哪两个字？"黛玉便说了名。宝玉又问表字。黛玉道："无字。"宝玉笑道："我送妹妹一妙字，莫若'颦[8]颦'二字极

[1] 惫（bèi）懒：涎皮赖脸；调皮。
[2] 长穗宫绦（tāo）：指系在腰间的带子。绦：丝线编织成的花边或扁平的带子，可以装饰衣物。
[3]《西江月》：词牌名。
[4] 偏僻：古怪；怪僻。
[5] 蹙（cù）：皱，收缩。
[6] 罥（juàn）烟眉：形容眉毛像一抹轻烟。罥：缠绕。
[7] 态生两靥（yè）之愁，娇袭一身之病：妩媚的风韵生于含愁的面容，娇怯的情态处于孱弱的病体。靥：酒窝。
[8] 颦（pín）：皱眉头。

妙。”探春便问何出。宝玉道：“《古今人物通考》上说：‘西方有石名黛，可代画眉之墨。’况这林妹妹眉尖若蹙，用取这两个字，岂不两妙！”探春笑道：“只恐又是你的杜撰。”宝玉笑道：“除《四书》外，杜撰的太多，偏只我是杜撰不成？”又问黛玉：“可也有玉没有？”众人不解其语，黛玉便忖度着因他有玉，故问我有也无，因答道：“我没有那个。想来那玉是一件罕物，岂能人人有的。”宝玉听了，登时发作起痴狂病来，摘下那玉，就狠命摔去，骂道：“什么罕物，连人之高低不择，还说‘通灵’不‘通灵’呢！我也不要这劳什子了！”吓的众人一拥争去拾玉。贾母急的搂了宝玉道：“孽障！你生气，要打骂人容易，何苦摔那命根子！”宝玉满面泪痕泣道：“家里姐姐妹妹都没有，单我有，我说没趣；如今来了这么一个神仙似的妹妹也没有，可知这不是个好东西。”贾母忙哄他道：“你这妹妹原有这个来的，因你姑妈去世时，舍不得你妹妹，无法处，遂将他的玉带了去了：一则全殉葬之礼，尽你妹妹之孝心；二则你姑妈之灵，亦可权作见了女儿之意。因此他只说没有这个，不便自己夸张之意。你如今怎比得他？还不好生慎重戴上，仔细你娘知道了。”说着，便向丫鬟手中接来，亲与他戴上。宝玉听如此说，想一想大有情理，也就不生别论了。

当下，奶娘来请问黛玉之房舍。贾母说：“今将宝玉挪出来，同我在套间暖阁儿里，把你林姑娘暂安置碧纱橱里。等过了残冬，春天再与他们收拾房屋，另作一番安置罢。”宝玉道：“好祖宗，我就在碧纱厨外的床上很妥当，何必又出来闹的老祖宗不得安静。”贾母想了一想说：“也罢了。”每人一个奶娘并一个丫头照管，余者在外间上夜听唤。一面早有熙凤命人送了一顶藕合色花帐，并几件锦被缎褥之类。

黛玉只带了两个人来：一个是自幼奶娘王嬷嬷，一个是十岁的小丫头，亦是自幼随身的，名唤作雪雁。贾母见雪雁甚小，一团孩气，王嬷嬷又极老，料黛玉皆不遂心省力的，便将自己身边的一个二等丫头，名唤鹦哥者与了黛玉。外亦如迎春等例，每人除自幼乳母外，另有四个教引嬷嬷，除贴身掌管钗钏盥沐两个丫鬟外，另有五六个洒扫房屋来往使役的小丫鬟。当下，王嬷嬷与鹦哥陪侍黛玉在碧纱橱内。宝玉之乳母李嬷嬷，并大丫鬟名唤袭人者，陪侍在外面大床上。

导学提示

《林黛玉进贾府》出自《红楼梦》(【己卯本】) 第三回“贾雨村夤缘复旧职 林黛玉抛父进京都”。第三回是介绍小说的典型环境，通过林黛玉的耳闻目睹对贾府作了第一次直接描写，以林黛玉进贾府一日的行踪为线索介绍了贾府人物、描写了贾府环境。

林黛玉进入贾府，通过她一路目中所见、耳中所闻，不仅详尽描写了荣宁二府的格局布置（人物的活动环境），展现了贾府的繁华，显示贵族生活的豪华奢侈，还第一次生动地刻画了林黛玉、王熙凤和贾宝玉三个主要人物，略写了贾母、贾氏三姐妹（迎春、探春、惜春）、邢夫人、王夫人、李纨等人物，详略对比，重点突出。

能力培养与训练

【观】欣赏86版电视剧《红楼梦》中《林黛玉进贾府》的桥段。

【说】哪些地方可以看出贾府“与别家不同”？环境描写有何作用？

【读】课后读一读《红楼梦》原著。

【写】你最喜欢“林黛玉进贾府”中的哪个人物？请阅读《红楼梦》原著，并举例说明理由。

拓展阅读

金陵十二钗判词。

士兵突击（节选）

兰晓龙

兰晓龙（1973— ），湖南邵阳人。1997年毕业于中央戏剧学院，后进入北京军区战友话剧团成为职业编剧。曾创作话剧《红星照耀中国》《爱尔纳·突击》。

曾获得2002年全军新剧目展演编剧一等奖、老舍文学奖、曹禺戏剧奖、第20届全军电视剧金星奖优秀编剧奖、第14、15届上海电视节白玉兰奖最佳编剧奖、第27届中国电视剧飞天奖优秀编剧奖。

代表作有《士兵突击》《我的团长我的团》《生死线》《好家伙》《零号特工》。

东方已经晨光熹微。

又一个兵头上冒出了白烟。

这支小部队实在已经是强弩之末[1]了。他们看起来和许三多他们一样，一样脏，一样累，一样饿，一样狼狈，也一样地默契。地图上终于标出了最后一个火力点，这时候他们已经只剩下三个人。一个人跳起来进行火力掩护，两个人撤离。轰鸣的枪声终于哑了，那个掩护的兵也被射中了。两个兵最后看了一眼，开始了他们精疲力竭的奔跑。

许三多三个也在狂奔，一开始在最前边的伍六一已经落到了最后，因为前面两人看不见他，他已经是仅仅用一只脚在发力了。许三多再一次停住，然后向伍六一跑去，成才也停了下来，但是停在原地。

许三多跑到了伍六一面前："你的脚到底怎么啦？"

"我没事，你们先跑。"

成才看着，看看前边，又看看后方，一脸焦急。

"让你们先跑啊！我没事！"伍六一简直是要炫耀一下地开始冲刺，第一步便重重摔在地上，然后，他开始挣扎，竭力避开要来扶他的许三多和成才。

伍六一摇着头，说："我没事啊！我知道我没事的！"

许三多几乎是在跟这个人搏斗，然后撕开他的裤腿。他傻了，伍六一的脚踝已经扭得不成形状，整条小腿都是肿胀的。

许三多的嘴唇有些发抖："你就拿这条腿跑啊！"

"它还是条腿！不是吗？它长我身上我自己知道！"声嘶力竭，两个人都沮丧[2]而又

---

[1] 强弩（nǔ）之末：比喻强大的力量已经衰竭，不再有力量了。弩：古代用机械发箭的弓。强弩所发的箭，已达射程的尽头。

[2] 沮（jǔ）丧：灰心失望。

愤怒。成才面色忽然沉了下来，他看见了地平线上赶过来的那两名士兵。

“他们赶上来了！”他朝他们吼道。

伍六一拼命地推开了许三多，他说：“快给我走啊！”许三多示意成才，一个人拉住伍六一的一只手，拖着他往前狂奔。

伍六一愤怒了：“干什么？这样跑得过吗？你们放开啊！”

成才：“三个人，三个位，三个位都是我们的。”

许三多平静地对他说：“用力跑，别用力嚷嚷。”

伍六一不嚷了，他竭力地跟上他们的步子，伤腿的每一着地，都让他痛得一脸的扭曲，但伤了就是伤了，他把那两个人的速度都拖下来了。后面那两个士兵也在摇摇欲坠地狂奔着，但他们没有负担，他们一点点拉短了与许三多他们的距离。

天已经完全亮了，很难说那奔跑在山丘上的五个人，现在已经成了什么样子。浑身的泥水和汗水，一张张脸上的神情已经接近虚脱，两天三夜没吃没喝地打拼，加上最后这场疯狂的冲刺，所有的人都已经濒临[1]了极限。他们有一段是平行的，这平行维持了很长一段时间，因为谁也没有能力把自己的步子再快一点点，但后来者在漫长的僵持中终于超前了半个身子，然后是一个身子，一米，两米……

伍六一又愤怒了，他声嘶力竭地吼道：“你们放开我！我自己跑！”这一声等于是没有效果。“我不行啦！你们放开我！”

成才开始吼叫，在吼叫声中喊出了最后的力气，五个人又渐渐在拉短距离。

“我自己跑，我自己能跑到的！许三多，成才，我求你们了！”

“槲[2]树林！那是槲树林！”

成才说得没错，前边是槲树林，林边停着一辆越野车和一辆救护车，袁朗和几个卫生兵正等在那里。成才咬着牙，喊着：“再加把劲就到啦！我们三个！我们三个人！”

三个人多少是振奋了一下，他们超过了那两名已经油尽灯枯的士兵，一口气把人拉下了几十米。那个终点已经只是八百来米的事情了。

槲树林中忽然跑出一个跌跌撞撞的士兵，摔倒在了袁朗的脚下，那是第一个到达的士兵，医护人员立刻上前救护。三个人的步子一下慢了下来，三个人对望了一眼。伍六一又开始挣扎，这回他的挣扎接近于厮打，一下狠狠地甩开了两人。

“就剩两个名额了！你们还拖着我干什么？三个人！只要三个人！”两个人呆呆地看着伍六一，身后两名士兵正缓慢但固执地赶了上来。

成才忽然掉头就跑，往终点奔跑。许三多却看也不看跑去的成才，他将背包背在了身子前边，抢上来抓住伍六一，他不想丢下他，他要背着他走。伍六一强挣着就是不让，但那条腿已经吃不上劲了，大半拉沉重的身子被许三多架在肩上。许三多拖着伍六一，向终点做拼命的冲刺。一个三十公斤的背包，加上一个成年男子的大部分体重，即使精力充沛的壮汉，也会被压倒。许三多慢得出奇，但他没有丢下，他一步一

[1] 濒（bīn）临：接近，将要。
[2] 槲（hú）：落叶乔木或灌木。

步地往前冲着。伍六一不敢再挣了，他一只腿竭力地往前蹦着，因为现在的速度很重要，他得为许三多想点什么。

后边的那两名士兵，慢慢地超过了他们了。伍六一受不了了，他又开始愤怒地吼了起来了："他们超过你了！放开呀！你又要搞什么？还想在那空屋里做看守吗？我们热闹你就看着！晚上捂了被子哭？你这个天生的杂兵！"伍六一的声音里都有了哭声了。前边的那两名士兵，已经离他们越来越远了。

成才已经到达了槲树林终点，那股子猛冲的劲头让他几乎撞在了袁朗的身上。袁朗一把揪住了他的背包带，成才站住了。精疲力竭的成才没有倒下，他立刻转过身看着自己那两名战友："许三多快跑！许三多，你加油啊！"

袁朗意味深长地看看他，又看看远处的许三多和伍六一，他的眼神里充满了一种钦佩。

对于那还在争夺中奔跑的四个人来说，这剩下的几百米简直遥不可及，几个人的速度都慢得出奇，几个人都瞪着对手，但要超出哪怕再多一米已经很难。

"成才已经到了！只剩下一个名额了！你看见没有？！"伍六一望着绿意葱葱的槲树林对许三多说。许三多根本就没抬头看，他的力气依然用在对伍六一的拖拉上。

"只剩一个名额！你把我拖到也不算！脑子进水啦！"

"加把劲……再加劲。"

伍六一盯着那张汗水淋漓的虚脱的脸，忽然间恍然大悟："我知道你要干什么了，你想拖着我跑到头，你自己装蛋趴窝是不是？"许三多还是没吱声，他只管在脚下使劲。伍六一想突然挣开他，却发现那小子手上劲大得出奇，横担在他肩上的一只手臂简直已经被许三多的手掐到了肉里。

"蠢货……你不是笨是蠢了……我用得着你施舍吗？……我会去告你的！……你放开……求你放开……到嘴的馒头我们都不吃，现在为什么干这种事？"伍六一已经哭了。

"跑了好远……从家跑到这……前边都是你们推着扛着……最后这一下……我帮一下，又算什么？"伍六一已经完全没力气可用了，他只能看着许三多往前一步步挣扎。伍六一本来是狂怒加无奈的眼神也慢慢平和下来，他说："许三多，咱们是朋友。"

近在咫尺的砰的枪响，把许三多吓了一跳。是伍六一手中的信号枪，枪口还在冒着烟。信号弹正缓缓地升上天空。伍六一一瘸一拐地高举着双臂，向着终点挥舞着，他说："我跑不动了！我弃权！"他真的是跑不动了，刚走出两步，便轰然倒地。救护车是随时准备的，几名卫生兵已经发动汽车过来。

许三多呆呆地看着伍六一。伍六一瞪着他，挥着拳头喊着："跑啊！许三多！"许三多掉头开始他的最后一段狂奔。那领先的两个兵意识到了身后的威胁，也使出了最后的力气狂奔了起来。

许三多喊叫了，他在喊叫中开始了不可能的加速，第一次加速就超过了那两人。一个被超过的士兵终于丧失了信心，在许三多超过他的同时摔在了地上。然而，他那位战友却不管不顾地回身拉起了他。许三多仍在喊叫着，喊叫声中救护车与他交错而过，喊叫声中许三多的声音将所有人的声音淹没，喊叫声中许三多刚流出的眼泪被风吹干，他在喊叫声中跨越了终点。喊叫声中，许三多的双手砰的撑在那辆越野车的保险杠上。

成才欢天喜地地跑过来，他想与许三多拥抱，许三多抬起头，那双眼睛里的冷淡让成才愣住了。许三多回头看着刚刚跑过的路，他看到那两名士兵正互相地搀扶着跨越终点。远处的伍六一，已经被卫生兵用担架抬上救护车。伍六一笑得像个大男孩一样，向这边不停地挥挥手。

没有可以分享的快乐，只有独自承担的磨难。现在的软弱正好证明，你一直是那么坚强。

许三多慢慢坐倒在地上。

导学提示

《士兵突击》是一部展示军人成长轨迹的小说，这部小说中的士兵叫许三多，来自农村，生性怯懦，在人才辈出的钢七连显得不着调。但就是这种笨拙，让他心无旁骛，让他心思简单，无往而不胜。他在军队严酷的训练中百炼成钢，演绎了一则从乡村到军营的成长故事。他是当代中国军人最真实的士兵形象，一名二级士官。

课文节选的文字，讲述了许三多、伍六一和成才在“A大队”特种兵选拔赛中“不放弃、不抛弃”，演绎了一段意气飞扬的军旅故事，传递出了生死与共的战友情。作者用细腻的笔触对人物的动作、语言、身体都作了生动的刻画。情节扣人心弦，不乏现实的质感，传递出浓烈的哲学意味，触摸到了人的灵魂。

能力培养与训练

【观】利用课外时间观看电视剧《士兵突击》。

【说】这篇文章感动你的情节有哪些？说说感动你的原因。

【读】课后读一读兰晓龙的作品《我的团长我的团》《生死线》的原著。

【写】这篇文章有很强的哲学韵味，它对我们人生有什么教育意义或影响？请联系现实生活或自身经历，举例说明。

拓展阅读

《士兵突击》经典语录。

伊豆的舞女（节选）

川端康成

川端康成（1899—1972），日本新感觉派作家。生于大阪。幼年父母双亡，其后姐姐和祖父母又陆续病故，他被称为“参加葬礼的名人”。幼年的不幸使他形成了感伤与孤独的性格，成为后来川端康成的文学底色。

川端康成的文学创作集唯美派和现代派于一身，融个性与民族为一体，对日本现代文学的发展做出了重大贡献。1968年，川端康成“以敏锐的感觉，高超的叙事技巧，表现了日本人的精神实质”，获得诺贝尔文学奖。

曾任国际笔会副会长，日本笔会会长，日本艺术院会员。获日本政府的文化勋章、法国政府的文化艺术勋章等。

著有小说《伊豆的舞女》《雪国》《千羽鹤》《古都》《睡美人》等；散文有《我在美丽的日本》《花未眠》等。

山路变得弯弯曲曲，快到天城岭了。这时，骤雨白亮亮地笼罩着茂密的杉林，从山麓向我迅猛地横扫过来。

那年我二十岁，头戴高等学校的制帽，身穿藏青碎白花纹上衣和裙裤，肩挎一个学生书包。我独自到伊豆[1]旅行，已是第四天了。在修善寺温泉歇了一宿，在汤岛温泉住了两夜，然后蹬着高齿木屐[2]爬上了天城山。重叠的山峦，原始的森林，深邃的幽谷，一派秋色，实在让人目不暇接。可是，我的心房却在猛烈跳动。因为一个希望在催促我赶路。这时候，大粒的雨点开始敲打着我。我跑步登上曲折而陡峭的山坡，好不容易爬到了天城岭，来到了北口的一家茶馆前，吁了一口气，呆若木鸡[3]地站在那里。我完全如愿以偿了，因为巡回艺人一行正在那里小憩[4]。

舞女看见我呆立不动，马上让出自己的坐垫，把它翻过来，推到了我的身旁。

“噢……”我只应了一声，就在这坐垫上坐了下来。由于爬坡气喘和惊慌，连“谢谢”这句话也卡在嗓子眼里说不出来。

我就近与舞女相对而坐，慌张地从衣袖里掏出一支香烟。舞女把随行女子跟前的烟灰碟推到了我面前。我依然没有言语。

[1] 伊豆：位于静冈县东部的伊豆半岛及东京都的伊豆诸岛，是日本的旅游胜地。
[2] 木屐（jī）：以木材做底的拖板鞋。
[3] 呆若木鸡：脸上表情呆板得像木头鸡一样，形容因恐惧或惊讶而发呆的神态。
[4] 小憩（qì）：休息片刻。

舞女看上去约莫十七岁光景。她梳着一个我叫不上名字的大发髻[1]，发型古雅而又奇特。这种发式，把她那严肃的鹅蛋形脸庞衬托得更加玲珑小巧，十分匀称，真是美极了。令人感到她活像小说里的姑娘画像，头发特别丰厚。舞女的同伴中，有个四十出头的妇女、两个年轻的姑娘，还有一个二十五六岁的汉子，他身穿印有长冈温泉旅馆字号的和服外褂。

至今我已见过舞女这一行人两次。初次是在我到汤岛来的途中，她们正去修善寺，是在汤川桥附近遇见的。当时有三个年轻的姑娘。那位舞女提着鼓。我不时回头看看她们，一股旅行的情趣油然而生。然后是翌日[2]晚上在汤岛，她们来到旅馆演出。我坐在楼梯中央，聚精会神地观赏着那位舞女在门厅里跳舞。

她们白天在修善寺，今天晚上来到汤岛，明天可能越过天城岭南行去汤野温泉。在天城山二十多公里的山路上，一定可以追上她们。我就是这样浮想联翩[3]，急匆匆地赶来的。赶上避雨，我们在茶馆里相遇了。我心里七上八下。

不一会儿，茶馆老太婆把我领到另一个房间去。这房间大概平常不用，没有安装门窗。往下看去，优美的幽谷，深不见底。我的肌肤起了鸡皮疙瘩，牙齿咯咯作响，浑身颤抖了。我对端茶进来的老太婆说了声："真冷啊！"

"唉哟！少爷全身都淋湿了。请到这边取取暖，烤烤衣服吧。"

老太婆话音未落，便拉着我的手，把我领到她的起居室去了。

这个房间里装有地炉，打开拉门，一股很强的热气便扑面而来。我站在门槛边踟蹰[4]不前。只见一位老大爷盘腿坐在炉边。他浑身青肿，活像个溺死的人。他那两只连瞳孔都黄浊的、像是腐烂了的眼睛，倦怠地朝我这边瞧着。身边的旧信和纸袋堆积如山。说他是被埋在这些故纸堆里，也不过分。我呆呆地只顾望着这个山中怪物，怎么也想像不出他还是个活人。

"让你瞧见这副有失体面的模样……不过，他是我的老伴，你别担心。他相貌丑陋，已经动弹不了，请将就点吧。"老太婆这么招呼说。

据老太婆讲，老大爷患了中风症，半身不遂[5]。他身边的纸山，是各县寄来的治疗中风症的药方，以及从各县邮购来的盛满治疗中风症药品的纸袋。听说，凡是治疗中风症的药方，不管是从翻山越岭前来的旅客的口中听到的，或是从新闻广告中读到的，他都一一打听，照方抓药。这些信和纸袋，他一张也不扔掉，都堆放在自己的身边，凝视着它们打发日子。天长日久，这些破旧的废纸就堆积如山了。

---

[1] 发髻（jì）：发式的一种，用真发或假发做成，盘于脑后或颈后。
[2] 翌（yì）日：次日、明日。
[3] 浮想联翩：联翩，鸟飞的样子，形容连续不断。浮想联翩就是飘浮不定的想象不断涌现出来。
[4] 踟蹰（chí chú）：徘徊；心中犹疑，要走不走的样子。
[5] 半身不遂（suí）：身体一侧麻痹，通常为中风后遗症，亦有先觉手足麻木，逐渐形成者。中医指偏瘫。

导学提示

《伊豆的舞女》发表于1926年，是川端康成根据自己20岁时去伊豆旅行的体验写成的自传体小说。《伊豆的舞女》以青年学生“我”与流浪艺人结伴而行的七天的伊豆之旅为情节主线，以“我”与舞女“熏子”的恋情为主要内容展开故事，被称为“世上最美丽的初恋”。

本文是《伊豆的舞女》的开头部分。节选部分的艺术特色主要表现在：一、传神的外貌描写。作品通过“我”的视线描绘了熏子的外貌，表现了她的形体美和纯真美。二、典型的环境描写。小说的起笔就描绘伊豆的美丽，通过描绘人物特定的自然环境来渲染艺术气氛，烘托人物的内心，展现作者的审美情趣。三、细腻的心理描写。川端康成善于抓住日本妇女的性格特点，精心刻画她们复杂的心理活动。

能力培养与训练

【观】欣赏电影《伊豆的舞女》。

【说】说说你所了解的川端康成的《伊豆的舞女》和郁达夫的《春风沉醉的晚上》的异同。

【读】课外阅读川端康成的《雪国》《千纸鹤》《睡美人》的原著。

【写】观看《伊豆的舞女》的视频或原著，写一篇观后感，字数不少于600字。

拓展阅读

川端康成的《我的伊豆》。

一碗清汤荞麦面

栗良平

栗良平（1943— ），日本作家、演讲家。本名伊藤贡，北海道砂州市人。高中毕业后，在医院当了十年职员。他利用业余时间，收集了四百多篇民间故事，并登台“口演”自己创作的故事，主办《栗子会》，以“大人对小孩说故事”为主题，开展全国性的说故事活动。因写作《一碗清汤荞麦面》，一跃成为日本的儿童类畅销作家。他写的小说故事性强，善于设置悬念。

代表作有《纺织公主》《又听到二号汽笛》《穿越战国时代的天空》。

对于面馆来说，最忙的时候，要算是大年夜了。北海亭面馆的这一天，也是从早就忙得不亦乐乎[1]。

平时直到深夜12点还很热闹的大街，大年夜晚上一过10点，就很宁静了。北海亭面馆的顾客，此时也像是突然都失踪了似的。

就在最后一位顾客出了门，店主要说关门打烊[2]的时候，店门被咯吱咯吱地拉开了。一个女人带着两个孩子走了进来。6岁和10岁左右的两个男孩子，一身崭新的运动服。女人却穿着不合时令的斜格子短大衣。

“欢迎光临！”老板娘上前去招呼。

“啊……清汤荞麦面……一碗……可以吗？”女人怯生生地问。那两个小男孩躲在妈妈的身后，也怯生生地望着老板娘。

“行啊，请，请这边坐。”老板娘说着，领他们母子三人坐到靠近暖气的二号桌，一边向柜台里面喊着，“清汤荞麦面一碗！”

听到喊声的老板，抬头瞥了他们三人一眼，应声回答道：“好咧！清汤荞麦面一碗——”

案板上早就准备好了面条，一堆堆像小山，一堆是一人份。老板抓起一堆面，继而又加了半堆，一起放进锅里。老板娘立刻领悟到，这是丈夫特意多给这母子三人的。

热腾腾香喷喷的清汤荞麦面一上桌，母子三人立即围着这碗面，头碰头地吃了起来。

“真好吃啊！”哥哥说。

“妈妈也吃呀！”弟弟夹了一筷子面，送到妈妈口中。

[1] 不亦乐（lè）乎：原意是“不也是很快乐的吗？”现用来表示程度极深。
[2] 打烊（yàng）：商店晚上关门停止营业。

不一会，面吃完了，付了 150 元钱。

“承蒙款待。”母子三人一起点头谢过，出了店门。

“谢谢，祝你们过个好年！”老板和老板娘应声答道。

过了新年的北海亭面馆，每天照样忙忙碌碌。一年很快过去了，转眼又是大年夜。

和以前的大年夜一样，忙得不亦乐乎的这一天就要结束了。过了晚上 10 点，正想打烊，店门又被拉开了，一个女人带着两个男孩走了进来。

老板娘看那女人身上那件不合时令的斜格子短大衣，就想起去年大年夜最后那三位顾客。

“……这个……清汤荞麦面一碗……可以吗？”

“请，请到里边坐，”老板娘又将他们带到去年的那张二号桌，“清汤荞麦面一碗——”“好咧，清汤荞麦面一碗——”老板应声回答着，并将已经熄灭的炉火重新点燃起来。

“喂，孩子他爹，给他们下三碗，好吗？”

老板娘在老板耳边轻声说道。

“不行，如果这样的话，他们也许会尴尬[1]的。”

老板说着，抓了一份半的面下了锅。

桌上放着一碗清汤荞麦面，母子三人边吃边谈着，柜台里的老板和老板娘也能听到他们的声音。

“真好吃……”

“今年又能吃到北海亭的清汤荞麦面了。”

“明年还能来吃就好了……”

吃完后，付了 150 元钱。老板娘对着他们的背影说道：“谢谢，祝你们过个好年！”

这一天，被这句说过几十遍乃至几百遍的祝福送走了。

生意日渐兴隆的北海亭面馆，又迎来了第三个大年夜。

从九点半开始，老板和老板娘虽然谁都没说什么，但都显得有点心神不定。十点刚过，雇工们下班走了，老板和老板娘立刻把墙上挂着的各种面的价格牌一一翻了过来，赶紧写好“清汤荞麦面 150 元”。其实，从当年夏天起，随着物价的上涨，清汤荞麦面的价格已经是 200 元一碗了。

二号桌上，在 30 分钟以前，老板娘就已经摆好了“预约”的牌子。

到十点半，店里已经没有客人了，但老板和老板娘还在等候着那母子三人的到来。他们来了。哥哥穿着中学生的制服，弟弟穿着去年哥哥穿的那件略有些大的旧衣服，兄弟二人都长大了，有点认不出来了。母亲还是穿着那件不合时令的有些退色的短大衣。

“欢迎光临。”老板娘笑着迎上前去。

“……啊……清汤荞麦面两碗……可以吗？”母亲怯生生地问。

---

[1] 尴尬（gān gà）：处于两难境地无法摆脱。

“行，请，请里边坐！”

老板娘把他们领到二号桌，顺手将桌上那块预约牌藏了起来，对柜台喊道：

“清汤荞麦面两碗！”

“好咧，清汤荞麦面两碗——”

老板应声答道，把三碗面的分量放进锅里。

母子三人吃着两碗清汤荞麦面，说着，笑着。

“大儿，淳儿，今天，妈妈我想要向你们道谢。”

“道谢？向我们？……为什么？”

“你们也知道，你们的父亲死于交通事故，生前欠下了八个人的钱。我把抚恤金全部还了债，还不够的部分，就每月五万元分期偿还。”

“是呀，这些我们都知道。”

老板和老板娘在柜台里，一动不动地凝神听着。

“剩下的债，本来约定到明年三月还清，可实际上，今天就可以全部还清了。”

“啊，这是真的吗，妈妈？”

“是真的。大儿每天送报支持我，淳儿每天买菜烧饭帮我忙，所以我能够安心工作。因为我努力工作，得到了公司的特别津贴，所以现在能够全部还清债款。”

“好啊！妈妈，哥哥，从现在起，每天烧饭的事还是包给我了！”

“我也继续送报。弟弟，我们一起努力吧！”

“谢谢，真是谢……谢……”

“我和弟弟也有一件事瞒着妈妈，今天可以说了。那是在十一月的一个星期天，我到弟弟学校去参加家长会。那时，弟弟已经藏了一封老师给妈妈的信……弟弟写的作文如果被选为北海道的代表，就能参加全国的作文比赛。正因为这样，家长会的那天，老师要弟弟自己朗读这篇作文。老师的信如果给妈妈看了，妈妈一定会向公司请假，去听弟弟朗读作文，于是，弟弟就没有把这封信交给妈妈。这事，我还是从弟弟的朋友那里听来的。所以，家长会那天，是我去了。”

“哦，是这样……那后来呢？”

“老师出的作文题目是，‘你将来想成为怎样的人’。全体学生都写了，弟弟的题目是《一碗清汤荞麦面》，一听这题目，我就知道写的是北海亭面馆的事。当时我就想，弟弟这家伙，怎么把这种难为情的事都写出来了。

“作文写的是，父亲死于交通事故，留下一大笔债。妈妈每天从早到晚拼命工作，我去送早报和晚报……弟弟全写了出来。接着又写，十二月三十一日的晚上，母子三人吃一碗清汤荞麦面，非常好吃……三个人只买一碗清汤荞麦面，面馆的叔叔阿姨还是很热情地接待我们，谢谢我们，还祝福我们过个好年。在弟弟听来，那祝福的声音分明是在对他说：不要低头！加油啊！要好好活着！因此，弟弟长大成人后，想开一家日本第一的面馆，也要对顾客说：‘加油啊！’‘祝你幸福！’‘谢谢！’弟弟大声地朗读着作文……”

此刻，柜台里竖着耳朵，全神贯注听母子三人说话的老板和老板娘不见了。在柜台后面，只见他们两人面对面地蹲着，一条毛巾，各执一端，正在擦着夺眶而出的眼泪。

“作文朗读完后，老师说：‘今天淳君的哥哥代替他母亲来参加我们的家长会，现在我们请他来说几句话……’”

“这时哥哥都说了些什么？”

“因为突然被叫上去发言，一开始，我什么也说不出……‘大家一直和我弟弟很要好，在此，我谢谢大家。弟弟每天要做晚饭，只能放弃兴趣小组的活动，中途回家，我做哥哥的，感到很难为情。刚才，弟弟刚开始朗读《一碗清汤荞麦面》的时候，我感到很丢脸，但是，当我看到弟弟激动地大声朗读的样子，我心里更感到羞愧。这时我想，决不能忘记妈妈买一碗清汤荞麦面的勇气。我们兄弟二人一定要齐心协力，照顾好我们的妈妈！希望大家以后也能够和我弟弟做好朋友。’我就说了这些……”

母子三人，静静地，互相握着手，良久。继而又欢快地笑了起来。和去年相比，像是完全变了个模样。

作为年夜饭的清汤荞麦面吃完了，付了 300 元。

“承蒙款待。”母子三人深深地低头道谢，走出了店门。

“谢谢，祝你们过个好年！”

老板和老板娘大声向他们祝福，目送他们远去……

又是一年的大年夜降临了。北海亭面馆里，晚上九点一过，二号桌上又摆上了“预约席”的牌子，等待着母子三人的到来。可是，没看到那三人的身影。

一年，又是一年，二号桌始终默默地等待着。可母子三人还是没有出现。

北海亭面馆因为生意越来越兴隆，店内重又进行了装修。桌子、椅子都换了新的。可二号桌却仍然如故。老板夫妇不但没感到不协调，反而把二号桌安放在店堂中央。

“为什么把这张旧桌子放在店堂中央？”有的顾客感到奇怪。

于是，老板夫妇就把“一碗清汤荞麦面”的事告诉他们。并说，看到这张桌子，就是对自己的激励。而且说不定哪天那母子三人还会来，这个时候，想用这张桌子来迎接他们。

就这样，关于二号桌的故事，使二号桌成了“幸福的桌子”。顾客们到处传诵着。有人特意从远方赶来。有女学生，也有年轻的情侣，都要到二号桌上吃一碗清汤荞麦面。二号桌也因此而名声大振。

时光流逝，年复一年。这一年的大年夜又来到了。

这时，北海亭面馆已经是同一条街的商店会的主要成员。大年夜这天，亲如家人的朋友、近邻、同行，结束了一天的工作后，都来到了北海亭。在北海亭吃了过年面，听着除夕夜的钟声，然后亲朋好友聚集起来，一起到附近的神社[1]去烧香磕头，以求神明保佑在新的一年里万事如意，厄除运开。这种情形，已经有五六年的历史了。

[1] 神社：祭神之处。

今年的大年夜当然也不例外。九点半一过，以鱼店老板夫妇双手捧着装满生鱼片的大盆子进来为信号，平时亲如家人的朋友们大约三十多人，也都带着酒菜，陆陆续续地会集到北海亭，店里的气氛，一下子热闹起来。

知道二号桌由来的朋友们，嘴里虽然没说什么，可心里都有在想着，今年二号桌也许又要空等了吧。那块“预约席”的牌子，早已悄悄地站在二号桌上。

狭窄的座席之间，客人们一点一点地移动着身子坐下，有人还招呼着迟到的朋友。吃着面，喝着酒，互相夹着菜。有人到柜台里去帮忙，有人随意拉开冰箱拿来东西。什么廉价出售的生意啦，海水浴的艳闻轶事[1]啦，什么添了孙子的事啦。十点半时，北海亭里的热闹气氛到达了顶点。就在这时，店门被咯吱咯吱地拉开了。人们都向门口望去，屋子里突然静了下来。

两位西装笔挺，手臂上搭着大衣的青年走了进来。这时，大伙都松了口气，随着轻轻的叹息声，店里又恢复了刚才的热闹。

“真不凑巧，店里已经坐满了。”老板娘面带着歉意说。

就在她拒绝两位青年的时候，一位身穿和服的妇人，深深低着头走了进来，站在两位青年的中间。

店里的人们，一下子都屏住了呼吸，耳朵也竖起来了。

“唔……三碗清汤荞麦面，可以吗？”穿和服的妇人平静地说。

听了这话，老板娘的脸色一下子变了。十几年前留在脑海中的母子三人的印象，和眼前这三人的形象重叠起来了。

老板娘指着三位来客，目光和正在柜台里找韭菜的丈夫的目光撞到一处。

“啊！啊……孩子他爹！”

面对不知所措的老板娘，青年中的一位开口了。

“我们就是14年前的大年夜，母子三人共吃一碗清汤荞麦面的顾客。那时，就是这一碗清汤荞麦面的鼓励，使我们三人同心合力，度过了艰难的岁月。这以后，我们搬到母亲的老家滋贺县去了。”

“我今年通过了医生的国家考试，现在京都的大学医院里当实习医生。明年四月，我将到札幌的综合医院工作。还没有开面馆的弟弟，现在京都银行里工作。我和弟弟商谈，计划了这生平第一次的奢侈的行动。就这样，今天我们母子三人，特意来拜访，想要麻烦你们烧三碗清汤荞麦面。”

边听边点头的老板夫妇，泪珠一串串地掉下来。

坐在靠近门口桌上的蔬菜店老板，嘴里含着一口面听着，直到这时，才把面咽下去，站起身来。

“喂喂！老板娘，你呆站着干什么！这十年的每一个大年夜，你都为等待他们的到来而准备着，这十年后的预约席，不是吗？快！请他们上座，快！”

被蔬菜店老板用肩一撞，老板娘这才清醒过来。

[1] 轶（yì）事：多指未经史书记载的乡间传闻。

“欢……欢迎，请，请坐……孩子他爹，二号桌清汤荞麦面三碗——”

“好咧——清汤荞麦面三碗——”可泪流满面的丈夫却应不出声来。

店里，突然爆发出一阵欢呼声和鼓掌声。

店外，刚才还在纷纷扬扬地飘着的雪，此刻也停了。皑皑白雪映着明净的窗子，那写着“北海亭”的布帘子，在正月的清风中，摇曳[1]着，飘着……

导学提示

这是一篇十分感人的短篇小说。这篇小说围绕吃面这一中心事件，四次描写同一个时间点、同一地点、同一张二号桌母子三人吃面的情景。但前后不是简单地重复，而是为一家人的奋斗做了很好的铺垫。特殊的时间、特定的地点的描写，为特殊的主人公的出场渲染了一种特殊的氛围。环境描写有力地烘托和深化了小说的主题。

小说采用细节描写的手法，对面的碗数、点面的语气等进行了刻画，小说质朴的语言下蕴藏着令人震撼的人格力量和璀璨夺目的人性光辉。母子三人身上表现了面对逆境的勇气和努力奋斗、坚韧的精神，老板夫妇的身上则体现了经商之道的仁德之美。

能力培养与训练

【听】听一听三星集团和《一碗清汤荞麦面》的故事。

【说】二号桌被顾客称作“幸福的桌子”。对此，你是如何理解的？

【读】课外阅读周海亮的《最后一位顾客》。

【写】请你以课文中“特意从老远的地方赶来……都要到二号桌吃一碗清汤荞麦面”的食客身份，为二号桌写一篇不少于500字的作文。

拓展阅读

《一碗清汤荞麦面》——三星电子渡过亚洲金融危机的精神食粮。

[1] 摇曳（yè）：晃荡；飘荡。

第四章
戏剧

一、戏剧的概念

戏剧是一种综合性舞台艺术，它是借助文学、音乐、舞蹈、美术等艺术手段塑造舞台艺术形象，揭示社会矛盾，反映社会生活的一种文学体裁。

二、戏剧的分类

戏剧按表演形式分为歌剧（如《白毛女》）、舞剧（如《丝路花雨》）、话剧（如《雷雨》）等；按作品类型分为悲剧（如《屈原》）、喜剧（如《威尼斯商人》）、正剧（如《白毛女》）等；按题材内容分为历史剧（如《屈原》）、现代剧（如《雷雨》）、情节剧、哲理剧、寓言剧、童话剧等；按剧情繁简和结构可分为独幕剧、多幕剧（如《雷雨》）；按演出场合分为舞台剧、广播剧、电视剧等。

三、戏剧的几大要素

戏剧的几大要素包括舞台说明、戏剧冲突、人物台词、幕和场等。

（一）舞台说明

舞台说明是帮助导演和演员掌握剧情，为演出提示的一些注意之点的有关说明。说明的内容有关于时间、地点、人物、布景的，有关于登场人物的动作、表情的，有关于登场人物上场、下场的，有关于“效果”的，有关于开幕、闭幕的。

（二）戏剧冲突

戏剧是由演员扮演角色，在舞台上当众表演故事情节的一种艺术。戏剧离不开戏剧冲突，它表现在人物性格的冲突上，具体表现为一系列的动作。戏剧的基本要素是矛盾冲突，通过具体的舞台形象再现社会的斗争生活，能激起观众强烈的情感反映，达到社会教育的目的。这就决定了戏剧冲突的一些特征：

第一，更典型、更集中地表现社会生活的冲突和斗争。

第二，故事情节发生的时间和地点往往很集中，登场人物也有一定数量的限制。

第三，人物性格和故事情节主要通过登场人物的语言来表现。

第四，故事情节的发展往往分幕分场。

（三）人物台词

人物台词是剧中人物的语言，它是性格化的，是富有动作性的，即人物的语言是同他的行动联系在一起的。台词的表现形式有对话、独白、旁白（登场人物离开其他人物面向观众说话）、内白（在后台说话）、潜台词（即言中有言、意中有意、弦外有音，它实际上是语言的多意现象）等等。

（四）幕和场

幕，即拉开舞台大幕一次，一幕就是戏剧一个较完整的段落。场，即拉开舞台二道幕一次，它是戏剧中较小的段落。

哈姆雷特（节选）

莎士比亚

威廉·莎士比亚（1564—1616年），英国剧作家、诗人，欧洲文艺复兴时期人文主义文学的集大成者。生于英国中部瓦维克郡的一个富裕的市民家庭。25岁时，莎士比亚离开斯特拉特福的妻儿，搬到伦敦，开始在环球剧院做演员并开始写作。

莎士比亚在欧洲文学史上具有特殊的地位，有“人类文学奥林匹斯山上的宙斯”“时代的灵魂”“人类最伟大的戏剧天才”之称。他与古希腊三大悲剧家（埃斯库罗斯、索福克里斯、欧里庇得斯）合称“戏剧史上四大悲剧家”。

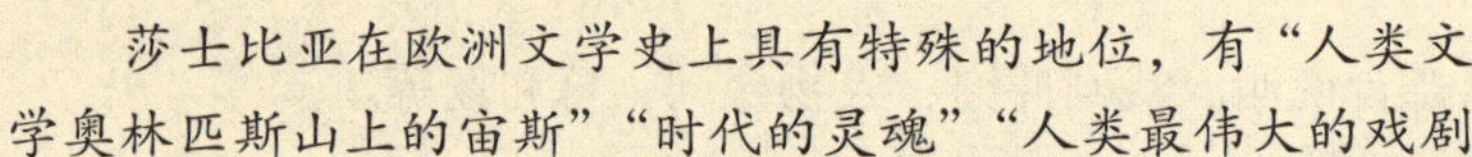

莎士比亚流传下来的作品包括38部剧本、154首十四行诗、2首长叙事诗和其他诗作。著有四大悲剧（《哈姆雷特》《奥赛罗》《李尔王》《麦克白》）、四大喜剧（《仲夏夜之梦》《威尼斯商人》《皆大欢喜》《第十二夜》）、悲喜剧（《暴风雨》《辛白林》等）、历史剧（《理查三世》《亨利四世》《亨利五世》等）。

第五幕（二）城堡中的厅堂（节选）

哈姆雷特： 时间是非常的短促，可是，它是属于我的……取人性命，快之可如喊一个“一”字。不过，善良的霍拉旭，我很抱歉我对雷欧提斯失去了控制，因为由我的处境，我能了解他的立场。我将设法去争取他的谅解。不过，那也实在是因为我见到他的夸张举动，才会使我怒火冲天的。

霍拉旭： 不要作声，谁来了？

（朝臣奥斯力克入）

奥斯力克：（毕恭毕敬地行个大礼）恭迎王子殿下归返丹麦！

哈姆雷特： 我谦卑地谢谢你。

（私下对霍拉旭）你认识这位点水蜻蜓吗？

霍拉旭： 不认得，殿下。

哈姆雷特：那是你的福气，因为认得他是件恶事。他拥有很多肥沃良田。任何一头畜牲，只要它是万头畜牲之主，它的畜舍就会被摆在国王的餐桌旁。他是只饶舌的乌鸦，不过，就如我所说，他拥有大量的泥土。

奥斯力克：（深深地鞠躬，帽子碰地）殿下，您若有空，我想为国王传句话……

哈姆雷特：先生，我一定会洗耳恭听的。请你把帽子戴好，它是用在头顶上的。

奥斯力克：谢谢殿下，今天很热。

哈姆雷特：不，相信我。今天很冷，在刮北风呢。

奥斯力克：是蛮冷的，殿下，真的是。

哈姆雷特：不过，我认为，依我的体质来讲，它还是很闷热。

奥斯力克：非常的闷热，殿下，闷热的就像……我无法形容……殿下，陛下叫我告诉你，他已经为你下了一个很大的赌注了。殿下，事情是这样的——

哈姆雷特：（作手势教他把帽子戴好）我求你，记得吗？

奥斯力克：不，好殿下，我还是这样比较舒服，真的。（用帽子扇凉）殿下，宫中现在新来了一位雷欧提斯先生。请相信我，他是位完完全全的绅士，充满了最卓越的优点，有着翩翩的风度与堂堂的相貌。真的，套句雅话，他不愧是个贵族之楷模、典范；您也将发现，他的本人就代表了一位绅士所应有的。

哈姆雷特：先生，你把他形容得真是淋漓无愧。不过，我晓得，若欲分门别类地列出他的所有优点，那它将无从算起，数目将庞大得令人痴傻，而且他这一艘满帆的快船，我们将永远望尘莫及。他的品德也是举世罕见，除了他自己的镜中影之外，世上可说无人能与他媲美。若有人欲与他比较，那他只配当他影子而已。

奥斯力克：殿下把他说得一点儿也不错。

哈姆雷特：但此话之用意是何在？为何我们要一味的把这位先生围绕于我们庸俗的唇齿之间？

奥斯力克：（愣住）殿下？

霍拉旭：（对奥斯力克）你自己的语言，换个人来讲，就不懂了？你该专心地去听。

哈姆雷特：（解释刚才的话）你向我提起这位绅士的目地何在？

奥斯力克：您在说雷欧提斯？

霍拉旭：（讥笑奥斯力克）他的锦囊已空，金言已尽。

哈姆雷特：我正是在说他。

奥斯力克：我知道您并不是不晓得……

哈姆雷特：我希望你确实是如此，先生；就算你是，那它对我也无益处。怎样，先生？

奥斯力克：我知道您并不是不晓得他很了得……

哈姆雷特：那我可不敢承认，除非我有意与他比个高下。欲知他人底细，先得认清自己。

奥斯力克：我的意思是，殿下，他的武功了得。据他的手下说，他乃举世无双。

哈姆雷特：他用的是什么兵器？

奥斯力克：长剑和短刀。

哈姆雷特：那是两件兵器，嗯……

奥斯力克：殿下，国王已以六匹巴巴里的骏马为注和他打赌；据我所知，他押的是——六柄法国长剑、短刃及其附件，悬挂之佩带等等。不瞒您说，其中有三套载架尤是精美；它们吻配其鞘，乃精工巧匠所制。

哈姆雷特：你所谓的载架是什么东西？

霍拉旭：我就料到你需要个注解在后头。

奥斯力克：载架，殿下，就是那挂剑的皮带。

哈姆雷特：假如我们能在身边悬挂一尊炮，那么，这个名词可能比较恰当。直到那，我们还是称它为皮带罢。好了，继续说……六匹骏马对六柄长剑及其附件，还有三套精致的载架……这是个法国人对丹麦人之赌呀！他们为何要下如此的赌注呢？

奥斯力克：国王已打赌，殿下，他与您交手的十二回合中，他至多不过多赢您三着；可是他却觉得他可以稳赢九个回合。殿下要是答应的话，马上就可以试一试。

导学提示

《哈姆雷特》一直以来被认为是莎士比亚戏剧的巅峰之作。这部作品取材于12世纪丹麦王子哈姆雷特的故事。

《哈姆雷特》讲了这么一个故事：丹麦王子哈姆雷特在德国维登堡大学读书，本来无忧无虑，家里却突生变故。他的叔父毒死了他的父亲，篡夺了王位。母亲格特鲁德也改嫁给了叔父。哈姆雷特回国后，父亲的鬼魂向他诉说了自己致死的原因。哈姆雷特决定为父复仇。他开始假装发疯以迷惑叔父。他请来戏班，安排了一出弟杀兄、篡位、娶嫂的戏，请叔父和母亲一起观看演出，以刺探叔父的反应。后者有所警觉，大惊失色，中途离座而去。新国王隐约感觉到危险，企图借刀杀人除掉哈姆雷特。哈姆雷特准备杀死国王，却误杀了恋人奥菲利娅的父亲波洛涅斯，导致情人疯癫自尽。国王趁机挑拨波洛涅斯的儿子雷欧提斯找哈姆雷特比剑，并在剑上涂了毒药，设计用毒剑杀死哈姆雷特。最后，哈姆雷特成功复了仇，自己也中毒而死。

《哈姆雷特》不仅包含丰富深刻的思想内容，还具有优异非凡的艺术特色。一、刻画了众多性格鲜明的人物形象。二、在结构上，莎士比亚用了多线索多层次的手法，使戏剧场面不断转化，极富艺术效果。三、生动形象的语言。“《哈姆雷特》的语言生动形象，被誉为散文诗式的语言，是用生动的语言来感人的”（歌德）。

能力培养与训练

【观】观看电影《哈姆雷特》。

【说】说说你所了解的哈姆雷特的性格特征。

【读】课外阅读《哈姆雷特》原著。

【写】按照戏剧的要求，改编《哈姆雷特》或者自己写一个话剧，字数不少于1 000字。

拓展阅读

经典重读｜哲人哈姆雷特。

绝对信号（节选）

高行健

高行健（1940— ），祖籍江苏泰州，生于江西赣县，法籍华裔小说家、剧作家、导演、画家、思想家。1962年毕业于北京外国语大学法语专业，1987年移居法国，1997年取得法国国籍。因“其作品的普遍价值，刻骨铭心的洞察力和语言的丰富机智，为中文小说和艺术戏剧开辟了新的道路”荣获2000年诺贝尔文学奖。

著有小说《灵山》《一个人的圣经》《给我老爷买鱼竿》等；剧作有《车站》《野人》《彼岸》《逃亡》《生死界》《八月雪》《山海经传》等；文学艺术思想论著有《另一种美学》《现代小说技巧初探》《对一种戏剧的追求》《没有主义》《论写作》；出版画册有《高行健水墨作品》《墨趣》《墨与光》等。

（1982年11月演出本）

编剧： 高行健（执笔） 刘会远

导演： 林兆华

演出： 北京人民艺术剧院

人物： 黑子——二十一岁待业青年

小号——二十一岁见习车长

蜜蜂——二十岁待业青年

车长——五十六岁

车匪——三十七岁

时间： 一个春天的黄昏和夜晚

地点： 一列普通货车的最后一节守车上

（舞台上是货车的一节守车车厢。暮色中，远近亮着火车站上的红、蓝、绿、黄的各色信号灯。守车的左右两头各有一个带铁扶栏的小平台。右面是列车运行的方向。车厢内，正中向外突出部分是瞻望列车运行的窗口，一张固定在车厢里的靠背椅对着朝右开的燎望窗口。靠背椅的右边两步远，有一张固定的硬席铺位，是供押车人员休息用的。车厢的左右两头各有一扇可以关闭的门，通往平台。每扇车门的右手各有个小窗口，窗口下各有一小块突出的工作台，工作台前各有一张固定的靠背椅。左边椅子的靠背和坐椅已经被人拆除了，只剩下个铁架子，使人感觉到这节车厢也刚刚经过一个动乱的时代。列车的紧急制动阀在左边小窗户的上方。）

[黑子上]。这是个高大结实的小伙子，长得很神气，皮肤黝黑，一头蓬松的头发，留着绒毛般的小胡子，穿着朴素，一副满不在乎的样子。个性倔犟，又带着几分野性。他在守车前后转了一圈，见没人，轻声吹了声口哨。[车匪从他背后上]。这人中等身材，精瘦，行动敏捷，是个专搞投机倒把、盗窃走私的惯犯，手狠心毒。

小号（接过车长的背包）：师傅，等会儿！您这徒弟够勤快的吧？

车长：勤快不在嘴皮子上。

小号：哟，又拍错地方了。

车长：在家对你老子也这么说话？要不是看在你父亲的面上，像你这样的徒弟，我早就叫他一边去了。你父亲让我好好管教你，要是以我在家的脾气，我早把你的号一脚踩扁了，有你这样外出作业还带把号的？

小号：得，师傅，咱给您也解解闷呀。您瞧咱这破守车，四面透风，浑身乱颤，连盏灯都没有，一进山洞就跟下地狱似的。师傅，咱也得解解闷呀！

车长：别贫了，作业时不准吹号。

小号：不吹就不吹呗。（上车把两个背包和小号放在铺位上）

车长：我验车去了。你看左边。（下）

[车匪和黑子上]。

车匪：快上去！

黑子（犹豫地）：他们都认识我。

车匪：能把你吃了？真孙子！

黑子（烦恼地）：孙子就不干了。你上，跟车的是我同学，平时挺哥儿们的。

车匪：你还怕把他们的饭碗砸了？（冷笑）他们也没分碗饭给你吃。熟人更好办，别他妈犯傻，把到手的买卖砸了。

[小号拿个手电筒从车上下来]。

小号：谁呀？黑子！

[车匪走开，下]。

黑子：小号，真有门呀！当上车长了。

小号：见习的，跟师傅屁股后头听呵。

黑子：再听呵不也是车长？

小号：没劲，破守车一进去跟掉进煤筛子里似的。星期天都没有，连场电影都难得看上，不是什么好差事。

黑子：可总也是个差事，人想捞还捞不着呢。

小号：你还在货场干装卸工？

黑子：也是临时的，有一天没一天，还不是混呗。

小号：喂，见到蜜蜂没有？听说她回来过几天又走了，你没见到她？

黑子（支吾地）：路上照了个面。

小号：她怎么样了？

黑子：没怎么样！黑了些，瘦了，风吹的。

小号：真是的天南海北，长年在野地里，睡的是帐篷，这哪是女孩子干的活儿，肯定不好。她没说去找过我？

黑子：你那两天大概出车了。

小号：她没提到我？

黑子（绕开）：我们随便扯了扯。

小号：我那意思你点给她了？

黑子：什么意思？

小号：甭装蒜了。旁敲侧击，火力侦察呀。

黑子：咱打不到点上。

小号：你说你打了没有吧？

黑子：你还是自己上阵吧！

小号：你这块头儿换给我就成了。

黑子：咱卖了，换你那工作！

小号（好心地）：我给你凑点钱，黑子，做小买卖去吧，我发工资啦。

黑子（自嘲）：挤小脚老太太的生意，卖大碗茶去？再不，沾偷车的光，到商店门口拦根绳子，找骑车的主儿讨钱？这都不要本。

（不胜烦恼，吹了声口哨）

[车匪在车下出现]。

车匪（向远处）：就这趟车，货离守车太近。货在守车前第三、第四位两节车上。妈的，这小子怕湿鞋，得推他一把。提防小子翻车，传话叫曹家铺上人。……回来，看我的信号再上车！

[车匪的同伙下。车匪从暗中走出来]。

车匪（对小号）：师傅，这车哪里去？

小号：你打听这干吗？

[车匪递烟]。

小号：不抽。

黑子：来一支。（递上烟盒，自己用嘴叼上一支，掏出电子打火机，给小号点烟）

小号：还真挣呢！

黑子：过一天是一天，不抽白不抽。

车匪：这师傅，行个好吧，我脚崴[1]了。（有意瞟[2]黑子一眼）积德。

黑子（装做漫不经心的样子）：三河坝站吗？我上采石场找个放炮的活儿去。

小号：快上去吧，别叫我师傅看见了，老头特别死板。

---

[1] 崴（wǎi）：脚扭伤。

[2] 瞟（piǎo）：斜着眼睛看。

车匪：这师傅，麻烦您关照一下，我脚崴了。

小号：打客票去，守车上不准带闲杂人员，这是制度。

车匪：小兄弟，帮个忙嘛！我钱包叫小偷摸了，脚又不能走，都是出门在外的人……

黑子：让他上吧。

车匪（立刻）：哎，（对小号）多谢兄弟您了！

小号（对黑子）：不是，我师傅特教条[1]。

黑子：甭听他扯蛋了，他就不带人？跟他有关系，有油水可捞的，还不一句话！

车匪：多谢了，世上好人不多哇。

小号：黑子，留点神，老头来了。（下）

车匪（恼怒地）：你刚才耗什么劲儿？

黑子：谁耗来着？

车匪：你怎么不扒车就上？

黑子：这不上来了！

车匪：不是我顶着，你就泡汤了！

黑子：咱还不是那号人。

车匪（轻蔑地，故意刺激他）：就这两下子，还他妈玩女人！

黑子：得啦，有完没完！

车匪（走到窗口）：这儿不错，是车长的位子。

（又换一个窗口）：黑子，这儿成，坐这儿来。

黑子：这不还早吗？

车匪：你腿肚子已经哆嗦了？

黑子（烦躁地）：你还要我怎么的？

车匪：要问起，你我谁也不认识谁！你小子把得住吗？

黑子：你也太小看人了。你怎么下车？

车匪：你就甭管了，陪你一程。一回生，二回熟，三回呀，跨过死人你也就不哆嗦了。

黑子：你是信不过我。

车匪：我是惦着那笔到手的买卖，别叫你小子给砸了。那小的你盯着，老的交给我，到时候给上根烟，打个岔，别让他盯着瞭望窗口，等咱的人一上车，多少箱就到手了。这些跑车的，几根过滤嘴就打倒了。你听着捉奸拿双，捉贼拿赃，就是砸锅了，咱两袖清风[2]，你不认，我不认，能拿住咱个屁！懂吗？

黑子（不耐烦地）：你歇着吧。

车匪：走着瞧吧。

---

[1] 教条：要求教徒绝对遵从的宗教信条，泛指要求人盲目信奉的僵化的原则、原理。

[2] 两袖清风：原指人迎风潇洒、飘飘欲仙之态，后比喻为官清廉，现也指家贫，一无所有。

[车长和小号从车厢后面上]。

车长：怎么磨蹭[1]到这会儿？

小号：碰上了一个同学。

车长：这是在作业，工作呢！（生硬地）看看风管。

小号（用手电筒照看车厢底部）：都接上了。

车长（不满意地）：看表去，压力够不够数？

小号（上车向黑子）：黑子，留点神，老头可找碴[2]呢。（大声的）够了！

车长：什么叫够了？

小号：每平方厘米六公斤呀！

车长：你得回答准确了，六公斤！够了，够了，我知道你多少是够了。压力不够，制动阀就得失灵。

小号：知道。

车长：知道，你知道什么时候使用紧急制动？什么时候不能使用？你知道怎样使用制动阀？知道，知道，你知道多少？动用制动阀是为了避免出大的事故。动好是一功，动不好是一过。一个车长不是到站送送货票的，他身上担着整趟列车的行车安全！看发车信号机！

小号：亮了。

车长（挑剔地）：红灯也是亮的？

小号：绿灯。

车长：这叫“发车信号良好”，叫“发车信号良好”！你好好说。

小号（大声重复）：发车信号良好！

车长：这叫自我应和。都要出声，为加深印象，免得自己走神，发错了信号。咱们手上这盏灯关系到铁路线的安全，不是三斤、五两、十块、八块的，就是把命搭上，你也赔不起！给司机发车信号。你把旗子打开！

[车长上守车。小号举旗、划圈]。

导学提示

《绝对信号》剧情围绕着主人公黑子被车匪胁迫登车作案，在车上遇见昔日的同学小号、恋人蜜蜂和忠于职守的老车长逐步展开，产生出一系列复杂的矛盾冲突，由此展现了每个人的思想、观念与生活态度。最后在车匪铤而走险即将造成列车颠覆的生死关头，每个人都做出了自己的选择，承担了各自的责任，使列车避免了事故。

《绝对信号》的时间结构打破了话剧的“现代进行式”的老例。既表现正在守车里发生的事件，又通过人物回忆闪回到过去发生的事件，以及外化人物想象之中的、但

[1] 磨蹭（ceng）：行动迟缓；做事拖拉。
[2] 找碴（chá）：挑毛病，故意找人麻烦。

实际上并没有发生的事件。乍一看，戏剧情节发生在一节守车里，时间也没有超出一昼夜，但在舞台上一再呈现出黑子、小号、蜜蜂的回忆和想象时，便出现了由现实、回忆和想象三个层次的时空叠化和交错，从而也打乱了传统话剧的“顺时性”时序，也不再全都按照符合因果关系的叙事逻辑组接戏剧事件，而是诉诸心理逻辑和多音部交响的结构原则。

《绝对信号》最为引人注目的创新，是把人物内心世界外化为舞台场面的表现手法。过去，人物的“内心的话”在舞台上一般都用“画外音”处理。这个戏里的“内心的话”都由角色自己说出。

能力培养与训练

【观】观看《绝对信号》中的桥段。

【说】请发挥自己的想象力，说一说接下来可能发生的故事情节。

【读】课后读一读高行健的《绝对信号》《车站》等著作。

【写】《绝对信号》情节跌宕起伏，人物形象鲜明生动。请选看精彩片段，写下自己对人物或情节的感受。

拓展阅读

高行健：文学的理由——2000 年诺贝尔文学奖获奖演说。

玩偶之家（节选）

易卜生

亨利克·易卜生（1828—1906年），挪威戏剧家，现代散文剧的创始人，欧洲近代现实主义戏剧的杰出代表，有"世界近代社会问题剧的始祖"的美称。他在戏剧史上享有同莎士比亚和莫里哀一样不朽的声誉。

易卜生走过了从民族抒情诗人到"现代戏剧之父"的光辉道路，被人们誉为"世界戏剧史上的罗马"和"伟大的问号"。

易卜生一生共写剧本26部。其作品强调个人在生活中的快乐，无视传统社会的陈腐礼仪。著有诗剧《彼尔·京特》（1867）；社会悲剧《玩偶之家》（1879）、《群鬼》（1881）、《人民公敌》（1882）、《海达·加布勒》（1890）；象征性剧作《野鸭》（1884）、《当我们死而复醒时》（1899）。

娜拉：托伐，这小问题不容易回答。我实在不明白。这些事情我摸不清。我只知道我的想法跟你的想法完全不一样。我也听说，国家的法律跟我心里想的不一样，可是我不信那些法律是正确的。父亲病得快死了，法律不许女儿给他省烦恼，丈夫病得快死了，法律不许老婆想法子救他的性命！我不信世界上有这种不讲理的法律。

海尔茂：你说这些话像个小孩子。你不了解咱们的社会。

娜拉：我真不了解。现在我要去学习。我一定要弄清楚，究竟是社会正确，还是我正确。

海尔茂：娜拉，你病了，你在发烧说胡话。我看你像精神错乱了。

娜拉：我的脑子从来没像今天晚上这么清醒、这么有把握。

海尔茂：你清醒得、有把握得要丢掉丈夫和儿女？

娜拉：一点不错。

海尔茂：这么说，只有一句话讲得通。

娜拉：什么话？

海尔茂：那就是你不爱我了。

娜拉：不错，我不爱你了。

海尔茂：娜拉！你忍心说这话！

娜拉：托伐，我说这话心里也难受，因为你一向待我很不错。可是我不能不说这句话。现在我不爱你了。

海尔茂（勉强管住自己）：这也是你清醒的有把握的话？

娜拉：一点不错。所以我不能再在这儿待下去。

海尔茂：你能不能说明白我究竟做了什么事使你不爱我？

娜拉：能，就因为今天晚上奇迹没出现，我才知道你不是我理想中的那等人。

海尔茂：这话我不懂，你再说清楚点。

娜拉：我耐着性子整整等了八年，我当然知道奇迹不会天天有，后来大祸临头的时候，我曾经满怀信心地跟自己说："奇迹来了！"柯洛克斯泰把信扔在信箱里以后，我绝没想到你会接受他的条件。我满心以为你一定会对他说："尽管宣布吧"，而且你说了这句话之后，还一定会……

海尔茂：一定会怎么样？叫我自己的老婆出丑丢脸，让人家笑话？

娜拉：我满心以为你说了那句话之后，还一定会挺身出来，把全部责任担在自己肩膀上，对大家说，"事情都是我干的。"

海尔茂：娜拉……

娜拉：你以为我会让你替我担当罪名吗？不，当然不会。可是我的话怎么比得上你的话那么容易叫人家信？这正是我盼望它发生又怕它发生的奇迹。为了不让奇迹发生，我已经准备自杀。

海尔茂：娜拉，我愿意为你日夜工作，我愿意为你受穷受苦。可是男人不能为他爱的女人牺牲自己的名誉。

娜拉：千千万万的女人都为男人牺牲过名誉。

海尔茂：喔，你心里想的嘴里说的都像个傻孩子。

娜拉：也许是吧。可是你想和说的也不像我可以跟他过日子的男人。后来危险过去了……你不是怕我有危险，是怕你自己有危险……不用害怕了，你又装作没事人儿了。你又叫我跟从前一样乖乖地做你的小鸟儿，做你的泥娃娃，说什么以后要格外小心保护我，因为我那么脆弱不中用。（站起来）托伐，就在那当口我好像忽然从梦中醒过来，我简直跟一个生人同居了八年，给他生了三个孩子。喔，想起来真难受！我恨透了自己没出息！

海尔茂：（伤心）我明白了，我明白了，在咱们中间出现了一道深沟。可是，娜拉，难道咱们不能把它填平吗？

娜拉：照我现在这样子，我不能跟你做夫妻。

海尔茂：我有勇气重新再做人。

娜拉：在你的泥娃娃离开你之后……也许有。

海尔茂：要我跟你分手！不，娜拉，不行！这是不能设想的事情。

娜拉（走进右边屋子）：要是你不能设想，咱们更应该分开。

（拿着外套、帽子和旅行小提包又走出来，把东西搁在桌子旁边椅子上。）

海尔茂：娜拉，娜拉，现在别走。明天再走。

娜拉（穿外套）：我不能在生人家里过夜。

海尔茂：难道咱们不能像哥哥妹妹那么过日子？

娜拉（戴帽子）**：**你知道那种日子长不了。（围披肩）托伐，再见。我不去看孩子了。我知道现在照管他们的人比我强得多。照我现在这样子，我对他们一点儿用处都没有。

海尔茂：可是，娜拉，将来总有一天——

娜拉：那就难说了。我不知道我以后会怎么样。

海尔茂：无论怎么样，你还是我的老婆。

娜拉：托伐，我告诉你。我听人说，要是一个女人像我这样从她丈夫家里走出去，按法律说，她就解除了丈夫对她的一切义务。不管法律是不是这样，我现在把你对我的义务全部解除。你不受我拘束，我也不受你拘束。双方都有绝对的自由。拿去，这是你的戒指。把我的也还我。

海尔茂：连戒指都要还？

娜拉：要还。

海尔茂：拿去。

娜拉：好。现在事情完了。我把钥匙都搁在这儿。家里的事，佣人都知道……她们比我更熟悉。明天我动身之后，克里斯蒂纳会来给我收拾我从家里带来的东西。我会叫她把东西寄给我。

海尔茂：完了！完了！娜拉，你永远不会再想我了吧？

娜拉：喔，我会时常想到你，想到孩子们，想到这个家。

海尔茂：我可以给你写信吗？

娜拉：不，千万别写信。

海尔茂：可是我总得给你寄点儿……

娜拉：什么都不用寄。

海尔茂：你手头不方便的时候我得帮点忙。

娜拉：不必，我不接受陌生人的帮助。

海尔茂：娜拉，难道我永远只是个陌生人？

娜拉（拿起手提包）**：**托伐，那就要等奇迹中的奇迹发生了。

海尔茂：什么叫奇迹中的奇迹？

娜拉：那就是说，咱们俩都得改变到……喔，托伐，我现在不信世界上有奇迹了。

海尔茂：可是我信。你说下去！咱们俩都得改变到什么样子……？

娜拉：改变到咱们在一块儿过日子真正像夫妻。再见。

（她从门厅走出去）

海尔茂（倒在靠门的一张椅子里，双手蒙着脸）**：**娜拉！娜拉！（四面望望，站起身来）屋子空了。她走了。（心里闪出一个新希望）啊！奇迹中的奇迹……

（楼下砰的一响传来关大门的声音）

——剧终

导学提示

《玩偶之家》是易卜生的代表作，主要写主人公娜拉从爱护丈夫、信赖丈夫到与丈夫决裂后离家出走，摆脱玩偶地位的自我觉醒过程。《玩偶之家》曾被比作“妇女解放运动的宣言书”。在这个宣言书里，娜拉终于觉悟到自己在家庭中的玩偶地位，并向丈夫严正地宣称：“首先我是一个人，跟你一样的人，至少我要学做一个人。”以此作为对以男权为中心的社会传统观念的反叛。

节选部分的艺术特色有：一、易卜生把当时社会的“日常生活”搬上了舞台，让观众感到熟悉、亲切；二、剧情波澜起伏，以戏剧事件推进人物性格的冲突。

能力培养与训练

【观】欣赏易卜生经典话剧作品。

【说】剧中人物海尔茂和娜拉分别具有怎样的性格？他们之间冲突的焦点是什么？

【读】课后读一读《玩偶之家》原著。

【写】鲁迅曾经写过一篇文章《娜拉走后怎样》，谈到在当时的社会条件下，出走的娜拉只有两条路：堕落或是回来。如果放在现代社会，她出走后会怎样？试着以剧本的形式为她设计一个结局。

拓展阅读

赏析易卜生《玩偶之家》。

参考文献

[1] 贺虎 . 普通话教程 [M]. 兰州：兰州大学出版社，2019.

[2] 广东省普通话水平测试研究组，广东省普通话培训研究中心 . 广东省普通话水平测试专用教材 [M]. 北京：中国和平音像出版社，2018.

[3] 张颂 . 朗诵学 [M]. 北京：中国传媒大学出版社，2010.

[4] 李秀然 . 朗诵艺术技巧与训练 [M]. 北京：中国传媒大学出版社，2010.

[5] 谢伯端 . 实用演讲与口才教程 [M]. 武汉：华中科技大学出版社，2016.

[6] 刘金同，刘学斌，刘晓晨 . 大学生实用口才与演讲 [M]. 北京：清华大学出版社，2017.

[7] 孙立湘 . 实用写作与口才 [M]. 北京：机械工业出版社，2004.

[8] 颜永平，杨赛 . 演讲与口才 [M]. 上海：华东师范大学出版社，2018.

[9] 吕志敏 . 口语交际 [M]. 北京：外语教学与研究出版社，2014.

[10] 王光华，赵国宏 . 口才沟通与演讲实用教程 [M]. 北京：中国人民大学出版社，2017.

[11] 张保忠 . 实用公文格式与写作规范 [M]. 北京：企业管理出版社，2010.

[12] 姬瑞环 . 新编公文写作与处理教程 [M]. 北京：中国传媒大学出版社，2014.

[13] 张保忠 . 中国党政公文解疑全书 [M]. 北京：企业管理出版社，2013.

[14] 叶惠美 . 应用文写作 [M]. 北京：中国人民大学出版社，2016.

[15] 胡小英 . 新闻传媒写作精要与范例实用大全 [M]. 北京：中华工商联合出版社，2017.

[16] 肖文健 . 通讯员写作精要与范例实用全书 [M]. 北京：中国华侨出版社，2012.

[17] 鲍玉成 . 微信软文营销实战技巧 [M]. 北京：化学工业出版社，2017.

[18] 冯友兰 . 中国哲学简史 [M]. 北京：北京大学出版社，2012.

[19] 侯吉谅 . 如何写书法：观念心法与技术工具 [M]. 北京：北京联合出版公司，2012.

[20] 启功，秦永龙 . 书法常识 [M]. 北京：中华书局，2017.

[21] 蒋勋 . 汉字书法之美 [M]. 桂林：广西师范大学出版社，2009.

[22] 启功 . 启功给你讲书法 [M]. 北京：中华书局，2017.

[23] 陈泽泓 . 广府文化 [M]. 广州：广东人民出版社，2012.

[24] 钟少薇，谢洁华 . 话说广府 [M]. 广州：广东人民出版社，2018.

[25] 王丽英 . 道教与岭南俗信关系研究 [M]. 北京：社会科学文献出版社，2015.

[26] 杨宏烈，胡文中，潘广庆 . 西关大屋与骑楼 [M]. 广州：暨南大学出版社，2012.
[27] 刘魁立 . 中国节典传统节日 [M]. 合肥：安徽教育出版社，2008.
[28] 刘二安 . 传统节日灯谜精选 [M]. 郑州：中州古籍出版社，2005.
[29] 宋英杰 . 二十四节气志 [M]. 北京：中信出版集团，2017.
[30] 梁启超 . 梁启超论诸子百家 [M]. 北京：商务印书馆，2012.
[31] 冯友兰 . 中国哲学简史 [M]. 北京：外语教学与研究出版社，2015.
[32] 王佳 . 中国红・国学常识篇：诸子百家 [M]. 黄山：黄山书社，2014.
[33]〔魏〕楼宇烈校，王弼注 . 老子道德经注校释 [M]. 北京：中华书局，2008.
[34] 陈鼓应 . 庄子今注今译 [M]. 北京：中华书局，2016.
[35] 南怀瑾 . 道家、密宗与东方神秘学 [M]. 上海：复旦大学出版社，2016.
[36] 杨伯峻 . 论语译注 [M]. 北京：中华书局，1980.
[37] 周何 . 礼记——儒家的理想国 [M]. 北京：九州出版社，2013.
[38] 郭齐勇 . 中国儒学之精神 [M]. 上海：复旦大学出版社，2009.
[39] https://baike.so.com/doc/4378984-4585166.html
[40] https://baike.so.com/doc/4466628-4675419.html
[41] http://www.baike.com/wiki/%E5%84%92%E5%AD%A6
[42] http://blog.sina.com.cn/s/blog_65ca15be010134b5.html
[43] https://baike.so.com/doc/1695906-1793188.html
[44] http://blog.sina.com.cn/s/blog_6a28dd7b0102vng9.html
[45] https://baike.so.com/doc/1723897-1822573.html
[46] https://wenda.so.com/q/1487304792492937
[47] http://www.china.com.cn/ch-jieri/
[47] https://baike.so.com/doc/1694490-1791685.html#1694490-1791685
[49] https://wenda.so.com/q/1482707776727661
[50] https://baike.so.com/doc/2161287-2286893.html